KB205843

교육목회 시리즈 Ⅰ

교육목회
실천

교육목회 시리즈 Ⅰ

교육목회 실천

임영택 지음

kmc

교육목회 실천 가이드

오늘날 우리 사회는

너무나 빠르게 변하고 있다. 정치, 경제, 사회는 분리가 아니라 통합의 용어가 되었다. 특히 경제가 사회문화에서 차지하는 비중은 매우 크다. 가치관, 선과 악, 옳고 그름보다는 얼마나, 어떻게 사는지에 관심을 갖는다. 미국에서는 교육 대통령이 되겠다고 공약하면 대통령으로 선출되어 나라를 이끌었다. 한국 사회도 교육적 이슈가 늘 사회를 이끌었다. 그러나 이제는 경제 대통령을 원한다. 세계 각국의 정상들은 경제 문제로 모이고 협의하고 결의를 한다.

우리는 웰빙(well-being) 시대에 살고 있다. 풍요를 향한 현대인의 삶의 모습이다. 그런데 인간존재(Being)를 위해 풍요(well)가 있어야 하는데, 풍요(Well)를 위해 인간이 존재(being)하는 것처럼 도치된 삶을 산다. 그래서 그런지 잘 먹고 즐기는 것을 웰빙으로 이해한다. 풍요가 인간존재를 위한 것이 아니라 경제에 의해 삶의 모습이 결정된다. 교육도 마찬가지다. 교육의 목적이 좋은 직장 구하기로 변질되고 있다. 학과와 전공은 평생의 삶과 가치관을 위한 학습 과정이 아니라 잘살기 위한 도구다. 부동산 가격 상승이 최근 우리나라 경제를 흔들고 있다. 서울 강남의 부동산 가격을 강북과 강남의 학군 재조정으로 잡으려 한다. 경제로 교육 문제를 해결하려고 한다. 경제부총리가 교육인적자원부 장관으로 후속 발령된 것도 그와 같은 이유라면 슬픈 일이다. 여하간 오늘의 교육문화가 이렇게 경제에 의해 좌우된다는 것은 물질과 업적주의가 교육을 이끌고 있는 셈이라는 의미다.

이러한 현실에서 교육문화를 세운다는 것은 무엇인가? 또 기독교교육은 오늘 사회와 문화에 대하여 어떠한 지표를 세워야 하는가? 이러한 물음에서 「교육목회실천」은 태어나게 되었다. '교육목회실천'은 두 가지 의미를 내포한다. 하나는 '교육목회와 실천'(Educational Ministry and Praxis)이고, 다른 하나는 '교육 · 목회 · 실천'(Education, Ministry, and Praxis)이다.

전자의 의미는 교육목회에 대한 바른 이해와 그에 따른 비판적 성찰이 기독교교육 현장에서 어떻게 구조화하는지의 문제다. 교회교육을 학교교육으로 가두어 두어서는 안 된다. 기독교교육이 교회교육으로 교회의 시녀가 되면 성장은 있지만 성숙한 그리스도인을 배출할 수는 없다. 그리스도인이 된다는 것은 교회 교인이 되는 것보다 넓은 의미다. 올바른 기독교교육이 이루어지기 위해서는 교육이 목회적 성격과 신앙양육을 수반해야 한다. 오늘의 학교형 교육에 대한 비판적 성찰과 실천이 뒤따라야 한다. 다시 말하면 교육과 목회와 실천의 개념이 각기 나름대로 해석되는 영역이지만 통합적인 해석을 하기를 원한다. 특히 기독교교육 현장에서는 더욱 그러하다.

후자의 의미는 교육, 목회, 실천이 각각의 의미가 있지만 신앙공동체 안에서 서로 관계성을 가지고 통합하는 기능이다. 교회 현장에서 교육의 기능은 중요하다. 교육이 목회는 아니지만 목회를 통하여 기독교교육이 형성된다. 목회는 또한 교육의 기능을 통하여 발전하고 사회적 기능을 한다. 교육과 목회가 통합되어 신학의 내용을 실행(practice)하는 것이 기독교교육이 아니라 기독교교육 그 자체가 신학이다. 교육에는 실천과 반성(reflection)이 필요하다. 그러므로 교육목회실천은 주체성이 있는 기능이며, 기독교교육 현장에서 통합된다. 신앙공동체 안에서 과거, 현재, 미래가 통합되며, 어린이, 청소년, 어른, 노인이 서로 의존하는 교육적 행위다.

바로 이 두 가지 의미가 이 책의 내용이다.

교육은 삶의 방식을 채택하는 전수 과정이다. 신앙 유산을 전달하고, 그 시대의 문화 속에 전통을 재창조하는 과정이다. 이러한 과정을 통하여 한 사람의 삶의 방식이 형성되고, 공동체가 유지된다. 목회는 돌봄이다. 현대인은 슬프고 상처가 많고 영적 공허감으로 가득 차 있다. 외롭고 슬프다는 이야기를 종종 한다. 어릴 때의 상처가 치료되지 않으면 평생 불안정하게 살아간다. 넘치도록 풍요로워도 채워지지 않는 공허함, 이것이 현대인의 모습이다. 이들을 치유하고 돌보는 것이 목회다. 목회는 말 그대로 혼자 가는 것이 아니라 돌아보며 함께 가는 여행이다. 실천은 현장에서 출발한다. 삶의 물음이 제기되고, 그 물음으로 실체가 파악되고 변화되는 과정이다. 실천은 신앙 학습을 위해 쓰고, 풀고, 외우는 교과서에만 매달리라고 말하지 않는다. 오히려 현장에서 먼저 부딪치고 물음을 던지라고 요구한다. 그리고 반성하고 다시 새로운 행동을 하는 것이다. 이러는 가운데 삶이 변화된다고 믿는다.

「교육목회실천」은 각각의 개념을 구체적으로 해석하고, 또한 기독교교육 현장에서의 상호 관련성을 밝힌다. 교육과 목회의 상호 관계성에 관한 정답을 제시하는 것이 아니라 물음을 던지는 것이다.

「교육목회실천」은 교육목회 지도자를 위한 두 책 중 하나로서, 교육목회에 관한 개론적인 서술이며, 교육목회와 교육 현장에서의 실천을 위한 주제 강의다. 이 책은 교육목회의 구조에 따라 교육목회의 목적과 방향, 내용, 방법, 현장, 교사와 학습자 이해, 커리큘럼과 교육 프로그램, 교육행정과 미래 교육에의 관심을 시사하였다.

두 번째 책인「교육목회 세우기」는 교육목회자와 교사를 위한 워크숍 교재다. 첫 번째 책이 학문적인 주제 강의라면 두 번째 책은 교사와 교육목회 현장을 위한 훈련 교재다. '교육목회 세우기'라는 말 그대로 교육목회 현장을 살리기 위한 교육목회자의 노력이 담겨 있다. 워크숍 교재는 교육목회자가 교사와 함께 신앙공동체 안에서 부딪히는 문제들을 질문하며, 그에 따른 모델을 제시할 수 있게 구성했다. 다시 말하면 교육목회 주제에 따른 교육목회자 가이드와 교사 훈련이 통합된 책이다.

「교육목회실천」은 책상과 연구실에서 나온 책이 아니다. 필자가 유학을 마치고 귀국한 후 한국 기독교 현장을 바라보며 세운 '감리교교육문화연구원'을 통해 실험한 자료들을 모은 것이다. 연구원은 3년간 인천과 서울 지역의 20개 교회와 협약하여 교육목회 중간 지도자 교육을 진행하였다. 또 그 이후 협성대학교 신학대학원에서 '교육목회실천'이라는 과목을 개설하여 기독교교육 현장에서 일하는 신학생들과 함께 목회의 눈으로 교육을 질문하며 검토하여 얻은 결과물들이다. 그러므로 이 책은 다음에 이어지는 「교육목회 세우기」와 함께 신앙공동체를 위한 교육목회의 실천적 가이드가 될 것이다.

'감리교 교육문화 연구원'의 파트너로서 그 동안 기도하며 도와주고 후원해 주신 교회와 담임 목사님, 그리고 워크숍에 참여한 교육 담당 목회자들에게 감사를 드린다. 또 강의실과 교회교육 현장을 넘나들며 교육목회 실천에 참여한 협성대학교 신학대학원생들에게 고마움을 표한다. 더불어 교육적 마인드를 가지고 출판을 허락한 감리회 본부 홍보출판국·도서출판 KMC 손삼권 총무의 배려에 감사를 표한다.

분단된 이 땅에서 미래를 바라보며 교육목회 현장과 훈련에 참여하는 교회 교사들에게 이 책을 드린다.

2006년 3월에
임 영 택 교수

교육목회의 구조와 방향

1

20세기 교육목회의 노력에도 불구하고 21세기라는 거대한 물결은 큰 위협으로 닥쳐왔다. 21세기의 특징은 세계화, 정보화, 유전공학의 발달, 구조적인 다원화, 극도의 집단 이기주의 등을 들 수 있다. 지구촌이라는 개념을 통해서도 쉽게 이해할 수 있듯이 세계가 한 영역으로 움직이는 시대가 되었다. 정치, 경제, 문화가 전반적인 영역에서 서로 영향을 주고 받는다. 컴퓨터와 각종 첨단 통신 장비들이 급속도로 보급되면서 '정보 혁명', '정보 전쟁'이라는 말이 나올 정도로 정보가 범람한다. 수많은 정보를 통해 지식 기반의 구조가 변화하였다. 유전공학의 발달로 인간 복제 문제가 노골화되고, 각종 유전자 변형 식품이 식탁을 위협한다. 절대적인 것이 상대화되고 다양화된 사회가 도래하여 절대적인 가치가 사라지고 있다. 뿐만 아니라 극도의 개인적 욕심과 집단 이기주의가 산업과 경제를 지배하게 되었다. 모든 경제, 정치, 사회의 문화구조가 집단적 이기

주의에서 출발하는 시대가 되었다.[1)]

이러한 시대 현실에서 새로운 교육목회는 어떠한 구조를 필요로 하는가? 기독교적 삶의 스타일 형성의 의미는 무엇이고, 그에 따른 교육목회의 방향과 실천은 어떤 것일까? 이를 위해 교육목회는 보다 비판적이고, 신앙공동체적이며, 문화적인 접근 방법으로 기독교교육의 폭을 넓히고, 그 구조와 방향을 새롭게 제시해야 한다.[2)]

I. 교육목회의 구조

1. 기독교적 민주시민 양성

일반적으로 교육목회는 "기독교 신앙과 그 의미(내용)를 시대와 문화(현장) 속에 구체적으로 양육(방법)하여 기독교적 삶의 스타일을 형성(개인의 변화)하는 일이며, 그들의 삶을 통하여 이 사회가 하나님의 나라로 변화하는 일을 소망(사회의 변화)한다."고 표현한다. 이렇게 기독교적 삶을 이루는 것이 목적이라고 할 때, 그 의미는 무엇인가? 그것은 기독교적 민주시민을 만드는 일이다.

이 같은 목적이 한국 기독교교육의 과제라고 할 때, 제자화(discipleship)와 시민 양성(citizenship)은 한 울타리 안에서 다소 갈등을 겪는다. 교육목회는 종종 기독교 신앙과 민주사회에서의 시민의식을 구분하였다. 그리고 이런 구분은 기독교교육을 제자화 교육이라고 부르게 하였다. 그러나 제자화 교육의 독특성을 지나치게 강조하면 두 가지 현상이 나타난다. 먼저, 교회 안에서 제자화 교육의 의미가 너무 좁아진다. 이를테면 제자화 훈련이 특수한 성서 연구를 뜻하는 것으로 전락한다든지, 충성스러운 교인 만들기, 심지어는 오순절 복음주의에서 애용하는 "가서 제자 삼으라."는 선교교육의 슬로건이 되기도 한다. 선교교육에 대한 강조는 양적 성장 중심의 교회교육과 연결된다. 또 다른 현상은 제자화 교육은 교육목회가, 시민 양성은 일반 공교육이 하여야 할 일로 양분시킨다는 점이다.

이러한 구분에 반하여 시카고 대학의 브라우닝(Don S. Browning) 교수는 새로운 신학적 통찰력으로 제자화와 시민 양성의 관계를 논한다. 그에 따르면 기독교인에게 필요한 것은 두 가지, 즉 자기 희생이 따르는 아가페의 사랑(self-sacrificial love)과 정의, 평등, 균등한 힘의 배분인 상호 관계적인 윤리(ethic of mutuality)다. 자기 희생적 사랑은 제자화의 모습이며, 상호성은 시민의식이 있는 사람들의 생활이다. 사회 개혁과 정의를 위해서는 상호 관계적 윤리에 입각한 시민 양성 교육으로도 충분하다. 민주사회 형성은 기독교인만의 과제가 아니기 때문이다. 오히려 사회 개혁은 시민의식에 기초한다.[3] 그럼에도 불구하고 시민 양성 교육은 왜 희생적인 사랑의 원리와 제자화 교육 과정을 필요로 하는가? 그것은 하나님이 좋은 사회, 민주사회를 원하실 뿐만 아니라 시민의식과 민주정치를 해치는 악을 원치 않으시기 때문이다. 라인홀드 니버(Reinhold Niebuhr)의 말을 빌리면 민주주의 과정에서 어둠의 자식들(children of darkness)은 자기 이익에 몰두한다. 그러나 민주주의는 빛의 자녀(children of light)를 원한다. 이들은 자기 이익을 포기하고 우주적 선과의 조화를 원한다.[4]

특히 한국에서는 민주사회로의 개혁에 모험이 뒤따르고 희생이 요구된다. 사회는 정의, 평화, 통일을 이야기하지만 거기에 집단 이기주의가 개입하면 자기를 희생하지 않는다. 신앙적 실천으로의 제자화 교육은 민주시민 양성과 함께 사회 개혁에 참여한다. 즉 제자화 교육은 자기 희생적 사랑과 함께 좁은 의미의 교회교육(성서 연구)이 아닌 사회 개혁을 소망하고 실천하는 데까지 이르게 된다. 따라서 변혁적 배움의 목적은 제자화와 시민 양성을 구분하는 데 이해를 주며, 동시에 함께 어우러지는 실천적 배움의 과정을 제시한다.[5] 이러한 점에서 교육목회의 과제는 기독교인뿐 아니라 민주시민을 양성하는 것이라 할 수 있다. 그러므로 기독교교육은 기독교인으로서의 자기 비움(self-emptiness)의 과정과 신앙공동체와 사회의 경계를 넘나드는 신앙인(border crossings)을 배출하는 배움의 구조를 요구한다.

2. 비판적 동반자로서의 학습자

인간은 종교적, 윤리적 책임이 있는 주체자이며, 하나님과 동반자 관계에 있다. 이것은 인간의 존엄성을 강조하는 존 웨슬리의 은총의 낙관주의(optimism of grace)에 기초한다.[6]

하나님이 모든 인간에게 스스로 결정하고 책임을 지는 힘을 주셨기에 인간은 자신의 삶과 역사를 스스로 만들어 나간다.

교육학적인 관점에서, 웨슬리의 선행적 은총에서의 인간 이해는 학생들의 자유 의지, 주체성과 연관된다. 주체자로서 자유의지는 학생들의 경험, 그들의 소리를 원하기 때문에 학생들에게 배움의 동기를 부여한다. 따라서 자기를 표현하고 자기 소리를 낼 수 있게 도와주는 역동적인 클래스 룸은 학생들을 주체자로 키우게 되는 것이다. 이런 면에서 존 듀이(John Dewey), 프레이리(Paulo Freire), 웨슬리는 전통적인 교육을 배척한다.[7] 학생을 주체자로 보는 교육이 능동적인 배움이라면, 전통적 교육은 엘리트에 의해 이미 만들어진 지식을 집단적으로 강요하기에 수동적인 배움(passive learning)이다.[8] 기독교교육은 학생들이 자유의지, 결정권, 책임성을 연습하게 용기를 준다. 이 같은 과정은 학생들이 비판적으로 생각하고 역사 주체의식을 개발하게 한다. 역사의 주체가 되는 것은 곧 하나님의 세계를 변혁하는 데 참여하는 것을 말한다. 교사는 배우는 사람들이 어떻게 정체성과 주체성을 형성하는지를 인식하여야만 한다.

학습자가 주체자일 때 동시에 교사와 더불어 동반자 정신을 갖는다. 동반자는 개인주의와 경쟁의식으로 가득 찬 분단사회에서 더욱 중요하다. 그것은 서로의 문화 차이를 인정하고, 어떻게 학습자들의 정체성과 차이성이 클래스 룸에서 형성될 수 있을지에 관심한다. 웨슬리는 신인협동설(synergism)을 설명하며 하나님은 인간을 그의 거룩한 구원 과정에 참여하게 하신다고 말한다.[9] 그래서 구원을, 인간을 통해 무언가 이루시려는 역사의 과정으로 이해한다. 하나님은 인간의 노력을 원하시고 거룩한 사업의 동반자로 삼으신다.

이러한 관점에서 웨슬리의 신인협동설은 근간의 교육적 갱신 모델인 참여와 협동적 배움의 기초가 된다. 듀이에게서 학교와 사회의 참여 구조(participatory value)는 능동적 배움과 민주주의를 위한 결정적 요소가 된다.[10] 참여는 민주시민을 만드는 교육과 정치의 수단이다. 참여의 배움은 교사와 학생의 올바른 관계와 학생이 자유롭게 자신을 표현할 수 있는 분위기를 형성한다. 말하고 느끼고 생각하게 하는 교육 방법은 비판적 학습의 출발점이며, 개인의 사고 능력 향상뿐만 아니라 사회 변혁의 길을 열게 한다. 그러므로 비판적 동반자 개발을 통하여 배우는 사람에게 세 가지가 부여되어야 한다.

첫째, 학습자는 주체자로 배우는 사람이다. 그 동안 학습자들은 수동적인 배움의 객체로 이용되었고, 교육 경험은 수동적 문화 구조를 생산하는 저축식 교육(banking education)으로 집단적 지식인을 강조하였다. 이제 하나님의 일에 참여하는 주체자로서의 경험이 필요하다.

둘째, 학습자에게 비판의식을 심어 주어야 한다. 신학은 성찰하는 과정이다.[11] 기독교 교육이 성찰의 과정을 제외하고 정답만을 강요하면 올바른 그리스도인을 배출하지 못한다. 비판의식은 성서에 입각하여 자기 확증의 힘과 책임의식을 키우고 수동적 자세를 극복하게 한다.

셋째, 학습자의 동반자 정신이 살아나야 한다. 이는 개인주의와 경쟁의식으로 가득 찬 분단사회에서 함께 살아가는 마음의 자세다. 또한 정복과 착취의 논리에서 벗어나 하나님의 창조를 보존하는 거룩한 사업에 참여하는 동반자의 구조다. 하나님은 그의 구원 계획에 동반자로서의 인간의 노력과 참여를 원하신다. 따라서 교육목회는 학습자를 비판적 의식을 통한 동반자로 키우는 가능성으로 전환되어야 한다.[12]

3. 변혁적 지식인으로의 교사

한국의 교육 제도는 유교적 전통에 기초하기에 권위주의적이고 상하 차등적이며 가부장적이다. 따라서 교사들의 능력과 권위는 교육 과정에서 중요한 요소가 된다. 기독교교육 교사들에게도 전문주의에 입각한 권위가 요구되기에 성서 지식을 질서정연하게 잘 전달하는 교사가 좋은 교사로 인정된다. 그러나 교육목회는 이와 같은 교사관을 거부하고, 비판의식의 동반자로 변혁적 행동의 모델이 되는 교사상을 추구해야 한다.

변혁적인 교사는 엘리트주의와 억누르는 자의 의식에 도전한다. 엘리트의식은 많이 갖고 있는 마음이다. 민중교육학은 '더 많이'(more)라는 개념이 한의 원인이며, 구조 악이라고 규정한다. 예언자들의 눈에는 탐욕에 사로잡힌 사람들이며, 웨슬리의 눈에는 소유를 위해 애쓰는 가짜 복음에 매달린 사람들이다.[13] 많이 갖고 있기에 억누르는 사람의 의식은 무엇이든 지배하고 변화시키려 한다. 그들은 많이 소유하는 것으로 존재의식을 느낀다. '더 많이'라는 개념은 '더 빼앗음'이기에 비민주적, 비인간화의 모습이다.[14] 합법화된 우수 교육(excellence in education)의 논리는 학교에게 더 많이 가르치고, 더 많이 시험 보고, 더 많은 시간을 주어 성적을 올리게 한다. 이것은 상업적 시장경제에서 비롯된 이상이다.[15] 문제는 교사들의 의식이 엘리트주의와 기능적인 전문주의에 사로잡혀 있다는 점이다. 엘리트와 지식인은 상당한 의식의 차이가 있다. 이미 앞에서 논하였듯이 변혁적인 지식인으로서의 교사는 학생들을 신앙의 동반자로 생각하고, 어떤 신앙과 삶의 스타일이 학생들에게 제공되어야 하는지를 물으며 사회 변혁을 시도한다. 그러므로 교사의 의식이 클래스 룸에서 억누르는 자로 나타나는지 아닌지를 점검하여야 한다.

변혁적인 지식인은 대화적인 관계에서 교사의 역할을 제공한다. 대화는 교사와 학생이 함께 억누름의 실체를 보고 교육 현장에서 수동성을 해결하려는 과정이다. 프레이리에게서 대화는 수직적이고 상하 계급적이며 명령적인 은행식 교육의 반대다. 은행식 교육은 교사는 말하고 학생은 듣는 일방적인 독백이다. 이러한 방법은 엘리트주의의 이익, 이데올로기, 사회질서를 관리하기 위해 이용된다. 대화적인 클래스 룸에서는 학생들이 앎의 주체자로 정의되고, 교사와 학생의 관계는 수평적이다. 민주적인 대화에서 학생은 사회 변혁이라는 드라마의 역사적 배우로 나타난다.[16] 그러나 이러한 역할이 전통적인 학교 행정가들에 의해 제지당하고 있다. 더 나아가 대화적 관계를 방해하는 가장 큰 요소는 교사만 말하는 방법이다. 예배 시간에도 어린이들은 긴 의자에 앉아 듣기만 하고, 분반공부 시간에도 교사 중심의 전통적 방법으로 제한된다. 교사만 말하는 지배 논리는 교육이 곧 전달이라고 생각한다. 대화교육의 한 방법으로 능동적 배움(active learning approach)은 오늘의 교육 현장에 넓게 퍼져 있다.[17] 이러한 교육의 목표는 학생들 스스로 비판적으로 생각하고, 서로 가르치고 배우는 자세를 기르게 돕는 것이다. 능동적 교육은 교사의 일방적인 전달을 줄이고 학생들의 조사 보고, 발표, 토론, 팀 연구 등으로 클래스 룸을 이끈다. 이와 같은 교육 방법론은 듀이의 학생 중심의 교육을 새롭게 시도하는 것이다.

이렇게 변혁적인 지식인으로서의 교사는 교사 자신의 능력뿐 아니라 민주적인 사회 변혁의 참여자로서 그 의미가 있다. 신앙공동체 안에서 학생들과 비판적이며 대화적인 관계를 형성할 때 비판적 동반자의 관계를 이룰 수 있다. 중요한 것은 교사 자신의 의식 변화와 그에 따른 교사 교육의 변형이다.

4. 공공의 장(場)으로서의 신앙공동체

신앙은 신앙공동체에서만 가능하다. 이는 신앙과 삶이 나누어지는 접촉의 공간이다. 또한 이 공간은 민주적인 공공의 장이다. 신앙공동체가 공공의 생활에 참여한다는 것은 교회의 벽을 뛰어넘는 일이다. 민주적인 공공의 장은 민주적 기본을 이루고 서로의 의견을 교환하는 교회학교, 사회 운동, 정치적 조직 등을 말한다. 민주적 장으로서의 신앙공동체는 비판적인 중재의 장이 되어야 한다. 왜냐하면 민주주의는 개인과 정부, 개인과 대중을 매개하는 기관 없이는 그 기능을 할 수 없기 때문이다. 신앙공동체도 학생들의 사랑, 정의, 평등, 다양성 등을 조절하고 중재하는 역할을 해야 한다. 더 나아가 사회 변혁과 공공의 이슈에 대해 문을 열기 위해 공적인 교회(public church)가 되어야 한다.[18]

어떻게 신앙공동체가 민주적 공공의 장으로 스스로 변화할 수 있을까? 마이어(William R. Myers)는 계약공동체 모델의 하나로 '친절한 공간'(hospital space)을 제시한다. 친절한 공간은 서로의 돌봄과 초월의 경험이 있는 곳이다. 구체적으로 서로의 다른 삶과 이야기가 용납되는 공간을 의미한다.[19] 교육목회가 요구하는 차이성을 인정하는 학습의 장으로서의 친절한 공간은 학생들이 서로의 차이를 이해하고 인정하면서 자신들의 정체성과 주체성을 경험하는 장이다. 문화적 차이가 인정되고 통합될 때, 개개인의 차이는 공동적 삶에서 확증되고 변혁된다. 이러한 의미에서 다문화적 배움(multi-cultural learning)과 그에 따른 커리큘럼은 학습자의 주체성을 살린다.[20] 이를 위해 열린 공간이 필요하다.

이러한 공간의 교육학적 실천으로는, 웨슬리의 '심도 있게 신앙을 나누는 그룹' (intensive faith-sharing group)을 들 수 있다. 연구하고, 기도하며, 자기를 점검하고, 선한 일을 실천하는 웨슬리의 작은 그룹이 감리교의 속회(class meeting)다. 속회는 단순한 성경 공부 모임을 넘어 사랑을 나누고 사회 변혁을 삶에 구체화하는 공간이다. 이 작은 공동체는 친절한 공간으로 고통을 기억하고 경험을 나누는 곳이다. 웨슬리는 은혜의 수단으로 기도, 성경 읽기, 착한 일 하기, 성례전을 제시하고, 이를 실천하는 공동체를 강조하였다.[21] 친절한 공동체에서 삶을 나누는 모든 과정, 특히 음식을 나누고 성찬에 참여하는 것은 서로 받아들이고 받아들여지는 평등을 경험하게 한다. 이러한 과정은 하나님의 임재와 지구적 차원에서의 동반자의식을 경험하고 실천하게 돕는다. 교회가 하나님께 충성하고 그의 창조물을 돌보기 때문에 친절한 공간은 지구공동체의 공간으로 확장된다. 친절한 공간에서의 성례 의식은 서로의 다름을 인정하고 함께 살아가는 계약적 통일성을 이루게 한다.

민주적 공공의 장은 신앙공동체와 세계의 상호 연결을 강조한다. 신앙공동체의 교육은 그리스도인들을 세상에 보내어 공공생활에 영향을 주게 하여야 하고(교회에서 세상으로), 그리스도인이 참여하는 공공생활의 안건은 신앙교육의 내용이 되어야 한다(세상에서 교회로). 그러므로 교육목회는 경계교육학(border pedagogy)을 강조하여 학생들을 타인의 소리와 문화에 참여케 함으로 문화적인 위치를 재조정하게 돕는다. 지로우(Henry Giroux)는 경계선을 넘나드는 교육적 실천으로, 다양한 언어, 경험, 소리들이 서로 만나고 서로를 인정하는 공간이 필요하다고 역설한다. 다양한 인종간의 부딪침은 오히려 다양한 관점을 배우는 기회가 된다. 이것은 단순한 개방과 일치를 의미하지 않는다.[22] 이러한 관점에서 신앙공동체는 어떻게 상호 대화 속에서 문을 열고 참여할 수 있는지를 배워야 한다.

신앙교육은 교회에서 쓰는 종교 언어와 세상에서 사용하는 보통 언어를 함께 쓰는 이중 언어의 학습자를 키워내야 한다. 그러나 이처럼 교회 안팎을 넘나드는 일은 늘 실패하고 있다. 종교 사유주의(privatism)의 포로가 되었기 때문이다. 이렇게 볼 때 신앙공동체가 하나님의 대화적 동반자가 되는 것은 공공적이며 다원적인 세상을 사는 변혁자를 개발하는 일과 연결된다. 이것은 신앙이 세상과 연결되어 있음을 가르치고, 연대성을 기초로 서로의 차이성을 상호 소통하는 학생들을 돕게 한다. 경계선을 넘나드는 역할을 통하여 신앙공동체는 세상에서 하나님의 동반자로서의 차이성을 열어 놓는 그리스도인을 배출할 수 있다.

5. 비판과 가능성의 방법

변화를 위한 교육 방법은 그리스도의 삶을 이루기 위해 두 가지가 필요하다. 하나는 현실을 분석하는 비판적 방법이고, 다른 하나는 미래의 비전을 제시하는 가능성의 방법이다. 전자가 의식적인 변혁을 추구한다면, 후자는 무의식적인 초월을 강조한다고 할 수 있다.

비판적 방법은 세 가지를 내포하는데, '역사적 관점' '사회적 비판' '회상'이라는 언어를 사용한다. 역사는 다양한 관점, 소리, 시대의 언어를 제공하고, 과거, 현재, 미래를 상호작용하게 한다. 이것은 대화, 협상, 해석으로 나타나며, 미래는 상상력을 더욱 요구한다. 사회적 비판은 권위와 힘을 사용하는 사회적 실천을 암시한다. 이것은 공공 제도에 대해 의문을 품고, 부정의를 폭로하며, 독재를 타파하게 한다. 회상은 재 수집된 이야기로, 민주 투쟁의 영웅적 이야기뿐 아니라 침묵된 주변 이야기들의 한 부분이다. 회상은 가짜 지식의 전수를 배척하고, 사회와 역사 건설을 위한 지식을 원한다.[23] 이러한 비판적 요소들은 교육적인 실천에 도움을 준다. 비판의 과정은 '어떻게'(How)라는 질문보다 '왜'(Why)라는 질문에 관심한다.[24] 이러한 관점에서 변혁적 배움은 문제 제기의 방법(problem-posing method)을 강조하여, 대답을 강조하는 문제 해결(problem-solving)의 방법과는 다르다. 문제 제기의 방법은 학생이 우주적인 지식을 사는 사람이 아니라 역사적인 존재가 되게 돕는다. 문제 제기는 효과적인 연습을 강조하는 기구적인 배움(instrumental learning)이 아니라 의사소통의 배움(communicative learning)으로 듣기, 대화하기, 추측하기 등의 실제적 학습 단계를 포함한다.[25]

가능성의 방법은 상상력이 풍부한 언어를 기초로 하며, 삶에서 깨어진 관계, 영성, 희망을 이끈다. 비전과 가능성은 투쟁을 동반한 변혁(transformation)과 희망으로 가득 찬 초월(transcendence)을 동시에 제시한다. 비전은 위기와 모험으로 이끌지만 억눌린 자가 잃어버린 하나님의 형상을 회복하게 능력을 부여한다.[26] 그 한 예로, 한국의 탈춤은 억눌린 자와 억누르는 자의 의식을 반영한다. 억눌린 자의 한의 표현은 억압자의 도덕성을 적나라하게 비판한다. 이것은 또한 억눌린 자(탈춤을 추는 자)와 억누르는 자(관중)의 합일을 창출하고, 세상의 부정의를 지적하며, 비판적 초월을 통하여 억눌렸던 한을 풀게 한다. 이렇게 초월은 무의식적 한을 푸는 관문이 된다.[27] 나아가 한국의 통일 희년 운동도 가능성을 선포하고 변혁과 초월을 동반한 예언자적 상상력을 기초로 한다. 웨슬리 역시 희망은 평화와 희년을 연결하는 예언자적 이해라고 해석하였다. 그러므로 교육목회의 방법은 하나님의 나라를 바라보며 사는 기독자를 개발하는 데 중점을 둔다.[28]

신앙교육(faith formation)은 때때로 신앙공동체가 지닌 의미를 전수하려고 노력한다. 그러나 신앙의 변혁(faith transformation)은 받아들여진 의미의 관점(meaning perspective)

에 도전하기도 하고, 새로운 가능성을 보여 주기도 한다. 현재의 한국 기독교교육이 지식 전달형의 교육이라면, 앞으로는 비판적 반성과 예언자적 상상력을 동원하는 방법이 필요하다. 그것은 학습자들을 신앙 변혁의 차원에까지 이르게 하기 위함이다. 이 일을 위해 교육자들은 사회적 이슈에 보다 관심하고, 가르치고 배우는 과정에서 기독교적 문화교육 방법을 적용하여야 할 것이다.

II. 교육목회의 기능과 범위

1. 교육목회의 기능

많은 사람들이 교육과 목회를 구분한다. 교육은 목회의 한 부분이고, 목회는 교회 전체의 기능으로 본다. 주일날 평신도들이 교육관에서 어린이들을 가르치는 일이 교육이라면, 목회는 목회자가 어른을 대상으로 예배드리고 심방하고 돌보는 일이라고 생각한다. 그러나 교육을 양육의 차원에서 보면 가르치고 배우는 관점이 달라진다. '목회하는 마음'으로 보면 교육을 하건, 선교 행위에 참여하건, 어른이건, 어린이와 청소년이건 양육과 돌봄이 따른다. 교육목회는 합성어이지만 분리되지 않고 상호 관계적으로 묶여 있다. 목회의 기능에는 가르치는 일(교육)이 필요하고, 교육의 기능에는 돌봄의 차원(목회)이 필요하기 때문이다. 그러므로 교육목회는 두 가지 의미가 있다.

하나는 '교육의 목회화'(educational ministry)이고, 다른 하나는 '목회의 교육화'(education for ministry)다. '교육의 목회화'는 교육을 목회하는 마음으로 실천하는 것이다. 교육 현장에 있는 교사들은 '교육은 잘 가르치면 된다.'는 생각을 한다. 그렇다면 잘 가르친다는 것은 어떤 의미인가? 교사가 어떤 목적에 따라 준비된 내용을 학습자에게 잘 전달하는 것인가? 그것만은 아닐 것이다. 돌봄이 필요하다. 교육 행위에 목회가 필요하다.

교육의 목회화는 '교육'(education)이라는 말보다 '양육'(nurture)이라는 표현을 즐겨 사용한다. 예를 들어 교회의 교육 파트인 초등부를 들여다보자. 초등부 어린이들은 주일날 무엇을 하는가? 대부분 예배드리고 분반학습과 활동을 한다. 이러한 교육 활동을 양육이라고 할 수 있는가? 초등부 어린이들에게도 신앙 성장을 위한 목회가 필요하다. 처음 예루살렘 교회가 그러하였듯이 말씀이 선포되고, 가르치고, 영적 교제를 하고, 세상에 나아가 봉사하고 섬기는 일을 배워야 한다. 다시 말해 케리그마, 디다케, 코이노니아, 디아코니아가 이루어져야 한다. 그리고 이것을 하나로 묶는 레이트루기아(예배)가 경험되어야 한다.[29] 교육의 목회화는 학습 행위를 넘어 돌보고 양육하는 전인적인 목회의 마음을 요구한다. 그러므로 목회로서의 교육은 첫째, 보살핌의 공동체 안에서 학습자가 확신에 관계를 설정하게 하는 일, 둘째, 예배와 예술을 통해 복음과 생의 의미를 기리는 일, 셋째, 학습자에게 탐구하고 연구하고 배우는 일을 지도하는 일, 넷째, 목회를 실천하고 훈련하는 일이다.[30]

목회의 교육화는 목회(ministry)를 계획적으로, 단계적으로, 교육적으로 하여야 한다는 의미다. 돌보는 일(caring)을 교육의 차원에서 시행하는 일이다. 돌봄은 돌보는 이가 자기 마음대로 무조건 먹이고 입히는 일이 아니다. 성장 발달에 따라 단계적으로 개개인에게 알맞은 돌봄이 필요하다. 특히 급격하게 성장하고 감수성이 예민한 어린이들과 청소년들에게는 세밀하고 과학적인 양육이 절대적이다. 어른들에게도 마찬가지로 교육이 필요하다. 인생을 네 계절로 구분할 때, 어른은 그 중 세 계절을 차지한다. 돌봄은 어느 한 계절에만 국한되는 것이 아니라 모든 계절을 아우른다. 봄에 씨를 뿌리고 가꾸지 않으면 가을에 열매를 거둘 수 없듯이 성장과 돌봄이 어우러지지 않으면 성숙을 기대할 수 없다. 어른들은 그 동안 다양하고 무수한 삶의 경험을 하였기에 그것을 노출시키고 나누는 교육이 필요하다. 목회의 교육화는 어른들에게도 가르침과 교제를 통한 지속적인 배움을 요청한다. 목회를 위한 교육적 행위는 목회를 보다 목회 되게 한다. 그러므로 교육과 목회는 분리가 아니라 상호 의존적이다. 교육목회는 교육과 목회를 함께 하는 일이다. 평신도 교육 지도자가 목회하는 심정으로 교육에 동참할 때, 안수 받은 목회자와 함께 교육목회를 하는 조력자가 된다.

2. 교육목회의 범위

교육목회의 범위는 다음 네 가지로, 그에 따른 신학적 해석과 교육적 실천이 요구된다.[31] 첫째, 교육목회의 구조에는 '복음이 무엇인가?'라는 의미가 담겨 있다. 즉 복음에 대한 확실한 고백이 없으면 목회한다는 말을 할 수 없다. 복음의 진수는 예수 그리스도다. 예수와 나 사이의 고백적인 관계성이 신앙이고, 이것이 목회의 기초다. 만일 목회하는 사람의 마음에 예수에 대한 신앙이 희미하다면 어떻게 될까? 우리가 잘 아는 베드로의 고백은 예수와의 밀접한 관계를 증명한다. 그러나 그가 "멀찍이 떨어져서 예수를 뒤따라 대제사장의 앞마당에까지" 갔을 때, 그 곳에서 예수를 세 번씩이나 모른다고 했다(마 26:58). 그의 고백적 행위가 무너졌기에 예수는 후에 "내 양을 돌보라(목회)."는 또 하나의 고백을 요구한다. 교육목회 지도력의 첫째인 복음은 신학적으로 예수에 대한 해석과 교육적 실천으로 고백적 행위를 요구한다.

둘째, 교육목회의 구조는 '교회를 이해' 하는 일이다. 교회는 그리스도를 구주로 고백하는 사람들이 모인 가족공동체다. 교회는 인위적으로 모였다가 흩어지거나 이익 여부에 따라 손잡는 집단이 아니다. 교회는 기초공동체이기에 고백으로 모이는 유기적 관계다. 따라서 돌봄이 필요하고 사랑을 바탕으로 한다. 가족이기 때문에 어떤 말을 해도 좋다. 한울타리 안에서 때때로 서로 갈등하고 감정이 대립하기도 하지만 그럼에도 외롭고 아프면 찾게 되는 것이 바로 가족이다. 상처를 싸매 주고 어루만져 줄 손길과 누울 자리가 있기 때문이다. 이러한 사랑과 돌봄의 공동체를 만드는 것이 목회다. 교회에 대한 이러한 이해에는 신학적으로 하나님의 가족에 대한 해석과 교육적 실천으로 돌봄의 행위가 요구된다. 돌봄의 구조 속에서 사랑이 경험되고, 공동체가 형성되며, 신앙이 양육된다.

셋째, 교육목회의 구조는 '목회 그 자체에 참여' 하는 일이다. 목회는 누구든지 참여할 수 있다. 그러나 아무나 할 수 있는 것은 아니다. 목회에 참여하려면 복음을 이해하고, 교회를 교회 되게 하며, 하나님 나라에 대한 소명감이 있어야 한다. 부르심에 대한 깨달음과 그에 대한 응답이 분명하게 상호 연관될 때 섬김이 형성된다. 소명 없이는 목회의 기능, 즉 설교, 치유, 심방, 희생, 돌봄 등이 이루어질 수 없다. 이렇듯 목회에서 소명이 신학적 해석이라면 교육적 실천은 응답의 행위다. 그 응답은 섬김의 차원을 늘 수반해야 한다. 목회는 군림이 아니라 섬김이다. 예수께서 하늘에서 이 땅에 내려오신 '케노시스'(자기 비움의 마음)는 목회를 하기 위해 오신 마음이다.(빌 2:5~11)[32]

넷째, 교육목회의 구조는 '선교에 대한 바른 이해'다. 선교의 목표는 하나님의 나라를 이루는 일이다. 예수께서도 "때가 찼다. 하나님의 나라가 가까이 왔다. 회개하여라. 복음을 믿어라(막 1:15; 마 4:17; 눅 4:15)."고 선포하셨다. 선교는 좁은 의미의 전도도 아니고 인위적인 목표 달성도 아니다. 이 땅에서 하나님의 나라를 이루려는 증거의 행위다. 이 증거의 결과는 평화다. 왜냐하면 하나님의 나라가 평화이기 때문이다. 그런데 사람들은 종종 선교를 경쟁과 확장으로 오해한다. 그래서 선교라는 미명 아래 업적 왕국을 만들고 서로 치하한다. 선교를 통하여 너와 나의 기쁨이 나누어져야 한다. 평화가 넘치는 하나님 나라의 신학과 교육 실천으로 증거의 행위가 이루어질 때 교육목회가 형성된다.

Ⅲ. 교육목회의 방향

교육은 환경의 영향을 받고, 환경은 교육에 의해 변화한다. '환경'을 다양하게 정의할 수 있지만, 교육목회와 연관하여서는 기본적으로 학습자들이 사는 시대적 특징과 물리적인 교육 환경을 들 수 있다. 교육목회가 당면한 시대적 특징들을 제대로 인식하지 못할 경우 교육은 실패할 수밖에 없다. 오늘의 교육 현실을 혹자는 이렇게 묘사했다. "19세기의 교실에서 20세기의 교사들이 21세기의 학생들을 가르치고 있다."

21세기의 물결은 교육 환경과 교육 문화를 구조적으로 변화하게 한다. 세계화는 폐쇄가 아니라 개방과 국제 경쟁을 요구하고, 경제 구조도 세계 경제의 흐름에 영향을 받는다. 지식의 기반도 세계화되기에 이러한 환경에서 살아가는 학습자들의 사고와 의식의 배경을 인식하지 않으면 안 된다. 교육목회도 닫힌 구조가 아닌 열린 구조에서 함께 살아가는 경험과 연습이 필요하다. 컴퓨터와 각종 통신 장비의 발달로 수많은 정보가 쉴 새 없이 쏟아진다. 교육 연령의 모든 학습자가 컴퓨터를 이용하고 인터넷을 통해 다양한 자료를 검색, 활용한다. '정보화에 길들여진 세대에게 어떻게 정보를 바르게 사용하게 할까?' '정보의 기능을 선교와 교육에 어떻게 연결시킬 수 있을까?' 이러한 물음은 교육목회의 환경을 다시 생각하게 한다. 유전공학의 발달은 인간에게 절대적인 금단의 영역인 창조를 유전학적으로 파괴하고 있다. 인간 복제가 현실적으로 가능해짐으로써 창조주와 피조물의 질서, 인간의 생명과 가치, 신학적 인간학 그 자체가 도전을 받게 되었다. 이것은 종교 상실이라는 맥락과도 연결될 수 있다. 기독교의 절대 신의 의미가 인간의 개념 안에 존재하게 됨으로써 가치 혼돈의 문제, 생명 경시의 문제, 차별의 문제 등을 야기한다.[33] 이러한 상황에서 생명 존중의 개념과 윤리 문제에 어떻게 접근할 수 있는가? 생태계 돌봄을 위해 피조물이 위임받은 사명은 무엇인가? 교육목회 학습자들에게 어떻게 신학적인 조명과 신앙생활을 가능하게 할 것인지를 생각하고 고려해야 한다. 보다 다양화한 사회 환경은 어느 하나만의 중심 구조에서 분산과 선택을 요구한다. 개인주의, 독재주의, 중앙 집권체제가 무너지는 상황이 도래한다. 이러한 상황에서 교육목회는 필요성과 귀중성을 구분하는 가치관 교육과 올바른 선택을 위한 주체성 교육이 필요하다. 집단 이기주의는 수단과 방법을 가리지 않는 무한 경쟁과 그 속에서 얻는 개인과 집단의 욕심이다. 정치, 경제, 문화 전반에 걸쳐 시민연대와 참여라는 이름으로 집단 이기주의가 팽배해지고 있다. 그러므로 교육목회는 경쟁과 이익만을 위해 치닫는 오늘의 사회에서 자아부정과 함께 더불어 살아가는 나눔의 생활을 연습시키고 구체화시키는 교육적 노력과 방향이 요구된다.

이러한 급격한 사회 변화에 대응하여 교육목회는 어떠한 방향으로 변화되어야 하는가? 목회하는 마음은 시대가 바뀌어도 변함이 없다. 그러나 목회의 기능은 시대 변화에 맞게 갱신되어야 한다. 이와 관련하여 존 웨슬리의 사상을 살펴보자. 그는 교육목회의 구조를 크게 둘로 나누었다. 하나는 구원의 교육이고, 다른 하나는 성화의 교육이다.[34] 구원은 학습자에게 이웃을 통해 하나님의 사랑을 체험케 하고, 학습자를 양육하여 사회적 변화를 이루게 하는 일이다. 그 동안 우리는 구원의 과정에서 회심을 강조하였다. 회심은 교육목회에서 중요한 요소다. 그러나 성화의 교육이 제대로 되지 않는다면 올바른 구원의 과정과 그리스도의 삶을 이루지 못할 것이다.

그리스도의 삶을 이루는 실천적인 조화를 위해서는 세 가지 교육적 응용이 필요하다.[35] 첫째, 회개의 삶을 이루게 하는 교육목회다. 회개의 삶은 선행은총을 강조하는 것으로 인간을 찾아오시는 하나님의 이끄심이다. 인간의 노력이 아닌 하나님의 이끄심으로 삶의 방향을 바꾸는 일이다. 이를 위해서는 삶이 전도되는 가치관의 변화, 인생을 어떻게 살 것인지를 결단하는 소명의식, 하나님의 현존을 체험하는 예배, 예배하는 자로서의 부르심과 세계 속에서 하나님과 함께 일하는 참여의 교육 구조가 요청된다.

둘째, 믿음의 삶을 이루게 하는 교육목회다. 이것은 예수 그리스도와 관계된 삶이며, 그리스도를 구세주로 고백하고 그분의 부르심에 따르는 변화의 구조다. 이 일을 위해서는 인간의 죄의 실상 인식, 복음에 대한 고백, 죄 사함의 교육, 회심에 이르는 변화의 과정이 필요하다. 따라서 교회는 회심을 경험하는 성서 연구와 기도생활, 세례와 입교식 교육을 행해야 한다.

셋째, 사랑의 삶을 이루게 하는 교육목회다. 앞의 두 부분이 하나님과 예수 그리스도와의 관계라면 이것은 성령과의 관계다. 우리는 하나님과 이웃을 사랑함으로 하나님의 성품에 참여할 수 있다. 따라서 감리교 교육은 하나님 사랑과 이웃 사랑의 관계, 개인의 성결과 사회의 변화, 회심 이후의 실천하는 믿음의 실현, 그리고 삶에서 성령의 열매를 구체적으로 맺는 가치관 교육을 강조한다.

그러면 웨슬리의 교육목회 구조를 교육 현장에서 어떻게 실현할 수 있을까? 21세기 교육목회의 새로운 패러다임을 다음과 같이 생각할 수 있다.[36] 첫째, 신앙교육은 가르치고 배우는 프로그램이 아니라 교육목회(educational ministry)로 전환되어야 한다. 이것은 교육의 목회화와 목회의 교육화를 총칭하는 것으로, 양육을 중심으로 하는 교육이 이루어져야 함을 의미한다. 21세기 교육은 지식 위주의 읽고 쓰고, 풀고, 외우는 교육이 아니라 삶의 변화를 일으켜 사회와 환경을 개혁하는 교육이 되어야 한다.

둘째, 신앙은 안정과 현상 유지가 아니라 비전(vision)을 창출하는 차원이 되어야 한다. 신앙의 기능 중 하나는 일반적으로 현상 유지의 성향이 있다. 신앙의 사회화 기능이 이러한 역할을 한다. 그러나 교육목회는 단순한 사회화를 넘어 현실을 비판하고 미래의 가능성을 제시하여야 한다. 비전을 창출하고 그것을 제시하는 교육은 변혁과 초월을 경험하게 한다.

셋째, 목회는 개인 중심에서 벗어나 신앙공동체(community of faith)의 성격으로 전환되어야 한다. 이제까지의 신앙교육은 개인 중심이었기에 그에 따라 개인 구원에 중점을 두었다. 그러나 신앙은 공동체를 통해 형성되고, 공동체적인 신앙 형태가 완성된다. 그러므로 교육목회는 공동체 중심의 교육으로 전환되어 구성원 상호간에 영향을 주고받게 해야 한다.

넷째, 목회는 전통 전수가 아니라 변화의 경험(experience of transformation)을 주어야 한다. 기존의 교회교육은 전통 전수를 강조하였다. 신앙교육은 공동체의 생활 방식을 채택하는 전통 전수인 동시에 전통을 재창조하는 과정으로 이해하였다.[37] 앞으로의 교회교육은 전통 전수를 넘어 구성원들이 실제적인 삶의 변화를 경험할 수 있게 구성, 진행하여야 한다.

다섯째, 잘 만들어진 커리큘럼보다 살아 있는 커리큘럼(living curriculum), 즉 지도자의 성숙을 추구해야 한다. 교육이라고 하면 우선 학교 형태의 계획적이며 조직적인 연령층 교재 개발을 떠올리게 된다. 그러나 신앙양육은 인쇄된 커리큘럼이 아니라 삶에 숨어 있는 커리큘럼을 요구한다.[38] 이것은 교육 지도자의 성숙한 삶에서 유출되어 학습자에게 역할 모형이 된다. 교사는 교재를 전달하는 사람일 수 있지만 교사의 삶 그 자체가 학습자에게는 좋은 커리큘럼이다.

여섯째, 교육 지도자가 전문성과 더불어 영성(spirituality)을 개발할 수 있게 그들의 지도력에 용기를 부여해야 한다. 그 동안의 교육은 전문성을 강조하였다. 지식과 기술과 기능적 효과는 교수법을 극대화하였다. 그러나 이제 잘 가르치는 것이 무엇인지를 다시 한 번 물어야 한다. 교육목회에서의 가르침은 예수 그리스도를 닮고 따르게 하는 것이다. 예수의 제자를 만드는 것이 신앙양육의 목적이다. 이것은 효율과 전문성이 아니라 고백과 영성의 문제다. 교육 환경이 보다 전문화되고 과학적인 세계에서 교사들은 학습자에게 영성교육으로 접근하고 영성 체험의 방법을 개발하여야 한다.[39]

일곱째, 연령층에 따른 구분보다는 회중의 삶(life of congregation)을 통합하는 방향으로의 전환이 필요하다. 신앙은 홀로 배우고 터득할 수 있는 일이 아니다. 공동체 회중의 삶과 함께 이루어지고 성장한다. 남녀노소의 다양한 삶의 경험이 나누어지는 공동체를 통하여 성숙된다. 그러나 오늘의 교육은 집단화하고 획일성이 강조되어 연령층으로 단층화하는 경향이 강하다. 교육목회는 이를 극복하고 회중의 신앙과 삶이 상호작용하는 공동체를 이루어야 한다. 소그룹 운동, 속회, 셀 모임, 분반공부, 묵상 그룹, 치료 그룹, 부부

모임, 장애인과 비 장애인의 통합 모임 등 교회 안의 작은 공동체 운동이 살아나야 한다.

결론적으로 새로운 교육목회는 21세기에 대한 비전과 가능성 제시와 더불어 과거로부터 답습되는 가치관과 세계관의 교육, 업적주의의 학교형 교육을 반성하는 구조로 변화되어야 한다. 더 나아가 교육목회의 내용인 복음, 교회, 목회, 선교와의 관계를 재 구조화하여야 한다. 앞으로의 교육목회의 구조는 하나님 나라의 건설과 기독교적 삶의 스타일을 형성하는 비판적 문화적 접근들이 구체적으로 제시되고 실천되어야 한다.

주

---

1) 임영택, 「당신의 지도력을 개발하라」(서울: 도서출판 대림디자인, 1997), 160.

2) 비판적인 방법은 Paulo Freire의 의식화 교육이고, 신앙공동체적인 방법은 John H. Westerhoff III의 종교사회화 과정의 교육이며, 문화적인 접근은 Henry A. Giroux의 비판-문화교육학의 방법을 의미한다.

3) Don S. Browning, "Religious Education for Practical Theological Thinking and Action: Discipleship and Citizenship in the Ecology of Faith," in *Tensions Between Citizenship and Discipleship: A Case Study,* ed. Nelle G. Slater (New York: The Pilgrim Press, 1989), 88-89. 브라우닝은 제자화 교육과 시민 양성을 위한 교육이 역사적으로 어떻게 이루어졌는지를 설명한다. 19세기 주일학교는 교인을 만들기 위한 공식 교육이었다. 20세기 초기의 자유주의적 종교교육은 민주시민 양성을 위한 것이었으나, 신정통주의의 교회교육은 시민 양성 교육에서 제자화 교육을 분리시켰다. 참고. Jack L. Seymour, T. O' Gorman and Charles R. Forster, *The Church in the Education of the Public* (Nashville: Abingdon Press, 1984), 15; George A. Coe, *A Social Theory of Religious Education* (New York: Charles Scribner' s Sons, 1917), 53-63; Don S. Browning, *A Fundamental Practical Theology: Descriptive and Strategic Proposals* (Minneapolis: Fortress Press, 1991), 147-70, 211-215.

4) Reinhold Niebuhr, *The Children of Light and the Children of Darkness* (New York: Charles Scribner' s Sons, 1972), 10.

5) Don S. Browning, "Practical Theology and Religious Education," in *Formation and Reflection*, ed. Lewis S. Mudge and James N. Poling (Philadelphia: Fortress Press, 1987), 89; idem, "Religious Education as

Growth in Practical Theological Reflection and Action," in *Education for Citizenship and Discipleship*, ed. Mary C. Boys (New York: The Pilgrim Press, 1989), 148.

6) Jose Miguez Bonino, "Wesley' s Doctrine of Sanctification from Liberationist Perspective," in *Sanctification and Liberation*, ed. Theodore Runyon (Nashville: Abingdon Press, 1981), 61.

7) Paulo Freire, *Pedagogy of the Oppressed*, 58: John Dewey, *Experience and Education* (New York: Macmillan, 1970), 18.

8) Theodore R. Sizer, *Horace's School: Redesigning the American High School* (Boston and New York: Houghton Mifflin Company, 1992); Arthur G. Powell, Eleanor Farrar and David K. Cohn, *The Shopping Mall High Scool: Winners and Losers in the Educational Marketplace* (Boston: Houghton Mifflin Company, 1985).

9) Runyon, "Wesley and the Theologies," in *Sanctification and Liberation*, 22, 28.

10) Ira Shor, *Empowering Education: Critical Teaching for Social Change* (Chicago: The University of Chicago Press, 1992), 18; John Dewey, *Democracy and Education* (New York: Free Press, 1966), 339-340.

11) Jack L. Saymour and Donald E. Miller, ed., 「기독교교육과 신학의 대화」, 김재은, 임영택 역(서울: 성광문화사, 1998), 17.

12) Ira Shor, *Empowering Education: Critical Teaching for Social Change* (Chicago: The University of Chicago Press, 1992), 18; Dewey, *Democracy and Education*, 339-340.

13) Theodore W. Jennings, Jr. *Good News to the Poor: John Wesley' s Evangelical Economics* (Nashville: Abingdon Press, 1990), 45.

14) Freire, *Pedagogy of the Oppressed*, 44.

15) Stanley Aronowitz and Henry A. Giroux, *Education Still Under Siege* (2d eds., Westport: Bergin & Garvey, 1993), 8.

16) Paulo Freire and Ira Shor, *A Pedagogy for Liberation* (South Hadley: Bergin and Garvey, 1987), 104.

17) 1920년대와 1930년대의 진보적 교육 운동은 능동적 배움을 강조하였다. 그것은 경험, 문제 풀기, 실험 교육, 과학적 방법, 협동적 배움, 개인의 흥미, 학교와 공동체의 관계, 행동을 통한 민주주의의 방법 등이다. 최근에는 미국 공교육에서도 성행되고 있으며, 시저(Theodore Sizer)의 본질적 교육 연합이 1984년에 태동하면서 능동적 배움이 크게 늘고 있다. 가입된 학교들은 새로운 방법의 실험뿐 아니라 학교 구조의 변화를 추구한다. 시저는 전통적인 교육 형태, 교사 주도형의 교육 방법 모두를 거부한다. 능동적 배움은 교사의 역할이 마치 운동선수들의 코치(coach) 같아야 한다고 주장한다.

18) James W. Fowler, *Weaving the New Creation: Stages of Faith and the Public Church* (New York: Harper

Collins Publishers, 1991), 161; 153, citing Martin Marty, *The Public Church* (New York: Crossroad, 1981).

19) Barbara Kimes Myers & William R. Myers, *Engaging in Transcendence* (Cleveland: The Pilgrim Press, 1992), 65, 72, 94.

20) Stanley Aronowitz and Henry A. Grioux, *Education Still Under Siege,* 11-12.

21) Jack L. Seymour, Margaret A. Crain and Joseph V. Crockett, *Educating Christians* (Nashville: Abingdon Press, 1993), 176.

22) Henry A. Giroux, *Border Crossing: Cultural Works and the Politics of Education* (New York: Routledge, 1992), 34.

23) Henry A. Giroux, *Living Dangerously: Multiculturalism and Politics of Difference* (New York: Perter Lang, 1993a), 28-29.

24) Jack Mezirow and associates, *Fostering Critical Reflection in Adulthood: A Guide to Transformative and Emancipatory Learning* (San Francisco: Jossey-Bass Publishers, 1990), 13.

25) Jack Mezirow, *Transformative Dimension of adult Learning* (San Francisco: Jossey-Bass Publishers, 1991), 72-75.

26) Seymour, "Crain and Crockett," *Educating Christians,* 164.

27) Andrew Sung. Park, *The Wounded Heart of God: The Asian Concept of Han and the Christian Doctrine of Sin* (Nashville: Abingdon Press, 1993), 174-75; Young-Chan Ro, "Symbol, Myth, and Ritual: The Method of the *Minjung,*" in *Lift Every voice: Constructing Christian Theologies from the Underside,* ed. Susan Brooks Thistlethwaite and Mary Potter Engle (New York: Harper Collins Publishers, 1990), 48.

28) 참고. Thomas H. Groome, *Christian Religious Education* (San Francisco: Harper & Row Publishers, 1980).

29) 은준관, 「신학적 교회론」(서울: 연세대학교 출판부, 1995), 113-15.

30) General Board of Education of The United Methodist Church, *Work Book: Developing Your Educational Ministry* (Nashville: GBE, 1975), 오인탁 역, 「교육목회 지침서」, 46.

31) Ibid., 23-31.

32) Seymour and Miller, 「기독교교육과 신학의 대화」, 372.

33) 박충구, 「21세기 생명공학과 기독교 신앙」(서울: 대한기독교서회, 1999), 242-43.

34) Charles R. Foster, *Educating Congregation* (Nashville: Abingdon Press, 1984), 27.

35) Judy Smith, ed., *Foundation: Shaping the Ministry of Christian Education in Your Congregation* (Nashville: Discipleship Resources, 1993), 15-16.

36) Ibid., 80.

37) Seymour and Miller, 「기독교교육과 신학의 대화」, 16.

38) John H. Westerhoff III & Gwen Kennedy Nevill, *Generation to Generation* (Philadelphia: United Church Press, 1974), 41-42.

39) Iris V. Cully, 「영적 성장을 위한 교육」, 오성춘, 이기문, 류영모 역(서울: 대한예수교장로회총회교육부, 1986), 241-269.

교육문화와 신앙양육

2

교육목회는 그리스도의 신앙과 그 의미를 오늘의 사회와 문화 속에 구체화하고 양육하며 발전시키는 일이다. 양육의 목적은 기독교적 시민으로의 변화다.[1] 양육을 잘하려면 학습자가 살고 있는 사회·문화적 환경을 잘 알아야 한다. 개혁의 의미는 오늘의 문화에 대한 반성과 그에 대한 신앙적 실천이다. 교육은 전통을 전승하는 작업에도 충실하여야 하지만, 그 문화에 대한 개혁의 의지와 노력도 포함한다. 이것을 전통의 재창조 과정이라고 한다. 특히 교육목회는 신학에 대한 성찰 없는 개혁이 순수해지지 않는다.

신학은 하나님의 백성이 하는 성찰 행위다. 신학은 사회와 문화 속에서 그리스도인의 삶의 방식과 제 문제를 관련시켜 생각하게 한다.[2] 예를 들어 이라크 전쟁 파병 문제, 핵시설 유치를 찬성 혹은 반대하는 시민들의 투쟁을 생각하여 보자.[3] 교육목회는 사회와 문화가 다루기를 요청하는 주제들을 신학으로 하여금 질문하게 하고 개혁하는 방법을 바꾸는 일이다. 교육목회는 교육과 사회 문화의 대화를 하나님에 대한 질문으로 이끄는 작업이다. 또한 사회와 문화의 제 문제들을 하나님과 연관시켜 성찰하는 과정이다.[4] 그러므로 한 사람이 양육되고 변화하는 일은 그 시대의 문화와 깊이 관련된다.

I. 개혁되어야 할 교육문화

사회에 큰 사건이 터지면 교육이 문제라고 아우성들이다. 목회자는 강단에서 성서와 함께 신문 보도와 다양한 통계 자료를 제시한다. 매스컴은 전문가들을 불러 사건을 분석하고 시민의 소리를 곁들여 특집으로 엮는다. 오늘날의 교육이 무언가 크게 잘못되었다고들 한다. 미국의 문화는 교육을 근본적인 문제로 다룬다. 교육 대통령이 되겠다고 공약을 내건 후보들이 당선된다.[5] 한국의 지도자들도 세계화와 정보사회화를 위한 교육 개혁을 이야기한다. 교육부 장관은 교육 문제들 때문에 진통을 겪고, 그 결과 자주 바뀐다. 입시 문제, 입시 학원과 연관된 서울 강남의 부동산 문제, 학생종합생활기록부 정보 처리 문제, 교직원 노조와 비 노조원들의 갈등, 수능 시험 정답 오류로 인한 수험생들의 거리 투쟁 등이 2003년을 떠들썩하게 한 문제들이었다. 교육 문제 때문에 다른 나라로 이민을 떠나는 이들이 늘고, 해외 조기 유학 문제가 큰 사회 문제로 대두되는 현실이다.

이러한 상황에서 교육 개혁은 무엇을 의미하는가? 세계화와 그것을 위하여 선행되는 시민의식의 세계화는 교육목회의 과제와 밀접한 관련이 있다. 기독교적 민주시민을 양성하는 교육목회가 교육 개혁과 맞물려 있다면, 오늘의 교육문화에 대하여 '왜 그럴까?' 를 물어야 할 것이다.

1. 뒤틀린 가치관 교육

가치관은 '생의 가치를 어디에 두는가? 인생에서 무엇이 가장 귀중한 것인가?' 에 대한 문제다.[6] 즉 우선순위의 문제다. 무엇이 그 사람의 가슴을 사로잡았기에 그의 손과 발을 움직이게 하는가? 이것은 신앙관, 세계관에 대한 물음이며, 삶의 스타일을 형성하는 기초가 된다.

가치관 교육은 '필요성'과 '귀중성'을 분별하게 하는 힘이다. 필요성은 일상생활과 관련한 의식주의 문제다. 이를테면 옷, 돈, 재산은 필요한 것이지 귀중한 것은 아니다. 귀중성은 진실, 사랑, 우정, 부모와의 관계 등이다. 귀중함은 필요함을 동반하지만, 대체될 수는 없다. 이것이 대체될 때 가치관은 뒤틀리는 것이다. 그렇다면 오늘의 사회가 꼽는 생의 가치는 무엇인가? 많은 사람들이 돈이면 최고, 돈이면 다 된다고 한다. 황금만능주의에 높은 가치를 두는 것이다. 오래 전 한 대학교수가 돈 때문에 아버지를 살해하는 끔직한 사건이 있었다. 돈이 필요해서 사람을 죽이고, 팔고, 어린이를 유괴하는 일이 어제오늘만의 이야기는 아니다. 교수에게 교수직은 귀중성이다. 그 직은 소명이며, 그의 삶의 태도를 상징한다. 그런데 그 자리를 사업과 돈이라는 필요성이 차지하게 되었다. 필요성과 귀중성이 뒤바뀌고, 필요성이 귀중성보다 우선하게 되자 문제가 발생하고, 가치관의 혼돈은 결국 살인을 부르고 말았다.

신앙은 무엇인가? 무엇이 귀중한 것이고, 우선순위를 어디에 두어야 하는지에 대한 물음과 대답이다. 신앙교육은 그리스도인으로서의 삶의 가치관, 인생관, 세계관에 관한 생각과 행동에 관련하는 문제다. 이러한 물음에 대하여 예수는 어떻게 말씀하셨는가? 마르다와의 대화(눅 10:38~42)에서도 귀중한 것은 한 가지였다. 필요하다고 더 많이 하지 말라고 교훈하신다. 또 잃어버린 하나를 찾는 비유(눅 15:1~32)에서도 목자, 여인, 아버지의 마음은 귀중한 것 하나를 찾는 것이다. 하나를 잃어버렸기에 많은 것을 채우려는 업적주의의 사회다. 그렇다고 해서 필요한 것이 늘 충족되고 채워질 수 있을까? 오늘날의 사회는 무엇이 귀중한지는 잊어버린 채 무엇이 필요한지만을 물으며 살아간다. 돈이면 다 된다는 대답은 이러한 뒤틀린 가치관을 잘 표현한다.

가치관 교육에서 좋은 물음(good question)은 좋은 대답을 이끈다. 물음에는 무엇을 (what), 어떻게(how), 왜(why)라는 세 가지 물음이 있다.[7] What의 물음은 내용 중심이며 업적 중심으로 이끈다. 대답의 질보다는 양을 우선시하기에 필요성에 집착하기가 쉽다. How의 물음은 기능적이며 계량적이다. 필요성을 채우기 위해 다양한 수단과 방법을 동원한다. 노하우(know-how)는 성공으로 뻗은 길을 빠르게 달리는 전동차와도 같다. 하지만 빠르게 달리는 것과 올바른 방향으로 달리는 것은 별개의 문제다. Why의 물음은 존재론적이며 목적론적인 물음이다. 신앙교육에서 Why의 물음이 먼저 제기되고, 그 다음에 무엇을 할 것인지(what-to-do)와 어떻게 할 것인지(how-to-do)가 연결된다면 가치 있는 대답이 나올 것이다. 특히 자신이 누구이며 어떻게 살 것인지를 묻는 청소년 시기에 Why의 물음은 생의 귀중한 안내자가 된다. 대학 입시를 준비하는 학생들에게 어느 대학에 갈 것이냐고 물으면 모른다고 한다. 점수가 나와 봐야 안다고 한다. 수능 시험 점수가 어떻게 나오느냐에 따라 인생과 직업이 결정된다. 왜(why) 그 대학이냐보다는 얼마(what)가 나오느냐와 어떻게(how)하여야 갈 수 있느냐에 관심한다. 이것을 교육학자 프레이리(Paulo Freire)는 은행 저축식 교육(banking education)이라고 비판한다.[8] 처음 신앙의 길에 들어선 새신자를 위한 교육에서도 '왜'라는 물음은 기독교적 민주시민이라는 목적을 위해 귀중성과 필요성을 가르는 가치관 교육이 될 것이다. 뒤틀린 가치관을 바로잡기 위해 올바른 물음과 그 순서는 더욱 중요하다.

2. 학교교육의 오류

교육의 장은 공식 현장과 비공식 현장으로 나눌 수 있다. 이 두 현장은 상호 보충적이며 동시성이 있다.[9] 그러나 교육이라고 하면 보통의 경우는 학교형 교육 형태를 떠올린다. 학교에서는 무언가 배워야 한다는 생각과 모든 교육은 공식 현장인 학교에서 이루어진다는 절대성이 큰 오류를 부른다. 더 나아가 한국의 학교교육은 잘못된 길을 가고 있다. 그 오류는 일반적으로 세 가지 형태로 나타난다.

첫째, 입시 위주의 교육이다. 입시교육의 목적은 대학 입학이다. 인생이 대학 문턱에서 끝나는 것이 아니며, 높은 성적을 요구하는 대학이 좋은 사람을 만드는 것이 아님을 알면서도 한국사회는 입시에 매달려 있다. 입시교육은 얼마나 많은 지식을 저장하였다가 그것을 얼마나 신속하게 많이 빼내는지를 따지는 은행 저축식 교육이다. 어떻게 귀중하게 쓸 수 있는지는 묻지 않고 무조건 많이 저축한 사람이 상을 받는 교육 형태로, 이것은 '더 많이'(more and more)라는 업적 중심을 재촉한다. 우리나라 국민이 입시를 위해 지출하는 사교육비는 경제협력개발기구(OECD) 30개국 중 1위를 차지한다. 2003년 초, 중, 고교생들이 과외 및 학원비 등으로 쓴 사교육비는 13조 6485억 원으로 국내총생산 590조 원의 2.3%, 교육 예산 25조 원의 55%를 차지했다.[10] 사실상 비 학령층까지 포함한 사교육비는 30조 원으로 실제 교육 예산을 웃돈다. 이러한 사회현상은 대학 입시와 맞물려 있다. 하지만 대학 입시 교육이 이처럼 극렬하여도 토플 점수는 세계 152개 나라 중 110위에 머무르는 상태다. 대학만을 부르짖는 입시교육은 이렇게 가정과 나라 경제뿐만 아니라 인생을 설계하고 계획하는 시기에 있는 청소년들의 성장에도 큰 문제를 초래한다. 입시 위주의 교육은 청소년들이 지식과 경험을 통해 다양한 인생관과 세계관을 경험하는 학교교육의 장을 폐허로 만든다.

둘째, 출세주의 교육이다. 돈벌이와 출세를 위해 우수 대학 혹은 유망한 학과를 들어가는 것을 목적으로 삼는 것이다. 우리 사회에 만연한 학연의 끄나풀은 출세를 연결하려는 사회 풍토를 반영한다. 한국 교육사회는 무너져 가는 이공계 학과를 살리려는 운동을 전개하고 있다. 출세가 안 되고 학생들이 기피하는 이공계 대학 학장들은 교육 개선을 위해 대통령에게 건의와 지원을 요청하는 실정이다.[11] 대학생들은 수입 많고 직업이 보장된 의과대학보다 법과대학을 선호한다. 이것은 정치와 권력 중심의 한국사회의 출세 구조를 반영한다. 오늘의 경쟁사회의 한 모습이 학교교육에 나타난 것이다. 미국에서는 대학 진학을 앞둔 학생들에게 선택한 전공이 5~6년 후에 얼마만큼의 수입을 가져오는지 통계를 제공한다. 돈벌이를 위한 전공 선택이다. 이와 함께 학연을 이용해 출세를 하려는 풍토가 한국 교육사회에 만연하고 있다.

셋째, 생산성 중심 교육이다. 최근 교육의 가장 큰 이슈는 써먹을 수 있을까, 즉 생산성에 관한 문제다. 하지만 교육은 그 자체로 의미가 있다. 교육은 사회의 지식기반을 튼튼히 한다. 기능 중심의 실용성은 학교교육의 의미를 변형시킨다. 오늘날 사회는 학교에게 그 사회에 적합하고 공헌할 수 있는 사람을 만들어 달라고 요구한다. 산업화와 개발주의에 기초를 둔 사회는 효과적인 기술인간을 배출하게 한다. 4년제 대학을 나온 사람에게 다시 2년제 전문대학을 요구하는 사회다. 한 신문은 사설을 통해 불량품을 수리해 달라는 대학의 재교육 시스템에 대하여 논설하였다. 대학은 나왔으나 기업에서 필요한 사람이 아니라는, 불량품 소비자 고발이다. 대학이 정신 차려야 할 문제다.

이와 같은 재교육론은 대기업이 대학의 교과과정을 조정하고 지배하는 이론이다. 이반 일리치(Ivan Iillich)는 탈 학교화(Deschooling) 운동으로 대기업에 끌려 다니는 학교교육을 비판하였다.[12] 학교의 커리큘럼은 대기업에 종사할 일꾼을 훈련시켜 배출할 수 있게 편성되어 있다. 세계 여러 나라들과 함께 미국은 "위기 앞의 놓인 나라"라는 교육 보고서를 만들고, 세계 경쟁에서 뒤지고 있는 과학과 기술을 위해 수학, 과학, 기술을 중요시하는 교과과정을 편성하는 강구책을 세워 지향하고 있다.[13] 우리나라도 무한 경쟁에서 살아남기 위해 세계화와 정보기술교육을 강조한다. "두뇌한국 21"(BK21) 사업은 대학의 생산성 높은 전문화 교육을 육성하려는 시도다. 그러나 결국 이 사업은 수도권 소수 대학들의 나눠먹기로 변질되어 많은 비판을 받았다.[14] 여하튼 오늘의 산·학 협동의 교육체제는 전문화와 생산성 교육을 강조한다. 이러한 상황에서 학교형으로 모습이 바뀐 교육목회는 어디에 편승하여야 할지 고민하게 된다. 그리스도의 삶을 살아가게 교육하는 교육목회의 빛에서 보면 학교교육은 잘못된 길을 가고 있다. 더 나아가 학교형 교육은 오늘 교육목회가 간직해야 할 신앙, 사랑, 진실, 꿈의 이야기들을 빗나가게 한다. 기독교 신앙의 의미와 그 신앙을 구체화하는 삶의 교육은 학교교육과 학교형 교육 형태에서 이루어지지 않기 때문이다.

3. 가정교육의 부재

가정은 신앙양육을 위한 고유한 비공식 교육 현장이다. 이는 성서시대로부터 계속되어 온 일이다. 그런데 이러한 가정이 전문화, 분업화, 도시화에 밀려 모든 교육을 학교와 전문기관에 내맡기게 되었다. 신앙양육은 외우고, 쓰고, 풀고, 감상하는 것이 아니라 공동체에서 남녀노소가 어우러져 신앙과 삶을 나눌 때 이루어진다. 그러므로 가정공동체야말로 원초적인 신앙교육의 터가 된다. 발달심리학자들은 인간의 삶의 바탕(지능, 성격, 건강, 태도 등)이 만 6세 이전에 이루어진다고 강조한다. 특히 0~3세는 매우 중요하다고 한다. 이런 점에서 어린이의 신뢰성은 엄마의 품에서 이루어지는 사랑의 관계를 말한다.[15] 더 나아가 학령화 이전의 신앙과 삶이 가정과 부모에 의해 이루어진다면 가정에서의 부모의 역할, 가정과 교회교육의 연계성은 매우 중요한 과제가 된다. 그러므로 교육목회가 그리스도의 삶을 형성하는 목적을 성취하기 위해서는 가정교육과 교회교육의 연계, 부모와 교회학교 교사의 역할과 그 관계가 중요하다. 그러면 무엇이 가정 부재를 만드는 문제인가?

첫째, 과잉보호다. 사랑은 그 정도에 따라 과잉보호가 되기도 하고, 반대로 무관심이 되기도 한다. 과잉보호가 자녀들의 삶의 뿌리를 썩게 만든다면, 무관심은 그들을 패역으로 몰고 간다. 그런데 오늘날 우리 사회 가정교육의 문제는 후자보다 전자에 그 원인이 있다. 넉넉한 경제적 지원과 부모의 전폭적인 사랑과 관심 속에서 자란 이들은 개인주의에 젖어 있고, 스스로 삶을 헤쳐 나갈 힘이 없다. 품고 끌어안는 것도 중요하지만 사랑은 또한 지켜봐 주는 인내도 필요하다. 자녀를 위해 부모가 그 삶을 대행한다면 그것은 사랑이 아니라 과잉보호다. 만일 지금 그들이 아픔과 고통의 문제를 풀어나가는 과정을 배우지 못한다면 부모를 떠나 홀로 서야 할 때 결국 쓰러지고 말 것이다. 스스로 문제를 풀어나가는 것을 지켜보는 사랑은 그리스도의 삶을 따르는 사랑의 과정이다.

둘째, 힘의 사용이다. 사람에게는 뜻하지 않게 기회가 주어지고, 또 노력한 만큼 힘이 주어진다. 하나님은 개개인에게 각기 다른 재능을 주셨다. 이러한 힘을 올바르게 사용하는 방법은 힘이 주어지기 전부터 가정에서 배워야 한다. 만일 배우지 못하면 그 곳에 공백이 생겨 그 힘은 폭력으로 바뀌고 만다. 어머니에게서 사랑, 관용, 품어 주는 마음씨를 배운다면, 아버지에게서는 정의, 질서, 균형을 배운다. 그런데 이러한 배움에 공백이 생길 때, 즉 부모의 자리가 부재할 때 힘은 에너지가 아니라 폭력이 된다. 심각한 사회 문제로 떠오른 청소년 폭력, 졸부 자식들의 빗나간 행태, 더 나아가 정치인들의 권력 남용도 힘의 올바른 사용 방법을 가정에서 미리 배우지 못한 결과다.

셋째, 대화다. 대화는 단순히 말의 교통이 아니다. 대화는 신앙과 삶을 서로 나누는 행위다. 가정이 대화가 아닌 명령의 관계로 유지되면 자라나는 세대의 삶도 마찬가지로 독재가 된다. 대화가 서로의 마음을 나누는 것이라고 할 때, 그 중요성은 개개인의 차이를 인정하고 받아들인다는 것이다. 다양성을 인정하고 존중할 때 민주적인 삶을 배우게 된다. 그 가능성의 터가 바로 가정이다. 그러므로 명령, 강요, 침묵은 가정에서 제거되어야 한다. 부모와 자식의 대화는 기독교적 삶의 스타일을 형성하는 기초가 된다.[16]

이처럼 개혁되어야 할 교육목회의 과제는 오늘의 교육문화와 무관하지 않으며, 또한 서로 영향을 주고받는다. 기독교교육이 신앙과 삶과 연관된다고 할 때, 그리스도인의 삶을 살게 하는 교육목회는 신앙양육이라는 노력이 요구된다.

Ⅱ. 신앙양육

우리는 교육이라는 단어에 익숙하다. 그러나 신앙의 전달과 발달에는 교육보다는 양육이라는 단어가 적합하다. 특히 기독교 신앙이 삶으로 나타나는 그리스도인을 형성하는 과정에서는 더욱 그러하다. 양육(nurture)이라는 단어를 교육목회의 학문적 시도로 사용한 선구자는 호레스 부쉬넬(Horace Bushnell)이다. 부쉬넬은 그의 명저 「기독교적 양육」을 통해 19세기 미국의 신학과 교육 간의 학문적 대화를 형성하는 데 지대한 영향을 주었는데, 양육의 차원에서 신앙교육이 이루어져야 함을 주장했다.[17] 그 당시 사회에 편만했던 대 각성 운동(The Great Awaking)은 회심 일변도의 경험을 강조하였다. 어른 중심의 운동으로, 어린이들의 회심을 거부하였다. 어린이들은 회심의 경험을 스스로 하지도 못하고, 도덕적 책임을 질 수 있는 분별 연령이 아니기에 구원을 받을 수 없다고 생각하였다. 그러나 부쉬넬은 이와 같은 주장을 비판하였다. 비록 어린이들이 이성적 판단으로 교리를 인식하지 못한다 하더라도 그들에게는 어른보다 깨끗하고 맑은 마음이 있기에 하나님께 가깝다고 믿었다. 그는 '어린이는 완전히 선하다'는 낙관주의 견해도, '어린이는 본질상 죄인'이라는 비관주의 견해도 거부하였다. 어린이는 그들의 삶의 과정에서 그 가능성을 찾아가는 영적 가능성의 존재라고 이해하였다.[18] 이렇게 부쉬넬은 어린이들이 삶의 터전에서 언제든지 회심의 경험이 가능하다는 새로운 교육목회의 근거를 마련하였는데, 그것이 곧 성장과 양육의 개념이다.

즉 올바른 그리스도인 됨을 위해 일회적이며 극적인 회심 사건이 아니더라도 양육의 과정을 통하여 영적으로 새로워지며 한 인격으로 성장한다는 이론이다. 이 때 기독교적 양육은 어린이들이 기독교적 삶의 스타일로 자라게 지원하고 북돋워 주는 창조적 분위기와 그 분위기에 참여하는 과정을 의미한다. 이 현장을 부쉬넬은 가정공동체로 보았다. 가정공동체에서 신앙과 삶을 나누는 부모와 자녀의 유기적 관계를 양육의 과정으로 이해하였다.[19] 이 때 부모의 역할은 하나님의 사랑과 어린이들의 삶의 상호작용을 이루는 촉매작용이다. 어린이들이 성장하고 배운다는 것은 부모의 신앙과 삶의 스타일을 닮아 가는 것이다. 그러므로 기독교적 양육은 기독교 신앙의 의미를 기독교적 삶의 스타일로 구체화하고 발전시키는 과정을 의미한다.

양육에 대한 학문적인 논쟁은 부쉬넬 이후 지금까지 계속되고 있다. 이 계보는 1920년대에 개인과 사회의 사회적 상호작용을 강조한 조지 앨버트 코우(George A. Coe)의 사회화 교육론과 1960대 이후 엘리스 넬슨(C. E. Nelson)과 존 웨스터호프(John H. Westerhoff Ⅲ) 신앙공동체 교육론으로 이어졌다. 코우는 자기표현을 억압하는 주입식 교육, 어린이들의 인격을 무시하는 권위적인 교사 중심의 교육, 그리고 삶을 도외시하는 교리 암기 중심의 교육을 거부하였다. 이는 존 듀이(John Dewey)와 같이 교육은 사회적 상호작용이 일어나야만 한다고 믿었기 때문이다. 사회적 상호작용은 성장과 양육의 필수 요건이며, 상호작용이 일어나는 곳을 진정한 교육의 장으로 이해하였다.[20] 웨스터호프는 신앙양육을 위해 교육목회를 종교사회화(religious socialization)로 이해하였다. 종교사회화는 신앙과 삶의 스타일의 유지, 전수를 위해 전 생애에 걸쳐 이루어지는 공식적 비공식적 공동체 생활의 참여를 의미한다.[21] 그는 신앙양육을 위해 계시적 차원과 교회교육 현장의 상실을 극복하기 위한 신앙공동체 교육을 강조한다. 코우와 웨스터호프의 공통점은 기독교적 양육이 이루어지기 위해서는 신앙과 삶이 나누어지는 터, 즉 가정이건 사회이건 교회이건 간에 신앙공동체가 되어야 한다고 주장한다는 점이다.

그렇다면 신앙공동체는 왜 기독교적 양육의 터가 되는가? 기독교적 양육을 논하기 위해서는 우선 신앙교육이 실제로 가능한지를 물어야 할 것이다. 과연 신앙은 인간의 계획적인 틀에 의해 만들어지는 결과일까? 수학, 역사, 예술 감상은 가르칠 수 있지만 신앙을 가르칠 수 있을까? 신앙이란 도덕과 같아서 다소 깨닫게 될 수는 있지만 가르칠 수는 없는 것이 아닌가? 그렇다고 신앙이 어떤 개인의 영감을 통해 홀로 터득할 수 있는 것도 아니다. 어린이들은 처음에 신학적인 명제를 배우는 것이 아니라 감각적인 경험으로 사랑을 먼저 배운다. 어머니의 따뜻한 품에서 애정 어린 손길을 느낄 때 그들에게 사랑과 신뢰감이 형성되는 것이다. 신앙교육을 위해서는 이처럼 세대적인 경험이 나누어지는 터가

필요하다.[22]

기독교적 양육을 위해 모든 연령층의 삶과 경험이 나누어지고 서로 배우고 가르치는 터가 바로 신앙공동체다. 공동체 안에서 남녀노소 모두가 한 가족으로서 삶을 나누고, 서로 양육하며, 신앙과 삶의 깊은 곳으로 나아가게 도와주는 과정이 생생하게 나타나기 때문이다. 또 신앙공동체에서의 교육은 평생교육으로 이해해야 한다. 교육목회는 교수학습의 개념이 아니라 실제로 살아 움직이는 전인적인 기독교적 삶의 스타일을 형성하는 과정이다. 이 점에 대해 잭 시모어(Jack L. Seymour)는 「오늘의 기독교교육 연구」라는 편집 저서에서 신앙공동체 교육이 대두된 동기를 다음과 같이 말한다.

> "오늘 교회의 교육목회가 학교화 – 지식 전달 형태로 발전함에 따라 기독교교육의
> 목적과 과정이 왜곡되었고, 세속교육으로 꼼짝없이 몰리게 되었다. 그래서 전통적인
> 교육 형태가 아닌 삶의 공동 영역 안에서 다른 사람들과 더불어 행동하고 경험하는
> 신앙공동체 교육을 그 대안으로 제시하고 있다."[23]

이것은 교회에서 회중의 생활과 문화적 환경이 일반 교육 프로그램보다 신앙의 내용과 성격에 더 큰 영향을 끼침을 보여 준다. 그러나 실제로 오늘 우리의 교회교육은 신앙공동체 교육 형태보다 학교형 교육에 의존되어 있음을 부인할 수 없다. 그러므로 자라나는 세대들이 신앙공동체 안에서 기독교 신앙의 의미와 삶의 스타일을 배우고 경험할 수 있게 기독교적 양육 과정이 확장될 필요가 있다.

Ⅲ. 교육목회의 형태

그러면 신앙양육의 가능성을 위해 오늘의 교육문화 안에서 교육목회의 형태는 어떤 모습으로 개혁되어야 하는가?

첫째, 신앙양육을 위해서는 오늘의 교회교육 현장이 신앙공동체로 회복되어야 한다.

이것은 새로운 사실이 아니지만 신앙공동체의 본질을 이끌어 가는 역할이 문제가 된다. 기독교의 처음 교회에서 보여 준 대로 말씀 선포(케리그마), 가르침과 양육(디다케), 교제(코이노니아), 세상을 향한 봉사(디아코니아)는 교회의 존재 이유로서 고백된 교회의 존재 양식이다. 이 네 양식이 교회를 교회 되게 하는 본질이라면 신앙양육을 위해서는 이 네 기능이 연결된 교육 프로그램을 제공하고 경험하게 해야 한다.[24] 만일 자라나는 세대에게 세상을 섬기는 교육 경험 없이 가르침만 주어진다면 신앙공동체 교육은 이루어지지 않는다. 또 교회와 교육이 분리되어 신앙양육이 단순히 일 주일에 한 번 교회 한 모퉁이에서 이루어지는 교회학교로 전락되는 것을 극복해야 할 것이다.

둘째, 신앙양육을 위해서는 내용보다 과정을 중시하여야 한다. 물론 올바른 내용과 과정이 병행되어야 한다. 그런데 그 동안의 교회교육은 내용과 지식을 전달하는 주입식 교수학습에 치중하였다. 만일 어린이들에게 기독교에 관한 지식만을 가르치고 신앙양육의 사명을 수행하였다고 생각하면 이는 큰 오류다. 성서에 관한 지식이 많은 것과 성서가 증언하는 대로 살아가는 기독교적 삶의 스타일은 별개의 문제다. 따라서 내용 중심의 질문(무엇을 주입시킬까?)보다는 과정 중심의 질문(어디서 어떻게 배우게 할 것인가?)이 이루어지는 변화를 모색해야 할 것이다.[25]

셋째, 신앙양육을 위해서는 삶에 숨겨진 교과과정을 중요시하고 찾아야 한다. 많은 교육이 인쇄된 교과서에 의존한다. 그러나 '양육'을 목적으로 할 때에는 학생들이 삶에서 무의도적으로 배우는 것들과 또 거기에 숨어 있는 자료들을 인식하여야 한다. 즉 오늘의 삶의 이야기들이 오가야 한다. 그런데 오늘날의 교육은 학교 형태를 선택함으로써 공동체생활의 사회적인 상호작용과 문화적인 면들을 무의식적으로 제외시킨다.[26] 교육은 학교에 출석함으로 얻어지는 결과라고 생각한다. 학교 바깥에서 일어나는 경험을 등한시하는 한편 삶에 숨어 있는 교과과정은 허용되지 않는 배움으로 간주한다. 어떤 면에서 지금의 어린이들은 교회학교 교재보다 텔레비전과 컴퓨터 게임에서 더 많은 영향을 받는지도 모른다. 기독교적 양육의 목표가 사회 변화와 인간화를 위한 기독교적 삶의 스타일 형성이라면 계획되지 않은 신비한 삶의 경험들이 어린이들의 삶의 과정에 있음을 인정하여야 한다. 신앙양육은 어린이들이 영적 가능성의 존재라는 이해에서 출발하므로 삶과 연관된 교육과정으로의 과감한 개혁이 필요하다.

넷째, 신앙양육을 위해서는 예배를 중요한 요소로 삼아야 한다. 교회의 종교의식과 예배는 공동체생활을 위한 중요한 요소이기 때문이다. 기독교 역사를 볼 때 극한 상황에서 교회의 다른 기능은 축소되었어도 예배는 계속되었고, 그것은 신앙공동체를 결속시키는 힘이 되었다.[27] 공동체의 종교의식은 공동체 삶의 중요한 부분이다. 이는 종교의식이 사람들의 이해와 삶의 스타일을 형성하고 변화시키기 때문이다. 예를 들어 예배의식을 갑자기 바꾸는 것보다 과격한 설교를 하는 편이 교인들에게 받아들여지기 쉽다는 말을 음미하여 보자. 과거 종교개혁 운동은 종교의식의 변화를 요구하였고, 성서의 예언자들은 신앙의 오류를 타락한 종교의식이라고 지적하였다. 따라서 기독교적 양육을 위해서는 예배와 예전, 신앙의 상징들을 중요시해야 한다. 또한 예배에 대한 교육적인 시도와 준비가 필요하다.

다섯째, 자라나는 세대의 신앙과 삶을 위한 성인 지도력이 요청된다. 왜냐하면 기독교적 신앙의 의미와 삶의 스타일이 신앙공동체 안에서 함께 신앙과 삶을 나눔으로 형성된다고 할 때, 성인은 자라나는 세대에게 신앙을 전승하는 역할 모형이 되기 때문이다. 즉 성인들의 삶과 언어는 공동체의 가치관을 형성하고, 다음 세대 성장의 모판이 된다.[28] 그러므로 교회교육이 어린이, 청년에게만 국한되는 것을 지양하는 한편 성인들도 함께 참여하고 나누는 간 세대 경험(inter‒generational experience) 교육이 이루어져야 한다.

그러므로 얼마나 많은 어린이들이 세례를 받고 회심하느냐에 대한 관심에서 벗어나 꿈의 세대들을 위하여 세대간의 만남이 가능한 성인교육 구조의 중요성을 인식하고, 그에 따른 지도력 개발 프로그램을 제공해야 한다. 또한 자라나는 세대가 자신들의 삶의 터에서 신앙의 의미를 발견하고 그것을 구체화하고 발전시켜 나감으로 참다운 기독교적 삶의 스타일로 살아가게 뒷받침하는 교육과정이 필요하다. 다시 말하면 기독교인으로서 삶을 어떻게 바라보며, 세계를 어떻게 생각하고 행동하여야 하는지를 묻고, 그에 따라 살아가는 사람을 키우는 양육 과정이 요구된다. 이 일을 위해 오늘의 신앙교육은 기독교적 양육의 차원에서 가정‒사회‒교회가 신앙공동체로서 터를 갖추고, 그와 함께 교육목회 지도력이 확대될 수 있게 해야 한다.

Ⅳ. 개체교회 교육목회의 과제

한국사회는 그 동안 유교적 전통에 기초한 상하 차등적이며 가부장적인 교육문화, 일제 식민지 문화와 군사독재 문화로 성장과 과업에 치중하였다. 이러한 사회 현상은 교육과 신앙의 형태에도 영향을 미쳐 생명보다는 목표 달성을 앞세우는 업적주의의 테두리 안에서 교육목회의 방향도 왜곡되었다. 1970년대 이후 한국 교육목회의 왜곡된 구조는 세 가지 특징으로 요약할 수 있다. 첫째, 교회 확장을 위한 경쟁적이며 양적인 구조, 둘째, 종교 지식을 가르치는 내용 중심의 구조, 셋째, 역사의식과 사회 변혁에 대한 의식 결여다. 이러한 문제에 대응하기 위해 교육목회는 다양한 변화를 모색하였다. 1970년대에는 독재정권 붕괴와 민주화를 위해 의식화 교육이 소개되었고, 1980년대에는 교회 성장과 업적주의 교육문화에 반대하여 신앙공동체 교육이 제시되었다. 그리고 1990년대 이후에는 환경과 생명공학에 대한 우려의 목소리와 함께 생명과 영성교육이 진행되었다. 이러한 가운데 기독교적 민주시민을 양성하는 교육목회는 개체교회별로 구체적인 노력을 통해 감당하였다. 한편 다음의 물음들은 오늘의 교육문화와 신앙양육을 위해 교육 현장에서 구체적으로 풀어가야 할 과제들이다.

첫째, 그리스도인의 삶의 원형은 예수 그리스도에서 찾아야 한다. 예수 그리스도의 삶은 참된 신앙의 의미를 보여 주며, 올바른 가치관, 인생관, 세계관을 밝히 알려 준다. 따라서 예수 그리스도의 삶을 밝히는 고백적 성서 연구(복음서 연구)가 필요하다. 단순하게 성서 지식을 이해하고 외우는 수준이 아니라 성서를 통해 예수와 나의 관계를 밝히고, 그것을 자신의 신앙으로 고백하는 고백적인 성서 연구와 새신자 양육이 있어야 한다.

둘째, 그리스도인의 삶은 교회 안에만 머무르지 않는다. 그리스도인은 사회, 문화와 접촉하며 살아간다. 교육목회가 사회 변화와 진정한 그리스도의 민주시민 양성을 교육 목표로 삼는다면 그 교육과정에도 역동적인 개혁이 필요하다. 삶과 복음이 묻고 답할 수 있는 문화화 과정의 이해다.[29] 신앙과 삶에 문화적으로 접근하는 노력, 즉 오늘의 사회와 문화를 이해하고 분석하는 강좌와 전문 기관과의 연계가 필요하다. 교회는 사회, 문화와 함께할 때 그 존재 가치를 획득할 수 있다. 그리스도인의 삶의 가치는 타인에 대한 배려와 사랑이다. 이를 위해 자신이 속한 사회와 조직에 대한 분명한 이해가 필요하고, 이것을 토대로 다양한 문화를 창출할 수 있다.

셋째, 가정교육과 교회교육이 연계된 신앙교육 프로그램을 연구하고 실천해야 한다. 신앙의 기초는 가정공동체에서 이루어진다. 교회교육이 가정교육과 연계되면 더욱 큰 영향력을 발휘하게 되지만 그렇지 못할 경우 무의미한 교육이 될 가능성이 크다. 그러므로 교회교육은 가정문화와의 연계성을 고려하는 것이 좋다.

넷째, 예배는 기독교적 삶을 정형화한다. 예배의 신앙교육적 인식과 아울러 어린이와 젊은이를 위한 예배 프로그램 개발과 목회자의 참여가 요구된다. 진정한 교육을 위해 예배의 형식뿐만 아니라 내용에 대한 다양한 교육들이 요청된다. 예배는 신앙공동체의 고백 양식이다. 예배를 통해 공동의 신앙을 고백하게 되기에 예배에 참여하는 과정은 진정한 신앙공동체의 신앙을 배우는 장이 된다.

다섯째, 신앙과 삶의 변화를 촉진하는 교회학교 교사들의 태도와 교수법을 위한 훈련이 요구된다. 교사들에게 교육의 성패가 달려 있다고 해도 과언이 아니다. 올바르게 제대로 가르치기 위해서는 학생들에 대한 사랑의 태도와 교수 방법을 훈련할 필요가 있다. 특히 신앙을 전승함과 동시에 오늘의 문화 속에 재창조하기 위해서는 문화적으로 접근하는 다양한 교수 방법을 훈련해야 한다.

결론적으로 오늘의 교육문화 구조에서 교육목회의 역할은 분명하고 다양하여야 한다. 분명한 것은 올바른 신앙양육이 이루어지면 이 사회는 좋은 방향으로 변화될 가능성이 크다는 것이다. 다양하게 제시된 교육목회가 올바르게 실천되면 기독교교육은 사회를 변화시키고 이 땅에 하나님의 나라를 건설할 것이다. 오늘의 교육문화와 신앙양육은 교육목회의 상호 관계적 과제다.

1) Don S. Browning, "Religious Education as Growth in Practical Theological Reflection and Action," in *Education for Citizenship and Discipleship,* ed. Mary C. Boys (New York: The Pilgrim Press, 1989), 148.

2) Jack L. Seymour and Donald E. Miller, ed. *Theological Approaches to Christian Education,* 김재은, 임영택 역, 「기독교교육과 신학의 대화」(서울: 성광문화사, 1990), 17.

3) <조선일보>(서울), 2003년 12월 1-2일. 한국 정부가 이라크에 전투병/비 전투병 파병을 결정한 가운데 이라크에서 처음으로 한국 민간인 2명이 피살되고, 2명이 부상당했다는 보도 이후 파병 찬반 논란이 격돌하고 있다. 부안군민 '핵 폐기장 시설 반대' 결의대회는 경찰과 충돌 이후 7천 명이 모여 집회를 했고, 주민 투표로 향후 문제를 결의할 예정이다.

4) Seymour, *Theological Approaches to Christian Education,* 18.

5) Ibid., 15.

6) 은준관, "청소년은 가치 창조의 주체," 「교회 · 선교 · 교육」(서울: 전망사, 1982), 302.

7) 임영택, 「당신의 지도력을 개발하라」(서울: 도서출판 대림디자인, 1997), 13-14

8) Paulo Freire, *Pedagogy of the Oppressed* (New York: Continuum, 1970), 58..

9) 은준관, 「기독교교육 현장론」(서울: 대한기독교출판사, 1988), 29-56. 은준관 교수는 기독교교육의 네 현장의 원형을 성서에 나타난 예배, 가정, 학교, 사회공동체에서 찾는다.

10) <조선일보>(서울), 2003년 10월 13일, 11월 17일.

11) <조선일보>, 2003년 11월 23일.

12) Ivan Illich, *Deschooling Society* (New York: Harper & Row, 1970). 일리치는 비엔나 출신으로, 기술사회에서의 순수교육을 주장한다. 그는 출세와 경쟁의 사회를 바라보면서 그에 따른 학교의 비대화와 사회 기업에 끌려가는 학교 사회를 비판한다.

13) National Commission on Excellence in Education, *A Nation at Risk: The Imperative for Educational Reform* (Washington, D.C.: U.S. Department of Education, 1983); Carnegie Forum on Education and Economy, *A Nation Prepared: Teachers for the 21st Century* (Hyattsville, Md.: Author, 1986).

14) <조선일보>(서울), 2001년 7월 17일.

15) William C. Crain, 「발달의 이론」(서울: 중앙적성출판사, 1988), 248-251.

16) 임영택, 「교육목회 지침서」(서울: 기독교대한감리회 교육국, 2001), 296-297.

17) Horace Bushnell, *Christian Nurture* (New Heaven: Yale University Press, 1967). 이 책은 16명의 유명 교육신학자들에 의해 추천된 33권의 기독교교육 분야 필독도서 중 최우수도서로 선정되었다. *Religious Education* 74 (Jan.-Feb. 1979): 7-9.

18) Wayne R. Rood. *Understanding Christian Education* (Nashville: Abingdon Press, 1970), 25; Bushnell, *Christian Nurture,* 4-22. 그 당시 기독교공동체에 속하는 방법으로는 칼빈의 선택교리에 의한 예배와 성찬 참석, 스코틀랜드 개혁파의 도덕생활, 그리고 잉글랜드의 훈련된 정신과 회심 경험을 강조하였다.

19) Ibid., 76.

20) George A. Coe, *A Social Theory of Religious Education* (New York: Charles Scribner's Sons, 1917), 53-55, 207ff: 은준관, 「교육신학」(서울: 대한기독교서회, 1976), 259.

21) John H. Westerhoff III and Gwen Kennedy Neville, *Generation to Generation* (Philadelphia: United Church Press, 1974), 41.

22) Philip H. Phenix, "Education for Faith," in *A Colloquy on Christian Education,* ed. John H. Westerhoff III (Philadelphia: A Pilgrim Press Book, 1972), 43.

23) Jack L. Seymour and Donald E. Miller, eds. *Contemporary Approaches to Christian Education* (Nashville: Abingdon Press, 1982), 20.

24) 은준관, 「기독교교육 현장론」, 196.

25) John H. Westerhoff III, *Values for Tomorrow's Children* (Phiadelphia: Pilgrim Press, 1976), 29.

26) John H. Westerhoff III and Gwen Kennedy Neville, *Generation to Generation* (Philadelphia: United Church Press, 1974), 41-42.

27) Westerhoff, ed., *A Colloquy on Christian Education,* 98. 로마 박해 시대에도 그리스도교 신자들은 카타콤에서 은폐된 가정집에서 그들의 종교의식을 지킴으로 신앙을 보존하였다.

28) 김재은, "성인교육론," 「신학과 세계」, 제8호 (1982, 10), 477.

29) Roger L. Shin, "Education is a Mystery," in *A Colloquy on Christian Education,* 33.

예배와 교육

3

교회에 가면 늘 듣고 하는 말이 있다. "주일을 거룩하게 지내라." "주일에 교회 빠지지 마라." "주일에는 예배를 드려야 한다." 이 말들은 신앙생활이 교회 중심으로 모이는 일에 관계된 것임을 암시한다. 교회에서 예배는 중요한 위치에 있다. 그렇다면 주일에 예배드리는 것이 신앙생활의 전부인가? 주일예배가 신앙생활의 전부는 아니다. 신앙생활은 우리의 삶 자체다. 로마서 12장 1절에서 바울은 "그러므로 형제들아, 내가 하나님의 모든 자비하심으로 너희를 권하노니 너희 몸을 하나님이 기뻐하시는 거룩한 산 제사로 드리라. 이는 너희의 드릴 영적 예배니라."라고 말한다. 진정한 예배는 삶 자체라는 의미로 해석할 수 있다.

이렇게 예배가 중요하다고 할 때, 예배는 교육목회, 즉 교회의 생활과 어떤 관계가 있는지를 살펴야 한다. 예배와 교육목회의 관계는 세 가지 관점에서 물을 수 있다. 첫째, 신앙공동체 안에서 예배와 종교의식은 어떤 관계인가? 둘째, 교육목회를 위해 예배는 어떠한 위치에 있는가? 셋째, 예배를 위해 교육목회는 무엇을 하여야 하는가?

I. 종교의식과 예배

1. 종교의식의 특성

종교의식과 예배는 교회생활의 중심이며, 기독교인의 생활을 이어 왔다. 극한 상황에서 설사 다른 기능은 축소될지라도 예배는 계속되었음을 기독교 역사는 증명한다. 이것은 기독교 신앙공동체의 의식(Ritual)과 제의(Rite)가 공동체 삶의 중요한 부분으로 나타나기 때문이다. 그러므로 의식 이상으로 공동생활에서 중요한 면은 없으며, 의식생활 없는 공동체는 존재하지 않는다.[1] 이에 대하여 그레고리 바움(Gregory Baum)은 뒤르깽(Emile Durkheim)의 이론을 내세워 전통사회와 제의(상징체계, symbol system)의 관계를 다음과 같이 말한다.

> "뒤르깽은 공동사회와 이익사회의 두 유형 안에서 작용하는 사회적 결속(Social Bond)에 관심하면서 전통사회, 즉 자족하며 생존하는 단위이며 서로 독립되어 있는 단위들(가족, 혈족, 혹은 마을공동체)이 한 집합체였다는 사실을 발견하였다. 그리고 이 전통사회를 한데 묶는 사회적 결속은 공통된 상징체계이며, 사회적 연대감은 똑같은 의식, 가치, 꿈, 신화들을 통하여 창조되었다. 그런데 이렇게 전통사회가 공통된 상징과 의식들에 의해 결속되었던 반면 복잡한 분업에 의해 결속된 현대사회는…"[2]

여기서 뒤르깽은 분업을 통하여 새로운 사회적 결속의 가치를 얻으려고 노력하였지만 가장 큰 발견은 공동체는 의식을 통하여 결속된다는 사실이다. 그러므로 공동체의 의식생활과 제의는 신앙교육의 중요한 부분이며, 더 나아가 신앙은 상징 행위(의식과 제의)를 통하여 표현됨을 알 수 있다. 그렇기 때문에 예배는 교회생활에서 중요한 부분을 차지한다.

그러면 공동체의 의식생활이 왜 중요한가? 그것은 의식이 사람들의 이해와 삶의 스타일을 형성하며 그 의미를 부여하기 때문이다. "사람은 그가 행하는 의식에 의해 알려진다."는 말은 과장된 것이 아니다. 인간은 본래 의식을 위해 창조되고, 그 반대로 의식이 또한 인간을 만드는 것이다.[3] 예를 들어 예배의식을 바꾸는 것보다 과격한 설교를 하는 편이 회중에게 받아들여지기 쉽다는 말을 음미하여 보자. 예전(Liturgy)에서 의식을 변경하는 것은 매우 어려운 일이다. 그것은 일상생활에서 오는 요구가 변화하는 상황에서 의식의 구조가 사람들의 생활을 정형화하기 때문이다. 그래서 의식은 삶에 대한 결단을 가능하게 하며 목적을 부여하여 준다.[4]

사람들이 의식을 쉽게 바꾸지 못하는 이유가 여기 있으며, 과거 교회사가 보여 주듯 개혁 운동의 핵심은 예전의 변화(Liturgical change)였다. 즉 예전과 의식의 갱신은 신앙의 개혁이기에 예언자들은 신앙의 오류를 의식 개혁으로 바로잡으려고 노력하였다.[5] 그러므로 종교의식은 사람들의 세계관과 삶의 양식, 즉 그들의 신앙을 전달하고 보강하는 데 초점을 두는 공동체들의 신중한 노력이다. 따라서 신앙공동체의 제의생활이 교육목회의 초점이 되어야 한다. 이렇게 볼 때, 예배를 통한 신앙교육은 매우 중요하다. 웨스터호프는 이러한 의식을 종교의식(rituals), 제의(rites), 예배(liturgy)로 구분하여 설명한다.

2. 종교의식(Rituals)

종교의식은 신앙을 상호 소통하고 강화하기 위한 신앙공동체의 의도적인 시도다. 종교의식을 통하여 사람들은 유산과 전통, 신앙에 대한 기억과 희망을 기린다. 종교의식의 행위, 노래와 춤에 적극 참가함으로 사람들은 삶의 의미와 가치, 존재 이유, 행동의 동기들을 알게 된다. 그러므로 삶의 이해와 방법에 나타나는 변화는 곧 종교의식에 나타나는 변화이며, 또한 종교의식의 변화는 삶의 질과 의미심장한 경험에 변화를 가져다준다. 그 예로 기독교 역사에서 중요한 혁명적 사건들은 모두 교회의 종교의식과 연관되고 영향을 주었다. 백성의 신앙이 잘못되었다고 판단되었을 때, 예언자들은 참된 종교의식(신앙)으로 돌아오라고 촉구하였음을 성서가 증언한다.

그러나 웨스터호프는 종교의식이 삶에서 축복의 도구로 지나치게 신비주의화하는 것은 위험하다고 지적한다. 실제로 모든 문화는 그들의 종교기관에 충성할 것을 요구하고, 그것이 종교의식을 통하여 이루어지기를 기대한다. 너무 많은 종교적 생활이 세상을 등지게 하거나 세상에서 안정적으로 사는 것을 돕는다. 교육 프로그램들도 그와 같은 종교의식을 무비판적으로 받아들이고, 나아가 참여하게 인도한다. 그러나 그리스도인은 하나님이 교회를 신앙공동체로 부르시고, 그 신앙공동체가 문화에 영향을 준다는 사실을 믿는다. 기독교 교회에서의 종교의식은 세상을 비판적으로 판단하게 도와주고, 하나님이 창조하신 세상에서 그 뜻대로 살아갈 수 있게 지혜를 제공한다. 그래서 웨스터호프는 종교의식이 상징적 행위라고 믿는다. 더 나아가 그는 상징적 행위의 종교의식이 예언자적 행동(prophetic action)과 연합되기를 바란다. 책임 있는 그리스도인의 종교의식은 사람들과 신앙공동체가 사회 변혁에 참여하게 동기를 부여하여야만 한다. 사회적 행동은 의미 있는 종교의식을 통하여 유지되는 기독자의 신앙과 삶에 의하여 내용이 제공되고 용기를 부여받아야 한다. 따라서 그리스도인의 예배생활은 상징적 행동(종교의식)과 예언자적 행동(사회행동)을 연합하는 노력이 필요하다.[6)]

3. 제의(Rites)

종교의식은 신앙과 삶을 전수하고 유지하는 데 도움을 준다. 또한 그리스도인의 삶에서 체험되는 의미 있는 위기와 발전(transitions)을 맞이하게 한다. 이것을 제의(rites)와 통과의례(rites of passage)의 형태로 나눌 수 있다. 또한 제의는 두 가지로 구분할 수 있는데, 하나는 연대성의 제의(rites of society)이고, 다른 하나는 개인에 대한 제의(rites of life crisis)다.

통과의례는 개인과 공동체의 삶이 변화되어 그들의 위치나 장이 바뀌는 과정을 기념하는 일이다. 이러한 의례 혹은 제의들은 삶의 변화를 의미 있게 하고, 개인과 공동체가 삶을 재조명하고 변화에 적응하게 돕는다. 따라서 통과의례는 세 단계, 즉 분리(separation phase), 변화 혹은 발전(transition phase), 재조정(reentry phase)의 단계를 거친다. 이 셋은 언제나 협력적인 과정이다. 첫째 단계는 낡은 위치와 역할에서 분리되는 구조화된 경험이다. 그 다음은 죽음과 재탄생의 구조화된 경험으로, 발전과 변화의 기점이 된다. 마지막 단계는 새로운 위치와 역할에 대한 적응과 새 사람으로서 공동체에 다시 들어가는 구조화된 경험을 의미한다. 여기서 제의의 세 번째 단계가 완성될 때 개인은 공동체와 다시 결합하며 새로운 삶의 위치를 세우게 된다.[7]

연대성의 제의는 드라마틱한 성격의 종교의식으로, 삶의 의미와 목적에 대한 공동체의 이해, 공동체의 감각과 정체성이 포함된다. 주일 예배, 성례의식, 교회력에 따른 예배들, 이를 테면 대강절부터 이어지는 삼위일체주일 예배 등이 여기에 속하며, 기독교 신앙의 이야기들을 함축하며 공동의 정체성을 확립하는 역할을 한다.

개인에 대한 제의는 생일, 질병, 성취, 학교 입학, 졸업, 결혼, 사업 시작, 새 집 마련, 죽음 등과 연관된다. 개인의 변화는 신앙공동체 안에서 서로 의사소통되어야 한다. 왜냐하면 모든 사람은 보편적이며 공동적인 신앙 안에서 연결되기 때문이다. 공동체의 제의 (rites of community)에는 신년주일, 국가 독립기념일, 교회 창립기념일, 신축 봉헌, 현충일, 학문의 새로움을 다짐하는 대학 입학식 등이 속한다.[8] 이와 같은 통과제의를 통한 축하식은 그들 모두가 서로의 한 부분이 되었음을 알리는 경험이다. 이러한 제의는 현재를 준비하게 하고 협력하여야 할 미래의 생활과 활동을 도와주는 역할을 한다.

그러므로 교육목회는 사람들이 제의에 참여하게 준비하고, 이 제의들을 통하여 개인의 신앙과 순례의 길에 놓인 단계마다 발전적인 경험을 하게 도와주어야 한다. 기독교 신앙의 순례에 대하여 웨스터호프는 세례의식, 첫 성찬, 계약의식, 입교식, 안수식, 임종식과 같은 통과의례 실시와 교육적 노력이 필요하다고 주장한다.

4. 예배(Liturgy)

예배는 신앙공동체의 행위다. 상징적 행동(symbol acts)인 종교의식과 사회행동(social action)은 예배에서 하나가 된다.[9] 그것은 예배가 종교의식을 통하여 이루어지는 신앙공동체의 제자 훈련 모두를 수용하기 때문이다. 진정으로 기독교 교육자들이 종교의식을 강조하였다면 동시에 사회 변화를 위한 사회적 행동도 잘 감당하였을 것이다. 만일 종교의식과 사회 개혁을 연결하는 일의 중요성을 이해하지 못하였다면 예배의 역할을 강조하여야 할 것이다. 교육목회와 예배는 점진적인 개혁의 과정을 통한 개인의 영적 성장과 사회 변화를 강조할 필요가 있다. 그러므로 예배는 교육목회의 주요 부분이 되어야 한다. 그러나 교육목회에서 종교의식과 제의가 어떠한 성격으로 적절하게 적용 가능한지는 반드시 묻고 지나가야 할 사항이다. 예배와 배움을 연결하려는 노력이 교육목회, 즉 카테케시스(catechesis)의 한 부분이다. 카테케시스는 예배적인 삶을 위해 어떠한 신앙이 요구되는지를 묻고 추구하는 일이며, 또 신앙의 관점으로 예배를 평가하고 개혁하며, 더 나아가 예배의 신앙적 참여로 공동체를 준비케 하는 의미가 있다.[10]

웨스터호프에게 가장 큰 쟁점은 예배와 교육을 함께 말하는 것이다. 이 관계는 복음으로 예배하는 삶을 끊임없이 점검하여야만 한다. 예배적인 삶의 평가와 재해석은 기독교교육적인 면에서도 또한 중요한 일이다. 또 다른 중요한 면은 교회공동체 안에서 예배에 의미 있게 참여하여 생활에까지 이어가게 준비시키는 일이다. 그러므로 교육목회는 예배를 책임 있게 준비해야 한다. 그런데 기독교 교육자들이 종교의식에 관한 교육적 노력을 할 때, 예배 인도자들과의 관계가 제대로 형성되어 있지 않음을 너무나 자주 목격하게 된다. 예배와 종교의식은 교육목회의 중요한 차원임을 인식하여 늘 병행시켜야 한다. 예배에 있어서 종교의식의 이해는 교육목회의 심장의 역할이라고 표현한다.

Ⅱ. 하나님과 만나는 예배

예배 자체를 교육적 행위라고 정의할 수는 없다. 그러나 교육목회의 차원에서 보면, 예배 경험과 이에 참여하는 이들의 신앙적 경험이 자연스럽게 배움의 경험으로 이어지는 것을 발견할 수 있다. 예배는 하나님의 오심과 인간의 응답 사이에서 일어나는 만남의 경험이지만, 그 만남은 기억과 감정으로 남는 것이 아니라 신앙과 삶의 새로운 구조화를 가능케 하는 배움과 교육적 경험으로 이어진다.[11] 그러므로 교육목회는 가르침(didache)이 아니라 오히려 예배(leitourgia)에서 시작해야 한다고 볼 수 있다. 학습자들은 예배를 통하여 신앙공동체의 고백과 삶의 스타일을 자연히 배워 간다. 그러므로 예배와 교육은 불가분의 관계에 있다고 하겠다.

1. 예배의 신학적 의미

예배는 예배 주체에 따라 크게 셋으로 나눌 수 있다. 예배의 주체를 하나님으로 보는 것과 인간으로 보는 것, 그리고 하나님과 인간의 만남으로 보는 것이다. 하나님을 주체자로 보는 예배는 계시를 강조한다. 예배는 전적으로 하나님의 구원과 그 재현의 과정이라고 본다. 계시 차원의 예배는 인간이 아니라 하나님의 목적에서 예배가 시작된다.[12] 반면 주체를 인간으로 보는 예배는 하나님께 경배하는 인간의 응답을 강조한다. 이러한 관점에서의 예배는 하나님께 드리는 겸손의 행위인 인간의 응답이다. 이것은 잘못하면 의무적으로 드리는 예배가 될 수 있다. 예배는 인간의 반응이 강조된다.[13] 마지막으로 예배의 주체를 하나님과 인간 양자로 보는 차원은 예배와 함께 그 안에서 교육목회적 차원을 끌어내는 단서를 제공한다. 예배는 하나님의 계시에 대한 인간의 응답으로 해석한다.[14] 예배의 형태와 강조점은 공동체에 따라 달리 나타나지만, 본질적인 예배 경험은 하나님의 계시적인 오심과 인간의 신앙적인 응답으로 표현된다. 신앙공동체의 특성에 따라 형태와 강조점이 다르기는 하지만 모든 예배는 오심과 응답 사이에서 생기는 만남의 사건이라는 핵심에서 통일성을 이룬다. 하나님의 계시적인 오심과 인간의 신앙적인 응답의 만남이 예배에서 이루어지면, 그 사건의 경험은 신앙적 경험이 되며, 동시에 배움의 사건이다. 이런 차원에서 예배를 통한 교육목회의 의미를 찾을 수 있는 것이다.

예배는 공동체의 행위로, 이를 통해 공동체의 전통과 의미가 전수된다. 예배는 신앙공동체의 공동 행위다. 바로 이 공동 행위에서 사람들은 하나님을 배우고, 세계를 배우고, 자아와 그 책임을 배우게 된다. 그렇기 때문에 신앙공동체 구성원들은 예배를 통해 자연스럽게 자신의 신앙 형태와 삶의 스타일을 배우게 되는 것이다. 이러한 관점에서 예배는 종교사회화 과정으로 교육목회의 중요한 방법이 된다. 신앙공동체 안에서 계시와 응답의 만남은 하나님과의 만남을 경험하는 사건이다. 이 만남은 기억, 긍정, 소망으로 표현되는 사건이기 때문에 비록 예배가 교육 그 자체는 아니라 하더라도 예배에서 하나님의 오심과 말씀을 만나는 것은 소중한 교육적 행위이며, 동시에 응답으로서의 인간의 참여는 회개와 결단을 동반하는 삶의 전환을 가져온다.

그러나 오늘의 예배는 하나님의 계시적인 오심과 인간의 신앙적인 응답이 만나는 사건이 아니라 사변주의 내지는 경험주의로 전락한 느낌을 준다. 교육목회는 이러한 오늘의 예배를 반성하고, 하나님의 계시적인 오심과 인간의 신앙적인 응답의 만남을 예배에서 찾아야 한다. 신앙공동체의 삶의 스타일을 형성하는 배움의 사건으로서의 예배의 본질을 재구성하고, 살아 있는 예배 경험을 회복하여야 한다.

2. 예배의 교육적 의미

예배는 본질상 신앙의 사건이며 경험이다. 하나님의 오심의 경험이며 동시에 결단과 봉헌의 경험이다. 그러기에 예배가 곧 교육은 아니다. 다만 예배 경험에 교육적 의미가 있을 뿐이다. 이러한 관계가 올바로 설정될 때, 교육목회는 예배의 교육적 의미와 실천을 이야기할 수 있다. 이것을 세 가지 의미로 나누어 생각해 볼 수 있다.[15]

예배의 첫 번째 교육적 의미는 온 회중이 드리는 예배의 경험을 통하여 신앙을 배우는 것이다. 이것을 예배를 통한 배움(education in worship)이라고 한다. 이것은 예배 경험이 어린이와 어른들의 영적 성장을 이루는 교육이 된다는 의미다. 찬양, 고백, 성서 봉독, 탄원과 중재의 기도, 설교, 헌금, 축도 등 모든 예배 과정이 하나님과 인간의 만남과 신앙 경험을 이룬다. 어린이들은 그들의 예배 경험의 지도자와 참여자로서, 성인들은 예배의 식과 분위기에 참여함으로써 신앙공동체의 신앙을 배운다. 세례예식, 결혼예식, 장례예배, 성례전 등 특별한 예배를 통해서도 회중은 하나님과의 만남뿐 아니라 생의 특별한 계절에 담긴 신앙적 의미를 배우게 될 것이다. 여기서 회중은 예배의 경험을 통하여 공동체로 형성된다. 이처럼 예배는 그 경험과 의미를 통하여 회중을 하나의 공동체로 묶어 준다. 밀러(Donald E. Miller)는 예배를 통한 배움을 위해 어린이와 청소년들을 직접 예배 인도자로 임명하고 예배의 응답자로 참여케 하여 직접 예배 경험을 하게 하자고 주장한다.[16] 이것은 참여자를 신앙인의 모습으로 변화시키며, 또 성장시키는 교육적 의미가 있다.

예배의 두 번째 교육적 의미는 예배를 위해 의도적인 교육을 실시하는 것이다. 이것은 예배를 위한 교육(education for worship)이라고 한다.[17] 예배가 온 회중의 행위라면, 모든 사람에게 예배에 어떻게 참여하고 또 무엇을 배워야 하는지를 가르쳐야 한다. 언제 일어서야 하고, 언제 무릎을 꿇으며, 언제 그리고 왜 아멘으로 응답하여야 하며, 교독문은 어떻게 낭독해야 하는지를 배우게 하는 것이다. 더욱이 예배 인도를 책임지는 사람들에게는 그 역할의 의미와 수행 과정을 교육해야 한다. 성가대, 성서 봉독자, 기도 인도자, 헌금위원과 안내위원의 역할이 예배 안에서 어떤 의미가 있는지를 교육해야 할 것이다. 그리고 세례를 받기 이전의 어린이와 부모, 그리고 세례 예비자의 교육도 이 범주에 포함되어야 할 것이다. 더욱이 세례와 성례전을 준비하는 사람들에게 마음의 준비뿐만 아니라 그 의식의 의미를 알게 하는 것은 대단히 소중한 교육목회의 과정이다.[18]

예배의 세 번째 교육적 의미는 예배를 교회학교에서 중심적 위치로 회복시키는 것이다. 교육 프로그램 중심에서 예배 중심으로 바꾸는 일이다. 예배를 교사와 어린이, 젊은이들의 신앙 경험과 배움의 핵으로 삼아야 한다. 어린이와 젊은이들의 언어와 신앙 표현에 따라 예배의식은 과감히 개혁되어야 하지만 성인들을 모방하는 일은 무의미하다. 예배의 구조는 카리스마(찬양과 기도), 케리그마(선포와 교육), 성례전(영적 교제 포함)의 의미 안에서 이루어져야 한다. 이 일을 위하여 교사와 어린이들은 직접 예배의식을 준비할 뿐 아니라 예배의식에 사용할 기도문, 설교 등을 성실히 준비해야 한다. 교회학교 예배도 하나님을 만나고, 그의 음성을 듣고, 그에게 응답하게 하는 신앙의 배움이 되어야 한다. 그러므로 교육목회로서의 예배는 예배의 경험을 계시와 응답의 만남으로 이끄는 의식이어야 한다. 동시에 의도적인 가르침을 통하여 예배의 경험을 교육적 경험으로 이끌어 가는 양육 프로그램까지도 발전시켜야 한다.

III. 교육예배

1. 예배의 교육적 구조

예배를 통해 그리스도인의 삶의 변화를 이끌기 위해서는 예배의 구성 요소, 예배의 형식, 예배의 종류, 예배의 준비에 대해 알려주어야 한다. 실제로 신학적, 교육학적 의미를 알고 예배에 참여하는 것과 알지 못한 채 참여하는 것은 큰 차이가 있다. 예배를 통해 하나님을 만나고 신앙적 경험을 하기 위해서는 한사람 한사람이 어떻게 예배에 참여해야 하는지 구체적으로 배워야만 한다. 성례전에 참여하는 이들에게 마음의 준비뿐만 아니라 성례전의 의미를 알게 하는 것은 매우 의미 있고 소중한 교육과정이다. 또한 예배의 모든 요소에 대한 가르침을 통해 참여자를 진정한 예배로 이끄는 노력, 즉 가르침을 통하여 예배의 경험을 교육적 경험으로 이끌어 가는 프로그램을 개발해야 한다. 교육목회의 신앙 양육 과정은 예배에 필요한 여러 다른 요소들, 즉 상징, 의식, 어휘들에 대한 가르침을 포함해야 한다.[19)]

2. 참여의 예배

교육예배는 그 특성상 예배 준비 과정부터 예배의 전체 진행 과정에 이르기까지 학습자들의 참여를 유도해야 한다. 예배를 통해 삶을 변화시킬 수 있기 위해서는 학습자들이 예배에 적극 참여하여 그 가운데 하나님의 계시와 신앙의 응답이 만나는 장을 이루어야 한다. 교회학교 예배의 주체는 어린이와 청소년들이다. 그들의 참여를 이끌기 위해서는 예배의 요소, 내용, 구성 및 표현도 그들에게 적합해야 한다. 어린이와 청소년들은 하나의 인격체, 지금 여기서 전적 인간으로 살아가고 있는 인격체다. 어린이는 어린이 나름대로, 청소년은 청소년 나름대로 하나님과 진지하게 교제를 나눌 수 있는 존재다.

교회학교 예배에 대한 오해는 여러 가지다. 가장 흔히 접하게 되는 오해는 어린이 예배는 분반공부를 위한 준 예배이고, 성인 예배만이 정식 예배라는 것이다. 하지만 예배의 형태, 종류, 표현은 다르더라도 어린이 예배도 분명히 하나님의 계시와 응답, 그분과의 만남이 이루어지는 온전한 예배임을 망각해서는 안 된다. 예배자의 특성을 고려하여 예배의 내용 구성과 표현에 적절성을 부여해야 한다. 적절성을 위해 고려해야 할 사항은 시간과 주제, 방법의 문제다.

교회학교 예배를 위해 고려해야 할 첫 번째 사항은 시간에 관한 문제로, 이는 어린이의 집중도를 염두에 두고 조정해야 한다. 유치부의 경우 10분을 넘지 말아야 하며, 초등학교 1~2학년은 10~15분 정도, 3학년 이상은 15~20분을 넘지 않는 것이 바람직하다. 특별 예배 등 시간을 더 요하는 경우도 30분이 한계라고 생각한다.

두 번째로 고려할 것은 주제 문제다. 예배마다 주제가 분명히 드러나야 어린이의 이해가 깊어져 예배에 충실을 기대할 수 있다. 앞에서 언급한 대로 어린이 예배의 경우 시간적 제약이 있으므로 한 예배에 한 주제만을 내세우는 것이 바람직하다. 주제는 교회력을 따르는 것, 공과 내용을 따르는 것, 기타 특수 주제(사랑, 평화, 정직, 기도, 우정 등)가 가능하다. 더불어 어린이들의 경우 그들의 특징이라고 할 수 있는 직접적인 감각, 시청각이나 상상력을, 그리고 청소년들의 경우에는 분석적 사고력이나 상호 관계적인 능력을 충분히 살릴 수 있는 주제를 선정하고 표현해야 한다.

세 번째로 고려할 것은 방법 문제다. 방법은 주제와 내용을 구현하기 위한 중요한 도구다. 어떤 그릇에 담느냐에 따라 내용의 가치도 달라질 수 있다. 그런데 여기에 두 가지 오해가 있다. 먼저, 형식은 어떻든지 내용과 마음이 제일 중요하다는 것이다. 이것은 짧은 생각이다. 어린이 예배가 어린이의 참여를 이끌지 못해 그들이 예배 중에 하나님을 만나지 못한다면 이는 옳은 예배라 할 수 없다. 동기와 내용의 문제는 참여자의 문제이고, 참여할 수 있게 준비하는 교육지도자는 방법의 문제를 심각하게 고려해야 한다. 또 다른 오해는 철저하게 순서를 정하고, 멘트도 짜고, 아주 세밀한 부분까지 준비한 예배는 은혜가 없는 기계적이고 형식적인 예배가 된다는 것이다. 그러나 실제로 철저히 준비하고 리허설까지 거친 예배에 참여해 보면 진행하는 자나 참여하는 자가 모두 은혜를 경험하고 하나님과의 더 깊은 교제 가운데 예배하게 되는 경우가 많다. 철저히 준비된 예배를 드리는 것이 옳은 태도다. 예배 방법은 주제에 따라 효과적인 방법을 선택하는 것이 바람직하다. 이런 이유에서 교회마다 예배 기획자를 세워 예배를 기획한다. 예배 기획은 교육목회를 이루는 한 방법이다. 신앙으로 잘 준비된 예배에 참여하는 것은 신앙의 경험과 양육을 이루는 통로다.

3. 공간과 환경

삶의 변화를 이끌어내는 예배를 위해서는 예배 공간과 환경도 중요하게 생각해야 한다. 적합한 분위기를 만드는 데 환경이 매우 중요한 역할을 하기에 하나님에 대한 경외를 나타내는 장소와 하나님과 인간 사이의 알맞은 집회 장소를 제공하는 것은 꼭 필요한 일이다. 공간이나 환경이 예배의 근본을 흔드는 것은 아니지만, 예배를 통해 삶의 변화를 끌어내려면 예배드리는 공간의 환경과 분위기를 고려하지 않으면 안 된다. 어떤 모임이든 그 모임의 성격도 중요하지만, 모임 장소의 공간과 환경, 분위기에 의해 선입관이 생기는 경우가 많다. 이처럼 공간과 환경을 통하여 참여자들이 예배에 참여하여 하나님께 응답하는 신앙이 개발될 수도 있다.[20]

그런데 실제로 어린이와 청소년 예배를 위한 공간과 환경은 어떠한가? 이것은 시설과 재정의 문제만은 아니다. 매우 감각적이며 환경에 민감한 그들에게 영적 분위기는 매우 중요하다. 어린이가 어머니의 따뜻한 품에서 사랑과 신뢰를 배우고 체험하는 것처럼 예배실의 환경은 그들에게 같은 역할을 한다. 거룩함과 안정감, 신뢰심이 배인 예배 공간에서 참여자들은 신앙적 개혁과 초월을 경험하고 배운다. 예배 공간에서의 상징 사용은 예배를 통한 거룩한 양육의 요소가 된다.

4. 삶의 예배

예배를 드리는 그 시간, 참여, 헌신이 진정한 예배가 아니다. 진정한 예배는 삶에서, 생활 가운데 드리는 예배다. 삶의 현장에서 하나님의 계시를 듣고 그에 응답함으로 하나님에 대한 영성을 키워 가는 것이다. 매일의 삶 가운데 영적 예배를 드리면서 회중 예배를 준비한다면 예배를 통해 삶의 변화를 끌어낼 수 있다. 그러므로 예배는 준비, 참여와 함께 예배 후의 삶의 변화로 이어져야 한다. 예배 생활은 곧 생활 예배를 의미한다. 예배는 또한 개인의 삶의 스타일을 형성한다. 삶의 스타일을 진지하게 다루지 않으면 기독교 예배는 엄격히 말해 기독교적이 아니다.[21] 예배는 삶의 변화를 이끌어야 한다.

Ⅳ. 예배 교육

올바른 예배를 위해서는 그에 대한 교육이 필요하다. 예배가 온 회중이 삶을 고백하는 공동체 행위라면 어떻게 참여해야 하는지를 배워야 한다. 예배 행위에 대해 배우는 것 자체가 예배를 통한 신앙양육의 과정이기 때문이다.[22] 앞에서 언급하였듯이 예배 순서에 따라 언제 일어서고, 앉고, 무릎을 꿇고, 언제 그리고 왜 아멘으로 응답하여야 하며, 헌금을 어떻게 드려야 하는지 등을 가르치는 것은 소중한 양육 과정이다. 이제 예배 구조에 따른 예배 순서와 그 의미를 살펴보자.

1. 예배 순서의 기본 구조

예배 순서에는 기본적인 구조가 있다. 이것은 시대와 문화적 특성 등으로 인해 조금씩 변화되거나 강조 혹은 약화되었다. 성서를 기초로 초대교회, 종교개혁자들의 예배 순서를 살펴보면 '예배에의 부름, 말씀, 성찬, 세상으로의 파송'의 구조로 나타난다.[23] 오늘날 대부분 교회의 주일 예배 순서는 이 틀에서 개체교회 상황에 따라 확대, 축소하거나 보충한 것이다. 이 구조는 계시적인 차원에서 나타낸 구조이고, 실제적인 예배의 구조는 대화적 구조다.

이 관점에서 본 예배의 기본 구조는 '예배에의 부름, 말씀, 성찬, 세상으로의 파송'에 인간의 응답인 '아멘'이 연결된다. 즉 '예배에의 부름과 아멘, 말씀과 아멘, 성찬과 아멘, 세상으로의 파송과 아멘'의 구조다. 예배는 단순히 하나님의 계시의 사건 혹은 인간이 하나님께 경외를 표현하는 것이 아니라 하나님의 계시와 그에 대한 인간의 응답이 만나는 장이다. 그러므로 개체교회가 드리는 예배는 각 구조, 각 순서가 회중의 아멘으로 가득 차야 한다.

2. 예배 순서의 재조명

주일 예배에 사용되는 순서는 17가지로 제시된다.[24] 이 순서도 예배의 기본 구조인 '예배에의 부름, 말씀, 성찬, 세상으로의 파송' 구조로 재조명하는 것이 필요하다. 이스라엘 출애굽 사건에 나타난 예배의 구조를 통하여 개체교회가 시행하는 예배 순서를 재조명할 수 있다.[25]

1) 예배에의 부름

애굽 땅 이스라엘의 신음 속에서 하나님이 먼저 탄식하신다. 무구한 영아들의 죽음과 어머니들의 눈물을 타고 바로의 등 뒤 그림자 속에 웅크리신 하나님께서 이스라엘의 자유와 해방의 때를 준비하신다. 시내 산에서 돌아온 모세는 광야의 불타는 가시나무 바로 앞에 서 있다. 그리고 떨기나무 불꽃 모세의 메마르고 초라한 언어를 통해 하나님은 바로에게 선포하신다. "내 백성을 보내라. 그들이 광야에서 내 앞에 절기를 지킬 것이니라(출 5:1)." 사흘 길쯤 광야에 나가 자신에게 희생의 예배를 드리게 하라(출 5:3)는 것이었다.

예배에의 부름에는 죄의 상황과 그 죄를 용서하고 구원하시려는 하나님의 계획, 하나님의 구원 선포, 예배에 참여할 것을 권유하는 상황들, 그리고 그에 대한 인간의 응답, 즉 예배에 참여하는 인간의 모습이 포함된다. 이 구조에는 전주, 개회 찬송, 기원, 경배의 찬송, 고백기도, 용서의 선언, 목회기도, 성서 봉독, 성가대 찬양이 포함된다.

2) 말씀

어린양의 피와 홍해를 건너 시내 산에 들어간 이스라엘은 사십 주야 첩첩이 쌓인 거룩한 어둠 속에서 율법을 받는다.

말씀은 광야에서 생활하는 동안 이스라엘 민족이 지키고 행해야 할 하나님의 계시, 즉 삶의 지표다. 주일 예배 순서에서는 성경 봉독과 설교에 해당하는 것이다. 그리고 그에 대한 회중의 응답을 이 구조에 포함시킬 수 있다.

3) 성찬

만나와 메추라기를 먹으며

성찬은 이스라엘 민족이 하나님에게서 받은 만나와 메추라기를 먹는 사건과 연결되고, 예수가 제자들과 나눈 떡과 포도주를 상징하는 것이다. 이것은 주님과 형제애를 나누는 의미다. 살과 피를 나눔으로 동역자의 구조가 되는 것이다. 성찬식이 여기에 해당한다.

일반적으로 개신교의 경우 성찬식을 1년에 2~4회 정도 시행하고, 교회학교 예배에서는 거의 시행하지 않기 때문에 예배 순서에 없는 경우가 많다. 그러나 성찬의 개념을 '나눔'으로 확대할 때, 봉헌과 친교의 순서, 혹은 교회 소식 광고가 여기에 속한다고 할 수 있다. 봉헌은 자신의 것을 내놓는다는 의미에서 십자가의 사건, 즉 살과 피와 연관된 것이고, 교회 소식을 전할 때 교제를 통한 나눔의 시간을 갖는 것은 성찬의 상징적인 의미인 나눔의 의미로 확대 해석할 수 있다. 또한 개체교회가 자주 사용하는 봉헌과 교제의 시간, 중보기도 시간 등이 성찬의 의미를 확대 해석하면 이 구조에 포함된다.

4) 세상으로의 파송

이스라엘은 그 안에서 복의 근원으로서 전 세계와 더불어 하나님의 은총을 함께 나누고 증거하게 될 자신의 본래적 모습, 즉 약속의 땅으로 진입해 들어간다.

세상으로의 파송은 이스라엘 백성이 가나안에 들어가서 복의 근원으로서 세상을 구원하실 하나님의 계획을 실천하는 것과 연결된다. 이것은 예수께서 제자들을 세상에 파송하신 것과도 관련이 있다. 교회 구조에서는 예배에 참여한 회중이 거기서 체험한 감격과 은혜를 세상에 나가 나누고 증거할 수 있게 하는 구조다. 예배 인도자가 하는 파송의 말씀 혹은 권면의 말씀과 축복기도가 포함된다.

3. 올바른 예배 태도

예배 인도자는 목회자만을 지칭하는 것이 아니다. 예배의 각 순서를 맡은 자, 즉 사회, 성서 봉독, 기도 인도, 성가대, 헌금 봉헌 등의 순서를 맡은 자를 모두 의미하는 것이다. 다른 말로 하면 예배위원, 봉사위원을 의미한다. 교회학교 예배의 경우, 목회자들보다는 교육목회적 사명을 띤 교사들이 예배를 진행하는 경우가 대부분이다. 때로는 교회학교 어린이들이나 청소년들이 인도하는 경우도 있다. 그러므로 예배 인도자는 목회자만이 아니라 예배를 맡은 사람들을 지칭하는 것이다.

예배 인도자들에게는 그들이 인도하는 예배와 자신들의 역할에 대한 충분한 이해와 기술이 있어야 한다. 시스템은 어느 한 부분에 문제가 생기면 전체가 그 영향을 받게 된다. 예배를 하나의 시스템에 비유할 때, 예배의 어느 한 부분에 문제나 실수가 생기면 그 때문에 회중의 시선이나 마음이 다른 곳으로 옮겨져서 올바른 만남의 경험을 할 수 없다. 그러므로 예배 인도자는 자신의 역할에 대한 이해와 기술을 반드시 갖추어야 한다.

예배 인도자는 또한 영적인 생명력을 갖추어야 한다. 예배의식에 대한 진실된 이해와 진실로 정화되고 헌신하는 태도는 다른 사람들을 영적인 예배의 분위기로 인도해 가는 데 도움이 된다. 뿐만 아니라 예배를 인도하는 사람은 여러 사람들과 쉽게 친숙해지는 능력을 갖추어야 한다. 편안한 모습을 보임으로 예배에 참여하는 회중과 쉽게 친숙해지고, 자연스럽게 친화적인 분위기로 이끄는 자질을 의미하는 것이다. 또한 예배 인도자에게는 예배에 대한 충분한 이해가 필요하다. 예배의 본질과 의미, 예배의식의 목적과 성서의 참 뜻, 예배의 구조, 예배의 주제와 말씀 등에 대한 분명한 이해를 갖추어야 한다.[26]

한편, 예배에 참여하는 회중에게도 올바른 예배 태도가 요청된다. 교회학교 예배의 경우, 단순히 조용히 잘 앉아 있는 것을 올바른 태도라고 가르치는 경우가 대부분이다. 하지만 그것으로 끝나면 안 된다. 예배 시간에 조용히 하고, 선생님 말씀을 잘 듣고, 기도 시간에 손을 잘 모으고 고개를 숙이고 조용히 듣는 것이 왜 올바른 태도인지를 가르쳐 주어야 한다.

예배에 참여하는 회중의 태도는 다음 열 가지로 집약할 수 있다.[27] 첫째, 예배자는 하나님께 영광을 돌리는 일이 인생의 가장 큰 목적임을 알고 예배에 참여해야 한다. 둘째, 예배자는 하나님의 구원하시는 은총에 대하여 마음을 열고 응답하는 자세를 갖추어야 한다. 셋째, 예배자는 단순히 복을 받으려는 마음을 앞세우지 말고 자신을 하나님께 바치려는 마음으로 나아와야 한다. 넷째, 몸을 청결히 하고 복장을 단정히 하며 기도하는 마음으로 예배에 참여해야 한다. 다섯째, 공중 예배는 모든 사람을 위한 모임이므로 어린아이들을 포함하여 온 가족이 함께 참여하여야 한다. 여섯째, 하나님께 대한 경의와 경축의 태도로 마음을 바쳐 예배해야 한다. 일곱째, 예배의 모든 순서는 동일하게 중요하므로 찬송, 기도, 고백, 찬양, 말씀 선포, 응답, 봉헌에 자발적으로 열심을 다해 참여해야 한다. 여덟째, 예배에 대한 미신적이고 운명론적인 생각을 버리고 오직 만물의 창조주시요 역사의 주관자이시며 인류의 구원자이신 하나님의 승리를 경축하는 예배를 드려야 한다. 아홉째, 산만하게 모인 군중의 모임이 아니라 회중의 예배가 되어야 하므로 그리스도 안에서 모두 하나가 되어야 한다. 열째, 예배자는 말씀과 성례전을 통하여 하나님의 은총을 받은 후 세상의 구원과 화해를 위한 하나님의 선교(삶을 통한 예배)에 과감하게 동참해야 한다.

V. 성례를 통한 교육

웨스터호프(John H. Westerhoff)는 신앙공동체 구성원의 신앙 성숙을 위해서는 전 생애를 통한 양육이 필요하므로 예배와 교육의 협력을 주장하였다. 그는 신앙과 종교의식을 분리하지 않았다. 종교의식과 예배는 언제나 교회의 중심이 되어 왔다. 그것이 공동체의 자기이해와 신앙의 방법을 유지하고 전달하기 때문이다. "그들의 종교의식을 통하여 그들이 누구인지를 안다."라는 말은 생활과 종교의식이 매우 밀접하게 연관되어 있음을 보여 준다. 그래서 신앙공동체에서는 상징적 이야기들(거룩한 말씀)과 상징적 행위들(예배의식과 제의)을 통하여 교육목회가 이루어진다.[28] 여기서는 그리스도인의 입교식으로서의 세례, 양육으로서의 성찬, 성장으로서의 통과의례와 성인 입교식에 대한 교육적 적용을 살펴본다.

1. 세례 : 그리스도인의 입교

세례가 그리스도인의 입교를 위한 예식이 되려면 신앙공동체가 있어야 한다. 2세기경 로마의 히폴리투스(Hippolytus)에 따르면 회개와 양육의 긴 훈련 과정을 거쳐야만 그리스도인으로 입교(initiation)할 수가 있었다.[29] 이 시험과 훈련 과정에 있는 사람을 '세례 예비자'라고 부른다. 거듭남이나 삶과 죽음의 과정이 개인 안에서 일어나는 것인 데 반해 세례는 인간이 홀로 있음에서 벗어나 공동체와의 친교 속으로 옮겨지는 것이다. 하나님의 가족으로 탄생하는 것이다. 세례는 인간 자신의 어떠한 공로로 얻는 것이 아니라 은혜로 주어지는 은총이며, 과거를 포기하고 뉘우치며 변화하는 것이다. 그러므로 기독교에 입교하는 자는 세례를 통하여 신앙공동체와 연합하는 것이다.

의미 있는 세례 교육을 하려면, 첫째, 세례 예비자들이 신앙을 배울 수 있고 자연스럽게 그들을 도울 수 있는 신앙공동체 구성원들을 위한 교육이 선행되어야 한다. 이들에게는 세례에 대한 역사적, 신학적인 이해가 있어야 한다. 성서, 교회사, 신학, 윤리에 근거를 두고 있으며, 다른 사람의 영적 생활을 훈련시킬 만한 지도력이 있어야 한다. 결국 신앙공동체 구성원들의 교육이다. 세례를 받음으로 부활을 경험한 신앙공동체 구성원들이 지속적으로 경험하는 삶을 살아갈 수 있는 체계적인 프로그램이 개발되어야 한다.

둘째, 두 가지 형태의 세례학습이 발전되어야 한다. 하나는 세례를 준비하는 성인을 위한 것이고, 다른 하나는 유아세례를 원하는 부모를 위한 것이다. 성인을 대상으로 한 세례의 준비는 다섯 단계로 이루어진다. 첫째 단계는 신앙공동체의 일원으로서 기독교적 삶을 추구할 것인지를 자신의 의사로 결단하게 하는 질문을 받는다. 둘째 단계는 세례 예비자를 성찬식이 거행되는 주일에 회중에게 소개한다. 이로써 신앙공동체는 함께 세례 준비의 책임을 맡는다. 이 준비 기간에 세례 예비자는 규칙적으로 예배와 성경 공부에 참여함으로써 지식을 얻고 복음으로 살아가는 그리스도인의 삶을 실천한다. 셋째 단계는 세례 신청의 단계로, 세례받기 전 지원자들은 금식과 기도를 통해 영적으로 세례를 준비한다. 넷째 단계는 세례받은 후 성례전의 의미를 이해하고 교회에서 활동을 통해 공동체를 경험하게 돕는다. 마지막 단계는 하나님의 나라를 위한 사회적 활동을 돕는 세례 후의 학습이다.

셋째, 세례의 의미를 가르쳐 주는 교육이 필요하다. 세례식이 있는 주일에는 설교와 성경 공부의 초점을 세례의 의미에 맞추어야 한다. 유아세례는 부모 중 한쪽이 세례교인으로 참여하여야 가능하다. 그리고 어린이가 일정한 나이에 도달하여 독립적으로 자신의 신앙을 결정할 수 있을 때까지 그를 지원하고 양육할 부모를 돕는 프로그램을 개발하여야 한다. 유아세례를 위한 학습은 성숙한 신앙인으로서 살아가는 대부모(god - parents)의 후원자들이 이 책임을 수행하는 데 도움이 된다.[30]

2. 성찬 : 그리스도인으로의 양육

초대교회는 함께 모여 주의 만찬을 가졌다. 주의 만찬은 예수의 말씀에 의하여 새로운 의미가 부여되어, 식사이지만 구원하시는 하나님의 행위를 상징한다. 성찬은 유카리스티아(Eucharistia, 감사)라고 하며, 말씀 후에 시행한다. 신앙공동체의 일반적인 예배 중에 행하는 것이다. 개인적인 하나님과의 만남보다는 신앙공동체와 친교를 나누는 것이다. 모든 세례교인이 참여하여 떡과 포도주를 나누는 하나님과의 새로운 친교의 의미다.

성찬이 오늘의 예배의식으로 인식되기 위하여 몇 가지 교육적 적용이 필요하다.[31] 첫째, 말씀과 성찬이 모두 예배에 속한 것임을 이해시키는 것이다. 최근의 예배는 개인적이고 수동적이며 청각 외의 감각은 무시하는 경향이 있다. 또한 구속의 메시지보다는 죄 사함과 애원의 간구를 강조하는 분위기다. 그러므로 성찬은 예배의 즐거움과 구원의 감격을 알려 주는 가능성의 교육이 필요하다.

둘째, 성찬 참여자에 대한 문제다. 그 동안 어린이들은 예배에서 배제되었다. 그 대신 어린이에게는 교육이라는 이름으로 신앙양육을 하였다. 그러나 신앙공동체에서 예배를 통한 양육은 매우 중요하기에 어린이도 성인과 함께 성찬에 참여하게 해야 한다. 어린이가 성찬에 참여할 때는 유아세례를 받았다 하더라도 스스로 참여의사를 표현하는 것이 좋다. 특히 교회학교는 교육목회의 차원에서 성인들과 함께 참여하는 기회를 마련하여야 한다. 성찬 참여에 대한 교육과 약간의 준비 기간을 거치는 것이 좋다.

셋째, 성찬의 목적은 세상에서의 선교를 위해 공동체와 그 구성원들을 준비시키는 것이다. 예배와 마찬가지로 성찬도 개인의 신앙뿐 아니라 사회적 문제와 연결된다. 성찬이 사도적 성격을 잃지 않기 위해서는 성찬에 참여하는 사람들이 성찬의 의미를 이해하고 받아들여 자신의 삶으로 연결시키게 하여야 한다. 이를 위해 교회의 교육적 노력이 필요하다.

3. 통과의례와 성인 안수식 : 그리스도인으로 성장

웨스터호프는 그리스도인으로 성장하는 데 영향을 주는 교회의식으로 두 가지를 제안하였다. 그 하나가 세례의식과 성찬식을 분리하지 않고 통과의례로 함께 하는 것이다. 그리스도인의 입교로서의 세례와 처음 공동체와 함께 하는 성찬식을 20세 이후에 해야 한다면 그리스도의 제자가 될 것을 결단하는 안수식 하나로 하자는 것이다. 다른 하나는 사춘기를 위한 통과의례를 제정하는 것이다. 그리스도인으로 성장하는 영적 순례의 과정은 두 번, 즉 13~16세와 25~45세에 나타난다. 그러므로 전환기 통과를 축하하기 위한 통과의례와 예배를 통한 교육이 필요하다. 특히 신체, 감정, 행동 양식의 전환기인 16세 정도에 아동기에서 성인기로 넘어가는 통과의례 예식이 필요하다. 그러나 현재 교회에는 그리스도인으로 성장하는 이 두 시기를 위한 어떠한 학습이나 예배의식도 없는 실정이

다.[32)]

교육적 적용으로, 우선 16세가 되면 개인 면담을 통해 자신의 행동에 책임을 지려는 확인이 필요하다. 또한 해마다 질의 기간을 정해 부모에게도 신앙의 단계에 맞게 성장하는지 여부를 물어야 한다. 그 후 청소년과 대부모의 후원자가 준비가 되면 목사와 함께 예식 준비에 들어간다. 성경 공부와 신학적 성찰, 교회생활에 대한 지식과 참여를 성찰하게 한다. 성찰은 묵상을 통하여 혹은 수련회 기간을 통하여 그 기회를 마련할 수 있다. 성인 안수식을 받을 자는 성경 읽기, 기도, 덕행을 실행하면서 영적 삶을 쌓아 간다. 이러한 훈련 과정을 통하여 그리스도인으로의 소명의식을 분명히 하게 도와야 한다.

안수식을 거친 후에는 선교의 길에 참여하게 한다. 선교를 위한 복음 전도 사역, 교회의 예배, 영적 결핍을 돕는 목회 사역, 신앙공동체에서의 공동생활, 하나님의 나라를 세우는 사회적 행동, 선교를 훌륭히 수행하는 교회 조직과 행정에 참여하는 일이다. 이러한 선교 사역은 참여하는 교육을 통하여 이루어진다.

안수식을 위해 사순절 기간에 깊이 있는 영적 성찰과 소명감을 세울 수 있게 계획한다. 세족 목요일부터 부활절까지 금식을 한다. 성금요일에는 십자가를 덮고 촛불을 끄는 것으로 교회의 죽음을 기념한다. 토요일에는 교회 밖에서 불을 피워 놓고 자신들의 신앙 이야기를 전한다. 부활절 전날 밤에는 부활절에 행할 세례와 성찬식을 생각하며 촛불을 켜고 교회 안으로 들어간다. 교회 안에서는 교회의 거듭남을 축하하는 성찬식을 거행하고 선교를 다짐한다. 이러한 의식은 예배를 통한 신앙공동체로 성숙하며, 개인은 그리스도인으로 성장하는 통과의례다.[33)]

1) Gwen Kennedy Neville & John H. Westerhoff III, *Learning through Liturgy* (New York: The Seabury Press, 1978), 55.

2) Gregory Baum, 「종교와 소외」, 이원규 역(서울: 대한기독교서회, 1983), 154.

3) John H. Westerhoff III, "The Liturgical Imperative of Religious Education," *The Religious Education We Need,* ed. James Michael Lee (Birmingham, Alabama: Religious Education Press, 1977), 76.

4) John H. Westerhoff III, *Will Our Children Have Faith?* (New York: The Seabury Press, 1976), 55.

5) Gwen Kennedy Neville & John H. Westerhoff III, *Learning through Liturgy,* 95.

6) *Ibid.,* 96.

7) John H. Westerhoff III, *Will Our Children Have Faith?,* 59.

8) *Ibid.,* 59.

9) Gwen Kennedy Neville & John H. Westerhoff III, *Learning through Liturgy,* 96.

10) John H. Westerhoff III, *Building God's People in a Materialistic Society* (New York: The Seabury Press, 1983), 75. 웨스터호프는 실천신학 5차원 중에 예전적 차원으로 예배하는 공동체의 생활에 초점을 두고 그 카테케시스로 성찬의 삶을 강조하였다.

11) 은준관, 「기독교교육 현장론」(서울: 대한기독교출판사, 1988), 165.

12) Raymond Abba, 「기독교 예배의 원리와 실제」, 허경삼 역(서울: 대한기독교서회, 1974), 114.

13) Paul H. Vieth, 「기독교 교육과 예배」, 김소영 역(서울: 대한예수교장로교총회 교육국, 1983), 24.

14) 은준관, 「기독교교육 현장론」, 165-167.

15) 임영택, 나형석, 「예배와 교육」(서울: 종로서적 성서출판, 2000), 16-18.

16) Donald E. Miller, *Story and Context: An Introduction to Christian Education* (Nashville: Abingdon Press, 1988), 172.

17) 참조. William H. Willimon, "The Relationship of Litergical Education to Worship Participation," *Religious Education,* Vol. 69 (1974, 9-10).

18) 임영택, 나형석, 「예배와 교육」, 224.

19) *Ibid.,* 191.

20) *Ibid.,* 69.

21) John H. Westerhoff III, *Will Our Children Have Faith?,* 78-80.

22) Paul H. Vieth, 「기독교교육과 예배」, 103.

23) 임영택, 나형석, 「예배와 교육」, 192.

24) 정장복, 「예배의 신학」(서울: 장로회신학대학교 출판부, 1999), 140-160; 「예배학 개론」(서울: 예배와 설교 아카데미, 1999), 144-184.

25) 임영택, 나형석, 「예배와 교육」, 32-33, 193-201.

26) *Ibid.,* 201.

27) *Ibid.,* 202-203. 박은규, 「예배의 재구성」(서울: 대한기독교출판사, 1993) 재인용, 83-88.

28) Neville & Westerhoff III, *Learning through Liturgy,* 94.

29) James F. White, *Introduction to Christian Worship* (Nashville: Abingdon Press, 1980), 151-152.

30) 임영택, 나형석, 「예배와 교육」, 182-183.

31) *Ibid.,* 185-186.

32) 신경혜, "예배의식을 통한 기독교교육" (서울: 이화여자대학교 석사학위논문), 72-74.

33) 임영택, 나형석, 「예배와 교육」, 188-190.

배움과 체험학습

4

I. 변화를 요구하는 배움

류시화 시인이 쓴 「하늘 호수로 떠난 여행」이라는 책에 다음과 같은 이야기가 있다. 저자가 북인도 바라나시의 한 여인숙에 묵고 있을 때의 일이다. 그가 낮에 이곳저곳을 구경하고 돌아오면 늙은 여인숙 주인은 "오늘은 뭘 배웠소?"라고 묻곤 했다. "오늘은 뭘 구경했소?"라고 묻지 않고 항상 그렇게 물었다고 한다.

어느 날도 또 묻길래 "오늘은 인도가 무척 지저분하다는 것을 배웠습니다."라고 하니까 무척 신기해하며 심부름하는 아이까지 불러 "이 손님이 오늘 인도가 무척 지저분하다는 걸 배웠다는구나."라고 말하였다. 그러자 아이도 덩달아 "그래요? 그런 걸 다 배웠대요?" 하며 맞장구를 쳤다. 다음날 주인은 또 물었다. "오늘은 뭘 배웠소?" 그래서 "오늘은 인도에 거지가 많다는 걸 배웠습니다."라고 하니 그는 "그래요? 그런 걸 배웠어요?" 하면서 또 심부름하는 아이를 불러 자랑하듯이 설명했다.

류 시인은 여인숙 주인이 아이와 짜고 자기를 놀리는 것으로 생각했다. 그래서 갚아 주기로 작정하고 다음날 똑같은 질문을 받았을 때 이렇게 대답했다. "오늘은 인도에 쓸데없는 걸 묻는 사람이 참 많다는 것을 배웠습니다." 그러자 여인숙 주인은 정색을 하며 물었다. "누가 어떤 쓸데없는 걸 묻던가요?" 그가 말뜻을 못 알아들었는지 아니면 알아듣고서도 모르는 척하는 건지 몰라서 "그런 희한한 사람이 있습니다. 안녕히 주무시오."라고 하고서는 방으로 들어갔다.

그런데 다음날도 어김없이 주인은 똑같이 묻는 것이었다. 하도 어이가 없어 대꾸도 하지 않았다. 그러자 주인은 심부름하는 아이에게 이렇게 말했다. "오늘은 저 손님이 침묵하는 법을 배웠다는구나." 정말 미칠 노릇이었다. 괴상한 여인숙이라는 생각이 들어 당장 다른 곳으로 옮길까도 생각했지만, 곧 떠나야 했기 때문에 무시하기로 마음먹었다. 그렇게 일 주일을 바라나시에 있는 동안, 그는 매일 저녁 그 이상한 여인숙 주인에게서 같은 질문을 들어야만 했다. "그래, 오늘은 뭘 배웠소?"

그러다 보니 차츰 세뇌가 되었다고 한다. 그래서 일 주일쯤 지났을 때는 여인숙으로 돌아가는 길에 자신도 모르게 스스로에게 "오늘은 뭘 배웠지?"라고 묻게 되었다. 그것은 바라나시를 떠나 인도의 다른 도시들에 가서도 마찬가지였다. 어디를 가든지 저녁에 숙소에 돌아올 때면 스스로에게 묻곤 했다. 그러고 보니 그 여인숙 주인은 좋은 스승이었던 것이다.[1]

Ⅱ. 배움의 단계와 범위

1. 배움의 단계

교육학에서 '무엇을 배웠다'라는 말은 학습을 의미한다. 학습은 교사가 형성한 조건과 환경과의 상호작용을 통하여 학습자에게 일어나는 지속적이며 내적인 변화의 과정이다. 여기서 가장 중요한 단어는 '변화'다. 다시 말하면 배움은 변화를 일으킨다. 변화가 일어나지 않으면 배웠다고 말할 수 없다.[2]

변화에는 세 가지 차원이 있다.[3] 첫 번째 차원은 앎의 차원(Information)이다. 외부의 지식과 정보를 자기 안에(in) 차곡차곡 입력하여 형성(formation)하는 과정이다. 지식과 정보를 모르는 사람에게 안내하는 기능이다. 두 번째 차원은 배움의 차원(Reformation)이다. 이미 습득하여 형성한 내용(formation)을 따라 다시 돌이키는 과정(re), 즉 형태의 변화를 의미한다. 배움은 이렇게 변화를 일으키는 차원에 이르러야 한다. 이 변화의 과정을 다시 세 단계로 나눌 수 있다. 이 세 단계에 이를 때에 비로소 배웠다고 말할 수 있다.

첫째, 아는 단계다(knowing). 그리스도인의 삶이 무엇이고 어떠하여야 하는지 누구나 잘 알고 있다. 성서는 그리스도인의 삶의 덕목이 무엇인지를 자세히 알려 준다. 그래서 그 동안 성서 지식을 들은 사람은 누구나 그 대답을 알고 있다. 그러나 그 앎이 삶과 아무런 상관성이 없다면 변화를 일으킬 수 없다. 물론 삶의 적용을 위해 우선 알아야 한다. 내용을 알아야 생활로 이끌 수가 있다. 그러나 내용 지식만으로는 삶의 변화를 일으키는 데 충분치가 않다.

둘째, 느끼는 단계다(feeling). 그리스도인의 삶은 느낌을 통하여 이루어진다. 설교를 듣고 감동을 받아 앞으로 어떻게 살 것인지 결심도 한다. 말씀의 뜨거움을 표현한다. 그러나 신앙은 느끼는 것에 머물러서는 안 된다. 드라마틱한 이야기는 다소 감동을 주어 도움을 줄 수 있지만 행동에 옮기지 못할 때 감상주의에 빠질 우려가 있다.

셋째, 행동하는 단계다(doing). 그리스도인의 삶의 변화는 알고, 느끼고, 행동함으로써 이루어진다. 삶의 문제는 실생활을 다루는 것이다. 2천 년 전 성서말씀을 단순히 알고 감탄하는 데 그치는 것이 아니라 오늘 자신의 삶에서 행동화할 때 변화는 시작한다. 변화는 손과 발의 모습이지 결코 머리와 가슴에 머무는 것이 아니다. 돌이키는 변화는 행동하는 단계에서 이루어진다.

변화의 세 번째 차원은 삶의 차원(transformation)이다. 지금까지 알고 느끼고 배운 모든 형태를 개혁하여 새로운 형태로 만드는 차원이다. Reformation이 개인의 변화라고 한다면 Transformation은 개인의 변화를 통한 사회의 변화를 의미한다. 종종 이렇게 묻는다. "예수를 따른다는 것은 어떤 의미인가?" 예수를 믿는 것은 성서 지식을 많이 알아 교양을 쌓는 일이 아니다. 그때그때 느끼고 감동하고 생의 활력소를 찾는 수양도 아니다. 또 혼자만의 도덕적인 변화만도 아니다. 예수를 따르는 것은 개인의 변화를 통해 사회를 개혁해 나가는 일이다. 변화된 그리스도인의 삶을 통하여 이 사회를 하나님의 나라로 변화시키는 것이 교육목회의 목적이라면 교육목회는 올바른 배움의 차원을 요구하게 된다.[4]

이러한 눈으로 오늘의 사회를 보자. 그리스도인들이 이 땅에 얼마나 많은가? 성경 공부와 뜨거움의 체험은 얼마나 많이 하는가? 반면 그리스도인 때문에 이 사회가 얼마나 변화되었는가? 그리스도인의 수와 사회의 밝은 정도가 비례하는가? 만일 그렇지 않다면 올바른 학습이 일어나지 않은 것이다. 교육목회는 삶의 변화와 올바른 배움이 일어나게 이끄는 과정이다.

2. 배움의 범위

배움은 변화다. 배움의 범위는 일곱 가지로 나타낼 수 있다.[5] 첫째는 지식이다. 알지 못하던 것을 알게 되는 것도 변화다. 지식을 통한 변화는 그 내용과 사실을 충실히 습득함으로 이루어진다. 변화된 삶의 행동으로 나타나기 전에 먼저 사실을 알아야 한다. 성서에 기록된 인물, 사건, 역사, 숫자, 결과 등을 세밀히 아는 것이 이 과정에 속한다. 성서 학습에서 성경 읽기는 지식과 내용을 습득하여 변화를 얻는 방법이다.

둘째는 이해다. 성서 지식과 교리를 아무리 많이 알아도 이해가 따르지 않으면 소용이 없다. 이해하고 지식을 습득하면 산 지식이 된다. 예를 들어 "계시가 무엇인가?"라는 질문에 "계시는 하나님이 자기 자신을 인간에게 스스로 보이는 것이다."라고 설명하였다고 해 보자. 이 설명이 이해가 되는가? "우리는 삼위일체를 믿는다. 삼위일체는 성부, 성자, 성령 하나님을 의미한다."라는 말은 이해가 되는가? 한 분 하나님 가운데 어떻게 세 하나님의 역할이 나타나는지를 이해시켜야 한다. 이렇게 설명할 수가 있다. "당신은 이 세상에 하나밖에 없는 존재다. 그러나 당신은 집에서는 아버지로서, 직장에서는 직책을 맡은 사원으로서, 동네에서는 민방위대원으로서 역할을 한다. 한 사람이지만 여러 역할을 동시에 할 수 있다는 것이다. 여러 역할을 한다고 해서 동시성이 없는 가면을 쓴 원맨쇼는 아니다." 개념 정의가 아닌 이해가 필요한 배움이다.

셋째는 태도다. 배우면 태도가 바뀌어야 한다. 태도는 그가 확신하는 것이 겉으로 나타나는 표현이다. 이것은 행동의 과정에서 나타난다. 웨슬리는 미국 조지아 선교를 끝내고 돌아오는 항해에서 큰 풍랑을 만났다. 그가 죽음의 공포로 떨고 있을 때 아무런 동요 없이 평안을 유지하던 한 모라비안 교도가 그에게 이렇게 물었다. "예수를 당신의 구세주로 믿습니까?" 구원의 확신에 대한 물음이었다. 웨슬리에게는 확신이 없었다. 그래서 그는 "제발 구세주이기를 바랍니다."라는 불확실한 대답을 하였다.[6] 그 때 그에게서 구원을 확신하는 태도는 찾아볼 수 없었다. 신앙생활에서 결단과 확신을 배우는 것은 태도의 변화를 의미한다.

넷째는 가치관의 변화다. 가치관은 분별하는 의식이다. 이를테면 무엇이 우선이고 귀중한 것인지, 어느 일이 가치가 있는지를 판단하는 일이다. 엠마오 도상의 두 제자가 '눈이 떠졌다'는 것은 그들에게 의식 변화가 일어났음을 의미한다. 그리스도인이 어떻게 살아야 할지에 대해 예수께서는 "먼저 그의 나라와 그의 의를 구하라."는 높은 가치의 제자 의식을 알려 주셨다. 사도 바울도 성령의 열매로 기독자의 삶의 가치를 제시하였다. 예수의 제자에게는 다른 사람과는 다른 분별력이 있다. 그것은 추구하는 가치가 다르기 때문이다. 필요성과 귀중성을 구분하고 선택하고 결단하는 변화는 가치관 학습이다.

다섯째는 행동양식이다. 즉 삶의 습관이다. 행동양식은 하루아침에 터득할 수 있 것이 아니다. 의식을 가지고 연습을 거듭할 때 이루어진다. 습관은 삶의 모습을 바꾸기도 한다. 이러한 행동양식이 나타나는 배움의 과정이 예배다. 예배는 삶의 스타일을 정형화한다. 그가 어떤 사람인지를 알려면 그의 종교의식을 보면 된다.[7] 이 말은 예배를 통한 학습이 삶의 바탕과 행동양식의 변화를 가져온다는 것을 의미한다.

여섯째 동기다. 배움에서 동기는 잠재성을 의미한다. 동기부여는 배움뿐만 아니라 신앙생활에서도 중요하다. 동기가 없는 삶은 방향을 잃게 된다. 따라서 왜(why)라는 목적과 존재 이유를 밝히는 것은 변화의 결과보다 중요하다. 신앙을 배운다는 것은 삶의 방향이 뚜렷하여야 한다는 사실을 의미한다. 그것은 배움의 뿌리다.

마지막으로 삶 자체의 변화다. 배움은 궁극적으로 삶의 변화를 이루어야 한다. 회개다.

신앙교육에서 회개는 방향 전환과 변화를 의미한다. 예수께서 "회개하라. 천국이 가까웠다. 거듭나라."고 하신 것은 모두 배움과 연관된 말씀이다. 예수의 교수－학습 방법은 대상에 따라 다양하게 나타났지만 결국 초점은 모두 삶의 변화였다.

Ⅲ. 체험을 통한 배움

배움에도 방법이 있다. 어떻게 접근하느냐에 따라 차이가 생긴다. 믿음을 어떻게 배우는지를 생각해 보자. 예를 들어 "믿음이 있어야 전도를 하는가, 전도함으로 믿음이 생기는가?"라는 질문을 받는다면 어떻게 대답할 것인가? 믿음이 우선인가, 전도가 우선인가? 이 질문은 다른 말로 하면 '이론이 우선인가, 행동이 우선인가'다. 이론이 우선이라면 연역적 접근 방법(deductive method)을 사용할 것이고, 행동이 먼저라면 귀납적 접근 방법(inductive method)을 사용하게 된다. 연역법은 교사에게서 시작된다. 교사는 먼저 기본이 되는 원리를 제시하고 그에 대한 실례를 든다. 그러면 학습자들이 실례를 분석하고 자신들의 경험에 비추어 삶에 적용을 한다. 반면에 귀납법은 학습자의 관찰과 행위에서 시작된다. 학습자들은 개인이 조사하고 준비한 경험, 혹은 과제의 내용과 문제점을 발표하면서 교사와 함께 해석한다. 그러면 몇 가지 요점과 일반적인 원리를 얻게 된다.[8]

이와 같은 우선순위의 가림은 성서에도 나타난다. 신약성서 히브리서와 야고보서는 아브라함의 믿음과 행동에 대해 서로 다른 것에 강조점을 둔다. 히브리서 기자는 "믿음으로 아브라함은 부르심을 받았을 때에 순종하여 장래 기업으로 받을 땅에 나갈새 갈 바를 알지 못하고 나갔으며…" "아브라함은 시험을 받을 때 믿음으로 이삭을 드렸으니 저는 약속을 받은 자로되 그 독생자를 드렸느니라(히 11:8, 17)."고 말한다. 반면 야고보서는 "우리 조상 아브라함이 그 아들 이삭을 제단에 드릴 때에 행함으로 의롭다 하심을 받은 것이 아니냐?(약 3:21)"라고 증언한다. 즉 히브리서는 아브라함에게 믿음이 먼저 있었기에 행함이 뒤따른 것이라고 하고, 야고보서는 아들을 바치는 행함이 있었기에 믿음의 조상이 된 것이라고 하는 것이다. 아브라함은 믿음의 조상이다. 그러나 그 사실에 접근하는 방법은 다를 수 있다.

"믿음이 있어야 전도할 수 있다!" 맞는 말이다. 그러면 언제 믿음이 생겨서 전도한다는 말인가? 믿음이 생길 때까지 전도는 유보되어야 하는가? 그러나 "전도하면 믿음이 생긴다." 다시 말하면 실천하는 과정에서 시행착오를 통해 이론이 정립된다는 말이다. 그러므로 두 방법 모두 맞는다. 히브리서 기자도 야고보서 기자도 모두 올바른 증언을 한 것이다. 다만 접근 방법이 다를 뿐이다.

그렇다면 오늘 우리에게는 어떤 방법이 필요한가? 그 동안은 '믿음 → 전도'라는 방법을 사용하였다. 이제는 실천과 체험을 강조하는 방법이 필요하다. 예수께서 제자들에게 전도 여행을 명령하였다. 사전에 전도를 위한 교육과 강습회 등 이론 공부는 전혀 없었다. 더욱이 제자들 스스로 준비한 것까지도 포기하고 단순하게 떠나라고 하였다. 결과는 어떠하였는가? 그들이 전도하며 능력을 베풀었을 때, 예수께서 행하셨던 이적들이 나타나기 시작했다. 그들의 행위를 통해, 예수께서 보여 주신 가르침이 삶 가운데 체험된 것이다. 전도 이론을 마스터한 그들은 돌아와서 기쁘게 보고하였다.(막 6:7~13)

이제는 신앙을 배우는 방법도 달라져야 한다. 이론(theoria)보다는 실천(praxis)이 필요하다. 행동(action)하고 반성(reflection)하고 그 반성(action on the reflection)에 비추어 새로운 행동으로 나아가는 방법이다. 이것이 체험의 방법이다.[9] 스스로 배움에 대해 물어 보자. 인생 여행에서 배운 바를 이야기하는 것을 교육목회에서는 신앙고백이라고 한다. 교육목회는 예수와 함께하는 여행을 마련하는 것이다. 여행을 하다 보면 위험도 맞게 되고 모험도 한다. 그러나 그 안에서 가치 있는 일을 배운다. 삶이 변화된다. 그리스도와 함께하는 순례자의 길은 이론이 아니라 삶이 체험되는 변화의 과정이다.

Ⅳ. 체험학습의 모형

체험을 통해 배우는 과정은 전 일생을 통해 일어난다. 체험은 삶의 변화를 일으키는 배움의 중요한 요소다. 체험학습으로 한 인생이 어떻게 가르쳐지고 어떠한 과정으로 변화되는지를 존 웨슬리의 인생을 통하여 알 수 있다. 웨슬리가 신앙의 지도자가 되기까지 어떠한 체험이 학습 과정으로 나타나는지를 알아보자.[10]

1. 규칙과 질서의 체험

웨슬리의 체험을 이해하는 과정 중의 하나가 가정공동체에서의 학습이다. 가정은 한 인생을 변화시키는 배움의 장이다. 웨슬리의 어머니 수산나(Susanna Wesley)는 자녀들을 엄격하게 가르쳤다. 청교도적 신앙으로 가정교육을 실행하였다. 수산나는 칼빈주의적 신앙과 청교도주의적 교육 방법으로 자녀들의 생활을 지도하였다. 하나님의 뜻에 자기를 죽이고 복종시키며, 부모에게 순종하게 훈련시켰다. 다섯 살 때 주기도문을 가르치고, 규칙적으로 어학 훈련을 시켰다. 수산나는 자녀들의 도덕 훈련에 신경을 썼으며, 거짓말과 주일 예배 범하는 것을 용납하지 않았다.[11]

웨슬리가 가정교육을 통해 체험한 규칙과 질서는 훗날 경건 훈련의 모임인 신성클럽(holy club)을 이끌고, 더 나아가 감리교(Methodist)를 태동시키게 하였다. 감리교라는 말은 '규칙주의자' 라는 뜻이다. 어린 시절 가정에서 부모를 통해 어떠한 경험을 하느냐에 따라 삶의 스타일이 형성된다. 인간의 정서 발달을 연구한 에릭슨(Erick Erickson)에 따르면 규칙과 질서의 형성은 자율과 수치심(1.5~3세)의 단계에 해당한다. 이 시기에 규칙을 잘 지키는 것은 인간의 자율성의 문제이며, 삶의 질서를 배우게 한다.[12] 그러므로 어릴 때 규칙과 질서를 체험하는 것은 하나님의 창조질서를 배우는 것과 연결된다. 가정에서 부모의 교육은 자라나는 어린이에게 삶을 형성하는 체험을 가져온다.

2. 회심의 체험

웨슬리를 연구한 학자들은 웨슬리의 회심의 체험을 세 단계로 나눈다. 회심의 체험은 웨슬리 개인뿐만 아니라 감리교의 발전과도 연결된다. 첫째는 그의 부친인 사무엘 웨슬리(Samuel Wesley)에게서 목사 안수를 권면 받은 1725년 3월 13일이다. 이것이 첫 번째 종교적 회심이다. 이 때쯤 웨슬리는 신앙적 친구인 바라네스(Varanese)를 만나 자주 신앙적 토론을 한다. 또한 제레미 테일러(Jeremy Tayler)의 「거룩한 생활을 위한 규칙」과 토마스 아 켐피스(Thomas A Kempis)의 「그리스도를 본받아」를 읽게 된다. 이로 인하여 웨슬리는 지적인 체험을 통하여 새로운 종교적 삶을 살게 된다. 두 번째 회심은 1738년 5월 24일 올더스케잇(Aldersgate)의 회심으로, 조지아 선교 이후 좌절하고 낙망했던 마음이 극적으로 변화된 체험이다. 웨슬리는 구원의 확증을 체험하고, 인생 전체의 방향을 바꾸는 경험을 하게 된다. 세 번째 회심은 1739년 4월 1일 조지 휘트필드(George Whitefield)의 요청으로 야외 설교를 하게 되었을 때다. 당시 영국성공회는 목사에게 옥외 설교를 금지하고, 자기 교구를 떠나 설교하는 것을 허락하지 않았다. 그러나 웨슬리는 망설임 끝에 야외 설교를 결심한다.[13] 그 때부터 사회에서 소외된 계층을 찾아가는 설교와 목회로 변형된다.

웨슬리의 회심을 보면 단계마다 체험을 한다. 첫째 단계는 종교적 회심의 체험이고, 두 번째 단계는 구원을 확증하는 체험이며, 세 번째 단계는 목회 영역이 변화되는 체험이라고 해석한다. 이것을 교육학적인 배움의 단계로 해석하면, 첫째 단계는 앎(knowing)의 체험이고, 둘째 단계는 느낌(feeling)의 정적 체험이며, 셋째 단계는 행동(doing)하는 동적인 체험이다. 이러한 회심의 체험은 웨슬리의 일생에 변화를 가져오는 학습이었다.[14]

3. 은혜의 체험

웨슬리는 조지아 선교를 마치고 영국으로 귀환하는 배 안에서 보게 된 모라비안 교도들의 신앙에서 많은 영적인 도전을 받았다. 그리고 자신의 신앙적 결핍과 낙심 때문에 몹시 괴로웠다. 그러던 그가 회심의 체험을 한 후 모라비안 교도들과 결별한 것은 은혜의 문제가 원인이었다. 웨슬리는 은총의 수단(means of grace)을 강조하였다. 회심의 체험도 하나님의 은혜임을 말하였다. 이렇게 웨슬리는 은총의 수단을 믿기에 모라비안 교도들의 정적주의(quietism)에 반대하였다. 웨슬리가 제시하는 은총의 수단은 하나님의 은혜를 체험하는 교육적 도구가 된다.

웨슬리의 은총의 수단은 알렉산드리아의 교부 오리겐(Origen)의 신학과 그 맥을 같이한다. 오리겐은 하나님의 은혜와 인간의 노력을 바다를 항해하는 배의 여정에 비유하였다. 배가 항해를 하기 위해서는 하나님의 은총인 바람의 도움이 필요하다. 은총이 비록 크기는 하지만 목적지인 항구에 잘 도달하기 위해서는 인간의 기술과 노력도 필요하다. 이 노력은 하나님의 은총을 위한 인간의 객관적인 수단을 의미한다.[15] 웨슬리는 은총의 수단을 성경 공부, 기도, 금식, 성만찬, 자선을 베푸는 것이라고 하였다. 성경 공부는 은혜를 체험하는 학습의 도구로서 중요하다.[16] 따라서 교육목회 과정으로서 은총의 수단을 배움의 도구로 잘 활용하면 은혜를 체험하는 경험을 줄 수 있다. 기독교 학습에서의 은혜 체험은 일반 공교육과 차원이 다른 것이다. 그러므로 은혜 체험을 위한 학습 도구는 연구하고 발전시켜야 한다.

4. 성화의 체험

웨슬리의 성화 체험은 믿음의 증가를 위한 내면과 외면의 변화를 요구한다. 웨슬리가 말하는 구원은 의인화(justification)에만 머무르지 않는다. 의인화가 하나님과의 올바른 관계 회복의 체험이라면, 성화는 속사람이 변하여 하나님의 형상을 회복하는 체험이다. 의인화는 믿음으로 이루어지지만 성화는 믿음과 함께 선행으로 이루어진다. 의인화가 믿음으로 용서를 받는 것이라면, 성화는 성령을 통하여 사랑이 마음에 부어지는 것이다. 의인화가 예수 그리스도의 십자가에 의해 주어지는 은총이라면, 성화는 성령의 은총으로 인간의 본성이 변화하는 은총이다. 그러므로 성화는 믿음으로 시작하여 사랑과 선행으로 완성된다. 성화는 개인적인 내면의 성화와 사회적인 외면의 성화가 있다.[17]

그러므로 교육학적으로 성화를 체험하려면 그리스도인으로 속사람이 변화되고, 사랑의 마음으로 선행을 하는 체험을 학습화하여야 한다. 이러한 성화 체험은 그리스도인으로 믿음을 더하고 선행을 하여 참된 제자, 참된 민주시민을 이루는 교육목회의 목적을 성취할 수 있다. 웨슬리는 실제로 성화를 체험하는 학습공동체를 제시하였다. 그것이 소그룹 모임인 속회다. 속회를 통하여 성화 체험을 학습, 훈련하기를 희망하였다. 속회는 개인 영성과 사랑의 돌봄과 사회 참여를 학습하는 현장이다. 이것은 또한 신앙공동체를 통한 배움이다. 특히 성화 체험을 위하여 속장은 속회 구성원들의 영적 생활을 돌아보고 충고, 권면, 훈계, 위로, 격려로 그들의 신앙 성숙을 이끌었다. 속회는 소그룹 체험 학습의 장으로서, 내면적인 영성 운동을 이끌었다. 뿐만 아니라 당시의 초기 노동조합을 속회를 통하여 형성하였다. 속회는 가난한 사람을 돌보고 아픈 사람을 찾아가는 실천의 전방위였다.[18] 따라서 속회가 자신의 내면성을 돌아보고 세상의 빛으로서 사회를 개혁하는 그리스도인을 배출할 때, 성화 체험을 학습하게 된다. 성화 체험과 오늘날의 분반공부와 같은 속회, 그리고 오늘날의 교사의 역할을 담당했던 속장의 모습은 오늘날 교육목회가 지향해야 할 방향을 알려 준다.

그러므로 체험 학습은 교육목회에서 변화를 강조한다. 변화는 알고 느끼고 행동하는 체험 학습의 과정이 필요하고, 이는 전통적인 교수–학습의 범위를 벗어나 남녀노소가 신앙과 삶을 함께 나누는 신앙공동체에서 이루어진다. 신앙공동체로서의 분반학습은 공동체에서의 체험 학습을 강조한다.

주

1) 류시화, 「하늘 호수로 떠난 여행」(서울: 열림원, 1997), 177-179.

2) Martha M. Leypolt, *Learning is Change* (Valley Forge: Judson Press, 1982), 30.

3) Martha M. Leypolt, 「그룹 활동을 통한 40가지 교수-학습방법」(서울: 대한예수교장로회총회교육부, 1979), 13-15.

4) Martha M. Leypolt, *Learning is Change,* 27, 31.

5) 임영택, 「당신의 지도력을 개발하라」(서울: 도서출판 대림디자인, 1997), 58-60.

6) Robert G. Tuttle, 「웨슬리와 신비주의」(서울: 은성출판사, 1989), 73-85.

7) John H. Westerhoff III, "The Liturgical Imperative of Religious Education," *The Religious Education We Need,* ed. James Michael Lee (Birmingham, Alabama: Religious Education Press, 1977), 76.

8) 임영택, 「교회교육 교수-학습론」(서울: 종로서적 성서출판, 2000), 78.

9) Paulo Freire, *The Politics of Education: Culture, Power, and Liberation* (New York: Bergin & Garvey, 1985), 102.

10) 감리교의 교육신학에는 웨슬리가 이야기하는 신학적 네 기둥(Quaterlateral)이 있다. 성서(Bible), 전통(Tradition), 체험(Experience), 그리고 이성(Reason)이다. 그만큼 체험은 감리교 신앙교육 과정의 중요한 요소다.

11) 김홍기, "웨슬리의 가정과 신앙교육," 「신앙과 교육」(1996년 5월), 15-16.

12) William C. Crain, 「발달의 이론」(서울: 중앙적성출판사, 1988), 252-253; 에릭 H. 에릭슨, "인간 발달 8단계," 「한 권으로 읽는 교육학 명저」, Eugene S. Gibbs, ed.(도서출판 디모데, 1994), 20-23.

13) 김홍기, 「존 웨슬리의 신학과 재발견」(서울: 대한기독교서회, 1993), 8-9.

14) 임영택, "웨슬리의 체험사상과 실천교육모형 연구," 「웨슬리신학과 오늘의 교회」, 협성신학연구소 편(서울: 기독교대한감리회 홍보출판국, 1997), 256.

15) Kevin Lagree, "웨슬리 전통에서 본 지도력과 영성," 「존 웨슬리 회심 256주년 기념」(서울: 기독교대한감리회 본부 선교국, 1994), 10.

16) Jack L. Seymour, Margaret Ann Crain and Joseph V. Crockett, *Educating Christians* (Nashville: Abingdon Press, 1993), 176.

17) Jose Miguez Bonino, "Sanctification: A Latin American Rereading," in *Faith Born in the Struggle for Life: A Rereading of Protestant Faith in Latin America Today,* ed. Dow Kirkpatrick (Grand Rapids: William B. Eerdmans Publishing Co., 1988), 16, 52-53.

18) Theodore W. Jennings, Jr., *Good News to the Poor: John Wesley's Evangelical Economics* (Nashville: Abingdon Press, 1990), 71-72.

소그룹과 분반학습

5

I. 소그룹 학습의 변형

주일날 교회학교 현장에서 어떤 일이 일어나는지 떠올려 보자. 어린이들이 모여 먼저 예배를 드린다. 그 다음에는 분반공부를 하고, 때에 따라 특별 활동을 한 후 헤어진다. 여기서 분반공부는 교사와 학생이 하나님의 말씀을 배우고 실천하는 과정이다. 연령층에 따라 효과적으로 지도하는 것을 분반학습의 관리와 운영이라고 한다. 그러면 분반학습을 어떻게 생각하고 관리, 운영하여야 할까?

대부분의 교사들이 분반공부가 성경 공부라고 생각한다. 틀리지 않은 생각이다. 그러나 무언가 부족하다. 과연 분반공부가 성경 공부만을 위한 소그룹인가? 성경 공부를 중심으로 한다면 분반공부는 교사는 가르치고 학생은 배우는 학교 형태를 지속하게 된다.

그러나 교회학교의 분반공부는 학교와 같은 학습 집단 이상이다. 왜 그럴까? 그것은 분반공부가 성서 지식을 습득하는 장이 아니라 신앙양육의 터이기 때문이다. 분반공부에서 하나님의 계시를 받고 때로는 도전도 한다. 신앙에 관한 다양한 질문이 오가면서 그리스도인의 삶의 질이 변형되어 가기에 단순한 학습 집단으로 치부할 수 없다. 다시 말하면 분반공부 현장은 성서 지식 습득을 안내하고 관리하는 차원이 아니라 삶의 변화를 경험하는 터다. 따라서 분반학습은 소그룹으로서 다음과 같은 변형이 필요하다.

1. 신앙공동체로서 분반학습

신앙양육의 터인 분반학습이 변화되어야 하는 이유는 무엇인가? 먼저 다음과 같은 물음을 생각해 보자. "신앙이 학교 형태의 학습, 즉 쓰고, 풀고, 외우는 것으로 가능한 것일까?" 아니다. 신앙은 쓰고 푸는 형태가 아니라 돌봄과 양육의 차원이다. 학습자를 신앙으로 돌보기 위해서는 분반학습의 형태가 신앙공동체가 되어야 한다. 이는 신앙을 보다 잘 전수하고 경험하고 나누기 위함이다. 신앙은 남녀노소가 함께 나누는 공동체가 될 때 가능하다.[1] 신앙은 어떤 교수-학습의 이론 체계에서 시작되거나 혼자 신학적 명제를 터득하여 얻을 수 있는 것이 아니다. 신앙은 다른 사람과 삶을 나눌 때 가능하다. 예를 들어 처음교회의 성도들은 함께 삶을 나누고 배우는 터가 있었기에 그 곳에서 신앙이 성숙되었다(행 2:42~47). 이렇게 볼 때 신앙공동체는 분반학습의 기본적인 요소다. 이와 관련하여, 신앙양육을 강조하는 존 웨스터호프(John H. Westerhoff)는 지식 전달-학교형 (instruction-schooling paradigm) 분반공부에서 신앙공동체적-문화형(community of faith-enculturation paradigm) 분반공부로의 변화가 교회학교의 신앙교육을 살리는 대안이라고 주장한다.[2]

2. 소그룹으로서 분반학습

신앙을 나누고 양육하기 위해서는 관심과 돌봄이 필요하다. 관심과 돌봄은 상호작용이 가능한 인원 제한이 요구된다. 우리는 대량생산의 사회를 살아간다. 1960년대 이후부터 산업화의 영향으로 대량(mass)생산 체제에 살다 보니 업적 중심의 가치관을 갖게 되었다. 많고 적음이 가치 판단의 기준이 되고, 경쟁과 이익과 개인 중심의 집단이 형성되었다. 그리고 학습 집단이 숫자와 업적으로 평가되다 보니 서로 관심하고 돌보는 모습은 찾아볼 수 없게 되었다. 교회학교도 성장과 부흥주의에 오도되어, 신앙을 나누는 그룹(sharing faith group)보다는 대형화를 선호한다. 진정한 신앙양육을 위한 터는 소그룹 형태여야 한다. 소그룹일 때 양(quantity)보다 삶의 질(quality)을, 그리고 상호평등(equality)의 학습을 경험할 수 있다.[3]

3. 복음과 삶의 매개로서의 분반학습

분반학습은 성경 공부를 통하여 그리스도를 닮아 가고 삶의 스타일을 경험하며 형성하는 곳이다. 성경 공부는 학생들의 삶에 하나님의 계시를 접촉시켜 변화를 준다.[4] 중요한 것은 학습에서 접촉하는 다양한 경험들이다. 과연 어떠한 복음의 접촉이 학습자들의 삶에 물음을 갖게 할까? 복음과 삶이 접촉하는 물음에는 네 가지 차원이 있다.

첫째는 알고 있는지를 묻는 차원이다. 이러한 물음은 내용 중심으로, 교사 주도형 분반학습에서 찾아볼 수 있다. 학생들은 내용을 잘 저축하였다가 정확한 대답을 하면 된다. 둘째 차원은 느낌을 묻는 차원이다. 몰랐던 것을 알게 되었을 때의 탄성, 감상을 통해 이해하고 가슴이 뭉클했을 때의 느낌이다. 그러나 감정은 일시적이며 도취시킬 가능성이 있다. 셋째 차원은 행동을 묻는 차원이다. 알고 느꼈다면 행위에 변화가 있어야 한다. 때로는 실수도 하고 목표에 이르지 못할 수도 있지만 행동은 삶을 움직이는 힘이 있다. 현대 그리스도인들의 문제는 믿음과 삶의 분리다. 이것은 삶에 변화를 주는 실천 차원의 학습을 이루지 못한 결과다. 예수의 학습 방법은 다양하다. 논리적이고, 대화적이며, 인격적이다. 그러나 모든 방법이 삶을 접촉시키고 변화를 이끌어낸다. 넷째 차원은 함께 살아가는 모습을 이끄는 질문이다. 첫째부터 셋째 차원이 개인의 변화였다면, 네 번째 차원은 사회 변화에까지 이른다. 오늘의 그리스도인의 삶이 사회와 국가에 영향을 끼치지 못하는 것은 개인의 이익을 넘어 함께 나누는 기쁨, 즉 평화의 차원에까지 이르지 못하기 때문이다. 진정한 분반학습은 함께 살아가는 방법을 배우고 연습하는 매개체다. 이것이 복음과 삶의 접촉이다. 이러한 접촉이 가능한 것이 교회학교의 분반학습이다.

Ⅱ. 분반학습의 유형

1. 목적(goal) 중심의 분반학습

내용 중심, 목표 중심, 교사 중심, 그리고 주입식 방법으로 이끌어 가는 전통적인 형태의 분반학습이다. 이러한 유형을 뒷받침하는 것은 본질주의(essentialism) 교육철학이다. 본질주의 교육의 핵심은 내용 중심이고, 교사에 의해 그 내용이 제대로 전달되었는지에 관심한다.[5] 이러한 교육철학적 배경이 분반학습에서 여러 특징으로 나타난다.

첫째, 목적 중심의 분반학습에서는 학습의 내용과 자료를 절대시한다. 이 내용들은 교과서, 그에 따른 참고서, 교사의 강의 내용이며, 나아가 지식 정보, 통계 자료, 그리고 이론에 대한 객관적인 결과 등이다.

둘째, 목적 중심의 분반학습은 목표 성취에 역점을 둔다. 그 결과 분반학습은 목표 성취를 위한 수단으로 이해된다. 주어진 내용을 전수하고, 그것을 위해 계획된 진도를 맞추기 위해 학습을 진행하기 때문에 얼마나 많은 양의 지식을 빠른 속도로 학습자의 머리에 축적시키는지를 성취의 기준으로 삼는다. 오늘의 학원 중심의 클래스가 여기에 속한다.

셋째, 목적 중심의 분반학습은 교사 중심의 학습 지도로 나타난다. 교사 중심의 학습은 일방적(one way)이며, 학습자의 삶과 경험이 고려되지 않는다. 교사의 경험과 권위에 의해 학습이 진행되기 때문에 학생과 교사의 관계가 분명하지만 대화적이며, 인격적인 관계가 약하다. 또 교사의 권위가 크기에 독재형 교사상이 나타나는 분반학습이다.

넷째, 목적 중심의 분반학습은 교수-학습 방법이 주입식이다. 교육의 목표와 내용을 성취하는 데 주입식은 매우 중요하며 강한 힘을 발휘한다. 이 방법은 자극(S)-반응(R)의 학습 유형에 기초를 두며, 연역적 결과를 중요시한다. 주입식은 전달(transmission) 방법이기 때문에 일시적이며 교육 현장에서는 강하지만 삶의 경험과의 연결이 약하고 역동성이

없다.[6]

2. 과정(process) 중심의 분반학습

전통적인 분반학습과 상반된 것으로, 삶 중심, 학생 중심, 문제 해결(problem - solving)을 통한 경험 중심의 분반학습이다. 이러한 분반학습의 이론적인 배경은 진보주의(progressivism)다. 진보주의는 역사와 세계 자체를 점진적으로 진화하는 진전의 과정이라고 이해하기 때문에 교육은 진화론적 세계로부터 오는 수많은 선택의 가능성을 분석 선택하고 해결을 모색하는 과학적 방법에 기초한다. 이와 같은 사상은 실용주의(pragmatism) 사상을 교육학에 응용한 존 듀이(John Dewey)에 의해 더욱 발전하였다. 듀이는 교육 행위를 성장, 발전 진화, 과정이라는 용어로 표현하고, 학습의 행위는 자아와 사회의 상호작용(interaction)에 의해 이루어지는 것으로 보았다.[7] 과정 중심의 분반학습에서 나타나는 특징은 다음과 같다.

첫째, 과정 중심의 분반학습은 삶 그 자체를 중요시하며, 교육 내용으로 다룬다. 어떤 사물에 대한 객관적인 지식이나 사실들보다는 인간의 삶의 과정과 그 성장이 교육의 내용이 되고, 인격 성장은 교육의 목적이 된다. 특히 삶은 고정된 상태가 아니라 서로 다른 인격체들의 상호작용에 의해 성장한다고 보기에 한 사람 한 사람의 삶의 변화와 응용을 중요시한다.

둘째, 과정 중심의 분반학습은 학생 중심의 교육 행위를 강조한다. 과거 전통적인 교육은 교사 중심으로 학습을 진행하고 학생에게 내용만을 전달하였지만, 학생 중심의 분반학습은 학생들 스스로 자유롭게 표현하고 이끌어 갈 수 있게 돕는다. 하지만 지나친 학생 중심은 심각한 주지주의(intellectualism)에 빠지는 위험성과 분반학습이 자유방임형으로 나타날 가능성이 있다.

셋째, 과정 중심의 분반학습은 경험의 방법을 중요시한다.[8] 학습자가 세계(생활 경험이 만나게 되는 장의 총칭)에 참여할 때, 무한한 세계를 경험하게 된다. 이 경험은 사고의 과정을 통하여 학습자의 삶의 의미를 변화시키는 교육적 요소가 있다. 즉 생활 속에서 '…을 하여 본다'는 구체적인 행동은 경험을 통한 학습 방법이다. 경험의 방법은 문제를 해결하는 과정 그 자체를 교수 – 학습의 목적으로 삼는다. 경험은 문제를 해결하는 과정을 조직화한다. 비록 문제를 해결하지 못하더라도 그 동안의 과정을 통하여 좋은 경험을 하는 것이 학습이라 본다.[9]

3. 만남(encounter)을 향한 분반학습

목적 중심의 분반학습과 과정 중심의 분반학습의 강점을 변증법적으로 종합하는 분반학습이다. 즉 지식과 삶, 객관성과 주관성, 내용과 경험 중 어느 한 면만을 택하는 것이 아니라 양면을 적절하게 통합하여 조화를 이루게 한다. 이것은 교수 – 학습의 변화를 일으키는 만남의 구조다. 만남은 신학적으로 하나님의 계시를 대면(confrontation)한 인간이 신앙, 사랑, 봉사로 그에 응답(response)할 때 이루어진다. 그러므로 만남은 학습자에게 자발적이며 주체적인 응답의 행위를 의미한다.[10] 만남을 향한 분반학습의 특징은 다음과 같다.

첫째, 만남을 향한 분반학습의 내용은 지식과 삶을 동시에 중요시한다. 삶을 외면하면서도 교육 행위가 이루어질 수는 있으나 그것은 삶 없는 지식 전달로 전락한다. 반면 교육 행위가 삶의 성장만을 위하여 이루어지면 경험주의가 되고 만다. 그러므로 항상 지식(하나님에 대한 객관적인 사실과 인식)은 삶의 주체가 참여하며 대화하는 만남을 통하여 이루어져야 한다. 분반학습에서 성서를 배운다는 것은 지식정보 습득도 포함되지만 근본적으로 학습자가 주체적으로 하나님과의 만남을 시도하는 것이다.[11]

둘째, 만남을 향한 분반학습은 교사와 학생의 새로운 관계 구조와 역할을 의미한다. 전통적인 의미에서 볼 때, 교사는 모든 것을 알고 전달하는 역할이요, 학생은 모든 것을 받아들이는 역할이었다. 그러나 새로운 교사 – 학생의 관계는 동등한 삶의 주체자 사이의 인격적이며 대화적인 만남으로의 변화를 의미한다. 교사는 대화의 촉진자로, 학생은 능동적인 참여자로 그 역할을 이해하는 것이다.

셋째, 만남을 향한 분반학습은 역동적으로 교수 – 학습을 진행한다. 분반학습 다이나믹스(classroom dynamics)라는 이름이 암시하듯이 이미 그룹역학(group dynamics)이 교수법에 응용되어 공헌하고 있다는 점은 누구도 부인하지 못한다. 그 역동적인 교수 – 학습에는 다음 세 가지 원리가 적용된다.[12] ① 분반학습은 교과과정(currculum) 결정에 모두 참여한다. ② 분반학습은 교수–학습에 모두 참여하여야 한다. ③ 분반학습은 학습이 유발될 수 있게 창조적인 분위기를 조성해야 한다. 이와 같은 면에서 만남을 향한 분반학습은 역동적이며 다양한 교수법으로 교사와 학습자가 함께 복음을 만나는 배움의 장이다.

Ⅲ. 분반학습의 구조

1. 목적 중심 분반학습의 구조

목적 중심의 분반학습에는 교사 중심의 분반학습과 과제 중심의 분반학습이 있다. 교사 중심의 분반학습은 오직 교사에 의해 의사가 결정되고 학습이 진행된다. 교사가 교재 내용을 학생에게 주입하는 강의식 학습이다. 교사가 학생에게 교재를 얼마나 설득력 있고 흥미 있게 지도하느냐에 따라 결과가 달라진다. 과제 중심의 분반학습은 교사와 학생이 교재에서 만나는 분반학습 유형이다. 이것은 주로 토론, 논쟁에 대한 중재, 일종의 세미나 등의 공식적 교수–학습이 약화된 형태다.

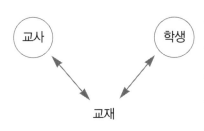

2. 과정 중심 분반학습의 구조

과정 중심의 분반학습에는 상호작용의 과정을 중심으로 하는 분반학습과 인격적 관계를 중요시하는 분반학습이 있다. 상호작용의 과정을 중심으로 하는 분반학습의 구조는 교사와 학생의 직접적인 부딪침 사이에서 일어나는 분반학습 유형이다. 이 형태는 주로 토의, 상담 등에서 나타난다. 객관적인 교재가 필요 없고, 교사와 학생 자체가 교재가 된다. 인격적 관계를 중요시하는 분반학습의 구조는 분반학습의 기능이 상호 결합된 유형이다. 이 형태는 인격적인 관계구조를 주장하는 부버 (Martin Buber)의 영향을 받은 것으로, 학생과 내용을 동시에 관심하고 사랑하는 교사의 능동적인 행위가 분반학습을 이끌어 가는 중심이 된다. 이 때 학생의 반응은 교사와 교재에 대하여 동시에 나타나며, 교사와 학생은 객관적 자료가 아닌 인격화한 교재를 서로 나눔으로써 양자 모두 학습자가 된다.

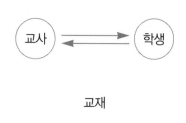

3. 만남의 분반학습의 구조

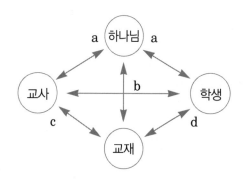

만남의 분반학습의 구조는 4차원으로, 교육목회의 4요소인 하나님(말씀, 복음), 교사, 학생, 교재가 상호작용하는 구조다. 이것은 만남이 중심이 되는 분반학습으로, 하나님과 학생의 만남이 기본이 되는 구조다.[13]

1) 교사 ↔ 하나님 ↔ 학생(a)

(a)는 만남의 수직적인 차원이며 동시에 계시의 차원이다. 하나님은 교사와 학생의 삶 속에서 말씀하시며, 교사와 학생은 그에 응답하는 삶을 산다. 계시는 교육목회의 존재 이유와 중요한 규범으로서, 학습론에 비추어 보면 응답을 요청한다는 의미와 같다. 이 수직적 만남은 다음과 같이 이루어진다.

첫째, 하나님은 교사와 학생의 만남으로 학습이 일어나기 이전부터 각 삶을 통하여 말씀하신다. 둘째, 하나님이 말씀하실 때, 교사와 학생은 응답을 한다. 하나님 – 교사 사이에서 교사는 교사로의 부르심과 그 책임을 깨닫고, 교육적 소명이 거룩한 사명임을 인식하며, 구체적인 현장을 준비하는 성서 연구와 명상으로 영적 준비를 한다. 성서 연구는 교재 본문과 참고 성경에 대한 주석을 포함한다. 학생의 응답도 성서 읽기, 명상, 예배 등으로 이루어진다. ⓐ는 분반학습 진행에서 '학습 이전의 준비 단계'와 학습 이후 '행동 변화의 단계'와 연결된다.

2) 교사 ↔ 학생ⓑ

ⓑ는 만남의 수평적인 차원의 교수－학습 구조다. 하나님과 만남으로 그분과의 교제 안에 있는 교사는 하나님과의 교제 안에 있는 학생과 비로소 만난다. 이러한 교사－학생의 만남은 근본적으로 인격적이며 대화적인 관계에 근거하여야 한다. 그러면 분반학습에서 이 관계를 가능하게 하는 요인은 무엇인가?

첫째, 교사의 새로운 역할 인식이다. 교사는 대화의 촉진자(enabler)가 되어야 하며, 분반학습을 창조적인 분위기로 이끌어야 한다. 또 학생들의 삶을 편집하는 것을 도와야 하며, 대화의 교수법을 배우고 실천하여야 한다.

둘째, 교사－학생의 만남은 서로의 '관계에서' 신뢰하고 '너'가 '나'에게 말하려는 의지를 듣고자 하는 관계의 언어가 소통되어야 한다. 이 요소는 상호작용(interaction)이다. 상호작용의 분석을 체계화한 네드 후렌더(Ned A. Flanders)는 분반학습에서 교사의 말이 평균 70~90%를 차지한다는 보고를 하였다. 이는 말의 표현 면에서 교사의 일방적이고 권위적인 요소가 분반학습의 많은 부분을 차지한다는 사실을 지적한 것이다.[14] 교사－학생의 상호작용을 위해 교사의 말은 칭찬과 용기를 주는 방향으로 개발되어야 하며, 교사의 언어보다 학생의 언어에 관심을 두고 교수하여야 한다. ⓑ는 분반학습 진행에서 '학습 이전의 준비 단계'와 학습 진행의 '내용 전개'에 해당한다.

3) 교사 ↔ 교재ⓒ

ⓒ는 교사의 교재와 방법론 연구를 의미한다. 교사는 하나님을 만나고 학생과의 새로운 관계 속에서 교재를 잘 준비하고 다양한 방법론을 개발하여 학생들과의 만남을 유도하여야 한다. 만남의 분반학습을 위한 교재 연구와 방법론 적용의 원리는 다음과 같다. 첫째, 학습자의 삶의 문제에서 유출되어야 한다. 삶과 분리된 지식은 학습자의 근본적인 요구에 적당하지 않기 때문이다. 기독교의 진리는 예수의 삶, 그리고 그의 삶이 어떻게 우리 삶에 의미를 주는지에 대한 진리다. 예수의 교육 방법론은 그의 삶을 통한 교훈이었

다.

둘째, 커리큘럼 개발이 만남의 분반학습에 적용되어야 한다. 커리큘럼이란 교수－학습 과정을·조직적으로 수행하기 위한 계획이고, 교육목회의 목적을 수행하기 위해 지도된 경험이며, 의사소통을 위해 설계된 통로다. 이 통로를 통하여 기독교 신앙이 전수되고 알려진다.[15]

셋째, 창의적인 교수법을 활용해야 한다. 교사가 어떤 교수법을 어떻게 활용하여 교재를 준비하느냐에 따라 학습 효과가 달라진다. 교수법에는 대체로 기본적인 두 가지 논리 형태가 적용된다. 하나는 연역법(deductive)이고, 다른 하나는 귀납법(inductive)이다. 연역법은 교사에 의해 시작된다. 교사가 기본이 되는 원리와 실례를 제시하면 학습자들은 그것을 분석하고 자신들의 경험에서 가능한 다른 실례를 찾는다. 마치 세워 놓은 원추 모양과 같다. 반면에 귀납법은 학생들의 관찰에서 시작된다. 학습자들이 조사하고 이미 준비한 과제들을 발표하면 교사와 학습자들이 함께 해석하고 보충하여 일반적인 요점에 도달한다. 이 방법은 원추를 뒤집어 놓은 모양이다.[16] 그러나 오늘의 교육목회에서는 프락시스(praxis) 방법을 제시하는데, 프락시스는 먼저 귀납법을, 그리고 덧붙여 연역법을 적용하는 통전적 방법이다. (c)는 분반학습 진행에서 '학습 이전의 준비 단계'와 '내용 전개'와 연결된다.

4) 학생 ↔ 교재(d)

(d)는 학생이 교재와 만나는 것을 의미한다. 학생은 전달, 참여, 대화의 방법과 과정을 통하여 교재를 만나게 되는데, 이것은 교사와의 만남의 길이며 하나님과의 만남으로 이어져야 한다. 학생들이 교재 준비와 학습 활동의 참여자로서 교수－학습이 진행되는 것이 만남의 분반학습을 가능케 하는 학생들의 모습이다. 따라서 학생 참여는 그들이 분반학습에서 행동의 주체자로 인정받으며, 자신을 자유롭게 표현할 수 있는 분위기가 주어지고, 자신들의 경험에서 얻어진 문제와 의미들이 자유롭게 해석되고 토의될 때 더욱 강해질 것이다. 아울러 학습 과정에서 학생들이 스스로 선택하고 결정하는 기회도 마련되어야 한다.

구체적으로 학습자가 준비하는 교재가 성서라면 성서 읽기를 통하여 하나님과 만난 인물과 사건을 만나는 것이고, 동시에 하나님과 교사를 만나게 된다. 여기에 성서에서 만난 자기의 경험과 그에 대한 이야기를 나눌 때 참여가 이루어진다. 만남의 분반학습은 교사와 함께 학생도 준비하고 적극적으로 참여하는 구조다. ⓓ는 분반학습 진행에서 '학습 이전의 준비 단계'와 '내용 전개'에 해당한다.

Ⅳ. 분반학습의 설계

분반학습은 체계적인 설계가 필요하며, 운영을 위해서는 분반학습 진행안 작성이 중요하다. 교회학교 교사들이 분반학습을 설계하는 것은 쉬운 일이 아니지만 매우 중요하기에 여기서는 가장 기본적인 준비와 그 방법을 제시하고, 분반학습 진행안 작성 방법을 살펴보겠다.

1. 분반학습의 준비 : 체계적 준비

분반학습은 체계적으로 준비해야 한다. 단순히 내용을 정리하는 것이 아니라 변화를 위한 가르침이 되어야 하기 때문이다. 분반학습을 준비하는 과정을 네 단계로 구성할 수 있다.

1단계는 주요 개념 혹은 주제의 구상이다. 교재를 대할 때 먼저, '무엇을 가르쳐야 하는가?'에 직면한다. 다시 말하면 주어진 교재의 내용이 너무 광범위하여 그 내용을 다 다룰 수 없기 때문에 주요한 기본 개념을 선정하여야 한다. 개념 구상은 추상적이 아닌 구체적인 것으로, 학생들의 경험과 관련할 때 보다 쉽게 이해될 수 있다. 그러므로 개념을 구상할 때는 기본적으로 학생들의 삶의 상황에서 시작해야 하고, 학생들의 경험에서 찾을 수 있는 개념을 택해야 한다. 또한 한 번에 한 가지 개념만 택해야 한다.

2단계는 교수 목적 설정이다. 교수 목적은 정해진 개념이나 주제를 분반학습에서 성취하고자 하는 교사의 의도다. 이것은 실제 교수-학습 진행에서 방향을 제시하여 도입, 내용 전개, 정리, 평가를 연결시킨다. 만일 교수 목적이 없으면 분반학습의 진행 방향과 교수법에 결정적인 혼돈을 야기한다. 교수 목적은 기본적으로 2~3개 정도로 설정할 수 있으며, "… 을 알고(knowing), … 을 깨닫게 하여(feeling), … 을 행동하게 한다(doing)."로 이루어진다. 목표는 단원과 과(lesson)와 상관성이 있어야 한다. 뿐만 아니라 명확하고, 학생의 내적 동기와 경험에 기초하여야 한다. 또한 목표는 분반학습 진행 후에 평가의 기준이 되어야 한다.

3단계는 분반학습 활동과 방법 선정이다. 주요 개념이 구상되고 교수 목적이 설정되어 방향이 제시되면, 교사는 교수 목적에 따라 학생 이해, 교재 내용, 주어진 환경에 관계하여 적절하게 학습 활동을 적용하기 위한 계획이 필요하다. 분반학습 활동은 기본적으로 모든 학생에게 골고루 참여 기회가 제공되어야 하고, 참여된 활동에는 용기를 부여하며, 학생들이 능동적으로 참여할 수 있게 창의적인 분위기를 조성하여야 한다. 또한 학생이 창의력을 표현할 수 있는 다양한 활동을 제시하며, 계속 반복되어 싫증나는 방법은 지양하여야 한다. 새로운 활동을 소개할 때에는 그 방법의 가능성을 충분히 적용할 수 있게 설명해야 한다. 뿐만 아니라 교수 목적을 이루는 데 적합한 활동을 채택하고, 각 활동은 학습 경험의 연속성과 발전을 이루는 것으로 선택하며, 점진적으로 다른 학습과 연결하고, 또 학생의 삶에서 모아지게 해야 한다. 학생들의 경험과 관심에 초점을 두고 어린이들에게는 심리학적 차원에서, 청년과 성인에게는 논리적인 차원에서 활동을 이끌면 효과적이다.[17]

4단계는 보조 자료 선정이다. 학습 경험을 이루는 분반학습 활동과 방법이 선정되면 이에 따른 보조 자료를 수집하고 선정한다. 보조 자료를 선정하기 위해서는 먼저 자료 수집이 이루어져야 하는데, 필요한 자료를 제때에 찾기 위해서는 항상 자료를 수집하는 데 관심하는 것이 필요하다. 어느 특정한 수업을 위해 따로 준비하는 것보다는 학습 활동에 적용할 수 있는 것들을 그때그때 모아 두었다가 필요할 때 찾아 사용하는 것이다. 수집한 자료는 분류 양식에 따라 분류해야 한다. 주제별 혹은 내용별로 분류하여 학습 활동과 방법의 가능성으로 선정한다.

보조 자료를 선정할 때 고려해야 할 점은 네 가지로, 적합성, 다양성, 상호 연관성, 환경과의 관계다.[18] 먼저, 수집한 보조 자료가 주제, 목적, 내용, 연령과 특성, 시간 활용 등에 적합한지를 따져 보아야 한다(적합성). 또한 학생들의 흥미를 개인이 할 수 있는 것, 소그룹이 할 수 있는 것, 전체가 할 수 있는 것으로 다양하게 조직할 수 있어야 한다(다양성). 더불어 보조 자료는 학습 경험의 연속성과 발전을 위해 상호 연관되어야 하며(상호 연관성), 장소나 시간적인 면에서 적용 가능해야 한다(환경과의 관계). 자료가 수집되고 분류가 끝나면 학습 활동과 방법론에 적용해야 한다. 이 때 자료는 주요 개념과 설정된 목적에 적합하고 타당하여야 한다.

2. 분반학습 진행안(Lesson Plan) 작성

분반학습 진행안(혹은 교안)은 왜 필요한가? 이는 학생들의 참여를 통하여 학습의 목적을 이루는 활동을 어떻게 구상하여 효과적으로 진행하느냐의 대답을 의미한다. 마치 요리사가 재료를 가지고 그 특성에 맞는 요리를 하듯이 분반학습에도 효과적인 진행을 위한 구체적인 설계가 필요하다. 주어진 교재는 집필자의 경험 영역에서 일반적으로 집필되었기 때문에 각 교회의 상황과 일치하지 않는 면이 있다. 그러므로 교사는 교재가 말하려는 의도와 현재의 학습 상황의 접촉점을 찾아 재구성해야 하는데, 바로 이것이 분반학습 진행안이 필요한 이유다. 분반학습 진행안은 크게 도입, 내용 전개, 정리, 행동 변화의 4단계로 정리할 수 있다.

1) 도입(starting point)

어떻게 시작할 것인지의 문제를 다루는 단계다. 모름지기 도입은 분반학습 진행에서 가장 중요한 순간이다. 특히 만남의 분반학습으로 이끌기 위하여 학생들의 참여를 촉발시키는 동기유발의 단계다. 그 날 진행할 학습의 주제, 목적, 내용이 연결되는 만남의 순간이다. 도입은 짧은 시간이지만 이 순간을 준비하는 시간은 가장 길어야 하는 역설적인 관계를 내포한다.[19)]

도입에서 주의할 점은 첫째, 학생들의 경험적인 차원에서 출발하고, 둘째, 동기가 유발되어야 한다. 셋째, 도입의 학습 활동(방법)은 학생들이 참여하여 스스로 할 수 있는 경험적 차원과 동기유발의 매개가 되어야 한다. 넷째, 동기유발이 중요하다고 해서 그 날의 주제나 내용과 관계없는 것이어서는 안 된다. 반드시 주제와 목적과 연결되어야 한다. 전체가 40분 수업이라면 도입은 5~7분 정도가 알맞다.

2) 내용 전개(significant experience)

그 날의 교수－학습 내용이 중심 되는 본론 단계다. 이 단계에서 가장 결정적인 요소는 학생에게 의미심장한 경험(significant experience)을 갖게 하는 것이다. 이 단계를 온전히 진행하면 학생의 마음을 흔드는 그 무엇이 일어나는데, 그것이 바로 의미심장한 경험이다. 의미심장한 경험은 학생들의 현재의 생각과 삶의 방식을 재평가하고, 새로운 삶의 방향을 제시하는 강한 요소를 의미한다.[20] 그러면 의미심장한 경험을 위하여 내용 전개는 어떻게 준비하여야 하는지 알아보자.

첫째, 내용 전개는 도입에서 노출된 학생의 삶의 문제를 성서 말씀으로 올바르게 해석하는 단계다. 성서적 해답을 올바르게 해석하고 발견할 때 내용 습득(지식)이 된다. 또 성서의 해답 속에서 학생의 삶의 이야기(감동되는 자료)가 합해질 때 의미심장한 경험이 이루어진다. 이 경험을 통하여 내면화가 되는 참여가 있을 때, 학생은 하나님과 교사를 만나기에 이른다. 둘째, 내용 전개에서 다양한 학습 활동(방법)이 적용될 수 있다. 이 때 학생과 교사에게는 창의적이고 공동적인 대화와 협동이 필요하며, 교사는 학생과의 상호작용을 위하여 칭찬과 용기를 주어야 한다. 셋째, 내용 전개에서 학습 활동에 열중하다 보면 학습의 목적을 잃게 될 가능성이 있다. 그러므로 교사는 시간 조절과 학습 방향 유지를 위하여 심혈을 기울여야 한다. 40분 수업이라면 내용 전개는 25~30분 정도가 알맞다.

3) 정리(reflection)

도입처럼 짧은 시간이지만 만남과 새로운 삶의 결단으로 이어지기 때문에 매우 중요한 단계다. 그 날 배운 주제가 학생의 표현과 경험으로 새롭게 적용되는 과정으로서, 학생의 행동과 느낌에 자연스럽게 변화가 일어나게 도와야 한다.

정리는 첫째, 오늘 주어진 경험의 의미를 함께 분석하는 시도로서, 자신에게 주어지는 참 의미는 무엇인지를 질문하게 도와야 한다. 둘째, 교수－학습 과정을 통해 결단으로 인도해야 한다. 교사가 학생 모두에게 정확한 응답을 기대하면서 '…을 …하여야 한다' 는

식의 일률적인 결론으로 이끄는 것은 배제되어야 한다. 이 단계는 학생을 주체자로 대하며, 삶의 재설정을 내포하는 결단의 과정이 되어야 한다. 셋째, 많은 교사들이 정리 단계를 결론으로 생각하여 설교를 하거나 학습 내용을 반복하여 설명하는데 이것은 잘못이다. 정리는 오랜 시간을 두고 일어날 수 있기 때문에 교사의 성급한 결론은 금물이다. 또 정리의 활동을 교사들이 주도적으로 이끌려 하는 것도 그릇된 생각이다.[21] 정리는 40분 수업에서 5~10분 정도가 알맞다.

4) 행동 변화(assimilation)

교수-학습 진행 후에 일어나는 가능성으로, 비록 교수-학습 진행 과정에서는 기대하지 않지만 정리 단계와 연결하여 기대되는 결과가 학생들 삶의 현장에서 적용되는 단계를 의미한다. 학습을 통해 얻은 의미심장한 경험이 한 주일 동안 혹은 그의 삶 전체에 힘있게 반영되는 것이다. 학습의 가치가 삶의 현장에서 행위로 나타나면서 실질적인 배움이 일어난다. 결단된 삶이 시도될 때 시행착오도 있고, 의심도 생기고, 아프기도 하고, 기쁨, 실망 등을 느끼게 된다. 이러한 과정은 오히려 더욱 몸부림치게 하고, 이러한 가운데 뼈아프게 배우게 되는 것이다.[22]

다음은 분반학습 진행안의 주요 요점을 종합한 것이다. 분반학습 준비에 참고가 되기를 바란다.[23]

분반학습 진행안

교회학교 _____ 부   년 월 일

오늘의 제목 _____

오늘의 성서 _____

교육목적 _____

준비 진행	학습내용	학습활동 학생	학습활동 교사	준비물	시간	비고
도입	**동기유발 단계 :** **어떻게 시작할 것인가?** · 학생의 경험적 차원에서 출발 · 문제 노출	대화		· 상징적인 자료 · 이미 주어진 자료 적용	5~ 7분	· 전 주와 연결 · 목적과 연결
내용 전개	**경험 단계 :** **분반학습 내용 및 활동** · 현재의 삶이 재평가되는 의미심장한 경험–① 성서 해석과 경험의 일치(지식) + ② 삶의 이야기 · 내면화	공동적인 경험을 나누는 활동	대화와 참여 촉진	· 감동적인 자료 · 창의성 개발과 공동적인 활동 자료	25~ 30분	· 학습 목적과 방향 조절 · 시간 조절 · 교사–학생의 상호작용 (칭찬과 용기)
정리	**결단의 단계 :** **주어진 의미는 무엇인가?** · 삶의 재설정 · 삶의 현장에서 적용 · 행동 변화(만남의 사건화)	· 학생 스스로의 느낌 변화 · 기도			5~ 10분	· 결론과 설교가 아님 · 반복적인 재설명은 금물 · 다음 주 준비 및 계획 제시
평가	· 기대와 실제의 차이 · 보조 자료 적용 · 변경 및 보충할 사항	· 학습 활동(방법론)의 적합성 및 다양성 · 학생의 반응				
다음주 준비						

1) Charles R. Foster, 「신앙공동체를 위한 교육」, 고용수, 문전섭 역(서울: 한국장로교출판사, 1995), 142-
   147.

2) 신앙공동체-문화화의 모델을 대안으로 제시하는 대표적인 저서는 *Will Our Children Have Faith?* (New
   York: The Seabury Press, 1976)이다.

3) 임영택, "분반학습 관리와 운영," 「교회학교 교사교육 교본: 기본교육과정」(서울: 기독교대한감리회
   홍보출판국, 1996), 186.

4) 은준관, 「왜? - 기독교교육의 목적을 중심하여」(서울: 신망애출판사, 1971), 63.

5) 은준관, 「교회 · 선교 · 교육」(서울: 전망사, 1982), 47.

6) Wayne R. Rood, *The Art of Teaching Christianity* (Nashville & New York: Abingdon Press, 1968), 16-17,
   60.

7) 은준관, 「교육신학」(서울: 대한기독교서회, 1976), 241.

8) John Dewey, *Experience and Education* (New York: The Macmillan Co., 1970); Reginald D. Archambault,
   ed., *John Dewey on Education: Selected Writings* (Chicago and London: The University of Chicago Press,
   1974); *Art as Experience* (New York: Perigee Books, 1980). 존 듀이는 교육을 경험의 재 연속으로 보고, 이
   경험은 교사와 학생, 개인과 사회의 상호작용으로 일어난다고 하였다. 학교는 이러한 경험을 과정으로
   연습하는 공간이다.

9) Rood, *The Art of Teaching Christianity,* 61.

10) Lewis J. Sherrill, 「만남의 기독교교육」, 김재은, 장기옥 역 (서울: 대한기독교서회, 1981), 94-123.

11) James Blair Miller, "Teaching Resources for Christian Learning," *in Introduction to Christian Education,*
    Mavin J. Taylor, ed. (Nashville: Abingdon Press, 1980), 218.

12) Ellis Nelson, "Group Dynamics and Religious Education," in *Religious Education,* Marvin J. Taylor, ed.
    (Nashville: Abingdon Press, 1960), 173-182.

13) 임영택, 「교회교육 교수-학습론」(서울: 종로서적성서출판, 2000), 68-82.

14) Ned A. Flander, "Analyzing Interaction in the Classroom," in *Essential Skills for Good Teaching,* Loke E.
    Bowman, Jr. (Scottsdale: National Teacher Education Project, 1974), 5-6.

15) D. Campbell Wyckoff, *Theory and Design of Christian Education Curriculum* (Philadelphia: Westminster

Press, 1961), 17.

16) Loke E. Bowman, Jr., *Straight Talk about Teaching Today's Church* (Philadelphia: Westminster Press, 1977), 36-39.

17) Howard M. Ham, "The Church School and Techniques of Teaching," in *Rel1igious Education,* Taylor, ed., 185-189.

18) Sara Little, 「신앙 · 친교 · 교육」, 김대균 역(서울: 한국기독교교육학회, 1972), 50-51.

19) Richard Reichert, *A Learning Process for Religious Education* (Ohio: Pflaum Press, 1975), 7-9, 15-22.

20) *Ibid.,* 9-10, 23-35.

21) *Ibid.,* 11-12, 37-49.

22) *Ibid.,* 12-14, 51-58.

23) 임영택, 「교회교육 교수-학습론」, 106. 교수-학습 진행안의 준비와 실례는 필자의 저서 부록에 실려 있다.

가정공동체와 부모의 지도력

6

I. 신앙양육과 가정공동체

신앙양육에는 두 자리가 마련되어 있다. 하나는 공식적인 자리 – 교회교육이요, 다른 하나는 비공식적인 자리 – 가정교육이다. 일반적으로 체계적인 신앙양육을 위해 교회교육을 중요시한다. 그러나 우리 주위에 일어나는 사건들의 양상은 다르지만 그 사건이 교육과 관계된 것이라면 늘 가정교육을 거론한다. 왜 그럴까? 기독교 가정의 부모는 자녀가 자라날 때 신앙 안에서 키울 것을 다짐하며 기도를 드린다. 교회에도 잘 나가게 하여 신앙교육을 받게 한다. 그러나 종종 그들의 기도와 노력이 물거품처럼 되고 마는 경우가 있는 게 사실이다. 그것은 신앙양육을 풀어 가는 자리에 공백이 생기기 때문이다.[1] 즉 가정교육과 교회교육의 연계성의 문제다.

부모들은 가정에서 행할 신앙양육을 모두 교회교육에 일임하려 한다. 이러한 경향의 배경을 두 가지로 구분하면, 하나는 교회가 신앙교육을 너무 강조한 나머지 가정에서 가르쳐야 할 일을 교회교육이 모두 맡아 버리는 것이고, 다른 하나는 부모들이 가정교육을 소홀히 하며 자녀교육을 교회교육에 전적으로 의지하려는 것이다. 전자가 가정교육을 이상화한다면, 후자는 가정교육을 무시하는 것이다. 이 두 태도는 신앙양육에 대한 부모 역할의 중요성을 제대로 이해하지 못해서 생기는 문제들이다.

그러므로 신앙양육을 위해 가정공동체가 중요하다는 전제 아래 가정공동체와 부모의 역할을 조명하여야 한다. 교회는 성인교육으로 부모의 지도력을 어떻게 개발하여야 하는가? 부모의 지도력 개발을 위해 가능한 방법은 무엇인가? 이러한 물음들을 가지고 가정교육과 교회교육의 두 자리를 동시에 메워 나가는 노력이 필요하다.

1. 신앙양육을 가정에서 하는 이유

왜 신앙양육이 교회보다 가정에서 지속되어야 함을 강조하는가? 물론 자녀들의 신앙양육을 위하여 가정과 교회 사이에 우열은 없다. 교회는 교회 나름의 신앙교육이 필요하다. 그러나 가정교육과 연계하여 의도적이며 지속적인 교육을 시행하여야만 한다. 신앙양육에 관해 생각하기 전에 우선, 신앙교육이 실제로 가능한지를 스스로 물어보자. 과연 신앙교육이 인간의 계획적인 틀에 의해 이루어질 수 있을까? 불가능하다. 역사, 수학, 예술 감상은 가능하지만 신앙은 가르쳐질 수 있는 일이 아니다. 또한 신앙이란 도덕과 같아서 다소 깨달을 수는 있지만 혼자서 터득하여 얻을 수 있는 것도 아니다[2]. 어린이들은 처음에 신학적인 명제를 배우는 것이 아니라 감정적 경험으로 사랑을 먼저 배운다. 발달심리학자들은 엄마의 따뜻한 품에서 애정 어린 손길을 느낄 때 어린이에게 사랑과 신뢰감이 형성된다고 주장한다. 신앙양육도 마찬가지다.

신앙교육은 어떤 교수-학습의 이론체계가 아니라 가족간의 상호작용의 경험을 통하여 가능하다. 그러므로 신앙교육에는 다양한 세대의 경험을 접하고 다른 사람과 함께 신앙과 삶을 나눌 수 있는 가정의 자리가 요청된다. 가정은 신앙교육이 인생 주기와 함께 이루어질 수 있는 가장 좋은 터이며, 부모는 신앙과 삶의 스타일 형성을 위한 역할 모형이 된다. 이런 점에서 가족 전체와 부모의 신앙적 태도는 자라나는 세대의 세계관, 가치관, 그리고 그리스도인으로서의 자아상을 형성하는 신앙양육의 기초가 된다.

2. 가정교육의 자리를 신앙공동체로

신앙양육을 위하여 가정의 자리가 중요함을 알았다면, 부모의 역할과 교회교육의 연계성은 가정을 신앙양육이 가능한 신앙공동체로 만드는 일에서 시작한다. 여기서 고려할 문제가 있다. 그것은 가정이 신앙공동체가 된다는 것의 의미다.[3] 가정을 신앙공동체로 형성해야 하는 이유는 살아 있는 신앙을 생생하게 경험하기 위함이다. 또 생생한 신앙이 기독교적 삶의 스타일로 구체화하는 것은 신앙공동체에서만 가능하기 때문이다. 단순한 삶의 공간만도, 유기적인 가족 관계만도 아닌, 하나님의 임재가 경험되는 자리를 말한다. 즉 삶의 질을 경험하는 분위기가 필요하다는 뜻이다. 가정교육의 이론을 학문적으로 내세운 부쉬넬(Horace Bushnell)도 영적 분위기는 인격적 상호작용의 과정뿐만 아니라 회심을 동반한다고 하며, 그리스도인의 성장과 양육은 가정공동체의 분위기에 참여하는 것이라고 주장하였다.[4]

이러한 점에서 신앙교육을 위한 가정의 분위기는 히브리 가정과 초대 교회의 가정에서 그 모델을 찾을 수 있다. 히브리 가정에서는 쉐마(신 6:4~9) 교육과 온 가족이 공동으로 참여하여 신앙을 나누는 대화가 이루어졌다. 이 때 가정의 분위기는 추상적인 신앙 전달이 아닌 경험으로 이루어져 부드럽고 따뜻하였다. 이 분위기 자체가 가족생활 전체의 모습이다. 초대 교회의 가정에서는 직접 주님의 교훈을 가르치는 디다케(didache)와 함께 페이데이아(peideia), 즉 사랑과 상호 존경으로 맺어진 따뜻한 분위기의 신앙양육을 찾아볼 수 있다.[5] 여기서 분명한 것은 신앙과 삶이 나누어지는 따뜻한 분위기는 부모가 교육적 책임을 얼마나 느끼고 있느냐에 따라 신앙양육의 차원을 판가름한다는 것이다. 그 누구도 다른 사람의 신앙을 결정할 수 없다. 동시에 누구도 다른 사람에게 자신의 삶을 줄 수 없다. 다만 자신의 신앙과 삶을 다른 사람과 함께 나눌 수 있을 뿐이다. 이것은 신앙공동체에서만 이루어질 수 있는 일이며, 가족 세대간에서 맛보는 사랑의 분위기에서 가능하다. 여기서 인격적, 사회적, 영적 성장을 이루는 가정공동체 교육의 본질을 찾게 된다.

그러나 가정을 신앙공동체가 되지 못하게 하는 요인들이 오늘날 가정교육의 자리를 흔들고 있다. 외부적인 사회 변화로 가정 구조가 공동체성을 점점 잃어 간다. 개인주의적이며 경쟁적인 구조는 전문화라는 이름 아래 모든 자녀교육을 학교와 특수학원에 맡기고, 신앙양육은 대수롭지 않게 교회교육으로 끝내고 만다. 따뜻한 분위기가 없으니 가정에서 신앙과 삶을 나누는 신앙양육이 일어날 수 없다. 진학과 출세를 강요당하는 억압의 교육만이 존재할 뿐이다. 신앙양육이 가능한 신앙공동체로서의 가정교육의 자리는 선택의 문제가 아니다. 이 일을 하지 않으면 가치 없는 삶이라고 여기고 진지하게 고민하는 부모의 태도에서 시작되어야 한다. 만약 자녀들이 가정에서 기독교적 삶의 특징인 사랑과 정의를 경험하지 못하고, 또한 그 의미를 밝히지 못한 채 맹목적으로 성장한다면 신앙양육의 가장 중요한 부분을 잃어버리는 결과를 초래한다. 따라서 신앙과 삶을 나눌 수 있는 과제와 방법이 가정에 제공되어야 한다.[6] 이렇게 가정교육의 자리를 회복시키는 방법을 제시하는 것 또한 교회교육의 과제다.

3. 신앙양육의 방법

가정은 그 자체가 비공식적인 자리이기에 특별히 정해진 신앙양육 방법은 없다. 자녀들과 함께 신앙과 삶을 나누는 부모의 태도가 최선의 양육 방법이다. 이에 대하여 신앙공동체 교육을 강조하는 웨스터호프(John H. Westerhoff Ⅲ)는 "우리가 어떻게 우리 자녀를 기독교인으로 만들 수 있을까?"가 아니라 "우리가 어떻게 우리 자녀들과 함께 기독교인이 될 수 있을까?"를 물어야 한다고 말한다. 신앙과 삶을 나누는 경험은 부모와 자녀가 함께 신앙의 순례길을 가는 모습에서 찾을 수 있다. 함께 그리스도인이 된다는 것은 바울의 표현으로 Walking(롬 8:4, 히 10:19~20)이며, 이 말은 부모와 자녀가 함께(with) 길(way)을 걸어가는(to walk) 순례자의 길을 의미한다. 이 신앙의 순례길은 자신의 가정을 통하여 가능한 교육 방법을 창출하여야 한다. 가정공동체에서 신앙과 삶을 나눌 수 있는 방법을 몇 가지 제시한다.[7]

첫째, 성서 이야기를 부모와 자녀가 함께 나누는 것이다. 이야기란 나누어야 그 진가를 찾을 수 있다. 이야기를 나눔으로 자신이 누구인지와 공동체의 바탕을 규정할 수 있다.[8]

나눈다는 것은 과거의 이야기를 오늘의 이야기로 바꾸는 일이며, 죽은 이야기를 살리는 일이다. 이러한 면에서 오랜 세월에 걸쳐 여러 이야기가 담긴 성서를 나눈다는 것은 귀한 일이다. 본디 성서 이야기는 입에서 입으로 전해 내려왔다. 그러던 것이 인쇄술의 발명으로 책으로 변했을 뿐이다. 책은 혼자 읽고 생각에 잠기게 하지만 이야기는 혼자가 아니라 서로 토론하고 그 가운데서 자신의 생생한 경험을 나누게 한다. 혼자 책으로 '일제의 압박'에 대해 공부하는 어린이와 실제로 그 '압박'을 경험한 할아버지의 무릎에서 듣고 배우는 어린이의 차이는 무엇일까? 죽은 이야기와 살아 있는 이야기의 차이다. 살아 있는 이야기에는 삶의 경험과 그 시대의 공시성이 존재한다. 생생한 회상의 이야기는 가짜 지식, 죽은 이야기의 전수를 넘어 새로운 삶과 희망을 제시한다.[9] 성서 이야기가 회상되어 나누어질 때 오늘의 살아 있는 이야기로 바뀌게 된다.

그러므로 부모는 성서 이야기를 한낱 지나간 이야기로 들려주는 것이 아니라 자신의 이야기로 들려주는 방법을 배워야 한다. 뿐만 아니라 부모와 자녀는 성서 이야기를 통하여 그것이 오늘 우리에게 무엇을 의미하는지를 서로 나누며 경험하여야 한다. 이러한 기회를 마련하고 이끄는 힘은 부모의 열린 마음에서 나온다. 함께 듣고 이야기를 나눌 때 성서의 숨은 뜻을 감지하고 "우리 이렇게 살자."라는 약속을 할 수 있다.

둘째, 예배의식을 부모와 자녀가 함께 나누는 것이다. 일반적으로 예배는 교회의 행위이며, 특정한 인도자가 필요하고, 또 어린이들은 제외되어야 한다고 생각하는 경우가 많다. 그러나 실제로는 그렇지 않다. 이렇게 된 이유는 교회력에 따른 예전과 세례식, 성찬식에만 집중하였기 때문이다. 실로 예배의식이란 하나님의 이야기를 오늘 우리의 이야기로 바꾸어 나누며 기리는 일이다. 따라서 한 어린이가 세례를 받는다는 것은 개인의 문제가 아니라 신앙공동체의 일이며, 그 어린이와 함께 참된 신앙의 순례자의 길을 가는 약속이다.[10]

그렇다면 가정에서는 어떤 예배의식을 나눌 수 있는가? 자녀들의 생일을 예로 들어볼 수 있다. 가정마다 생일을 축하하는 방법이 다를 것이다. 하지만 분명한 것은 생일이 선물을 주고받는 날, 그 이상이라는 것이다. 가정에서 생일을 축하한다는 것은 가정공동체의 일이며, 삶의 의미를 확인하는 순간이다. 부모와 자녀가 축하를 나눔으로써 하나님 안에서 살아가는 경험을 나눈다고 할 때, 예배의식이 매우 중요하다. 이 외에도 가정에서 신앙과 삶을 나눌 수 있는 개인과 가족의 변화 의식으로는 결혼, 입학, 이사, 취직, 진급, 내 집 마련 등이 있다. 생의 위기와 축하를 두고 예배할 때 신앙은 삶의 스타일로 스며들게 된다.[11]

셋째, 사회봉사를 부모와 자녀가 함께 나누는 것이다. 가정이건 교회이건 신앙공동체는 자기 안에만 머무를 수 없다. 신앙공동체는 사회 문제 해결을 위해 계획된 행동에 참여하고 평가하는 일을 찾아야 한다. 가정은 사회 개혁을 위해 하나님께 부름 받았다는 생각을 가져야 한다. 가정은 세상과 동떨어진 안식처가 아니다. 세상을 위해 일하는 그리스도인 됨의 의미를 가르치고 참여하게 도와야 한다. 사회봉사에 참여하는 것은 하나님이 일하시는 분임을 고백하는 일이며, 성서의 이야기를 오늘 우리의 경험으로 연결하는 일이다.

더불어 부모는 하나님을 안다는 것이 곧 그분의 역사에 참여하는 일임을 알려주는 용기가 필요하다. 역사에 동참하기 위해 먼저 용기와 헌신의 태도를 부모에게 배워야 한다. 이 모든 것은 그렇게 살려고 하는 사람들 속에 참여하지 않으면 배울 수가 없다.[12] 오늘날 기독교 가정의 문제는 신앙과 삶에 괴리가 있는 부모의 태도다. 부모와 자녀가 함께 기도와 경건생활의 일환으로 사회봉사에 참여하며 나눈다면 신앙의 순례길을 함께 가고 있음을 생생하게 느낄 수 있을 것이다. 예를 들면 가정 예배를 드리며 성서 이야기를 나누던 중 불우이웃을 돕는 결연 사업에 동참하였다면 온 가족이 신앙과 삶의 나눔을 맛보게 될 것이다. 가정 단위로 사회적 행동에 참여하는 일은 가정을 신앙공동체로 만드는 귀한 프로그램이다.

물론 위에서 생각해 본 신앙교육의 방법은 교회교육에서 활발히 체계적으로 시행되는 것들이다. 그러나 가정에서 행할 때 신앙과 삶은 더욱 진하게 나누어지며, 가정교육의 자리를 신앙의 공동체로 만들게 된다. 여기에 부모의 역할과 태도는 가정교육과 교회교육의 자리의 공백을 메우기도 한다. 가정교육의 자리는 매우 중요하다. 그러나 이 자리를 위한 교회교육의 뒷받침과 연계성 또한 간과할 수 없다.

Ⅱ. 자녀에 대한 부모의 태도

자녀를 아끼고 사랑하는 부모의 마음은 모두 한결같다. 그러나 자녀를 아끼는 부모의 태도에는 차이가 있을 수 있다. 특히 가정교육에서 부모의 태도가 자녀교육에 미치는 영향은 매우 크다. 그것은 부모가 자녀를 양육하는 첫 교사이기도 하지만 부모의 생각과 생활 하나하나가 자녀에게 살아 있는 교재가 되기 때문이다. 이것을 사회화(socialization)라고 한다. 사회화에 대하여 심리학자들은 개인과 사회 환경 사이에 나타나는 성격이론, 자아 정체성의 문제를 다루고, 사회학자들은 제도와 특징적 그룹들의 역할 형성에, 인류학자들은 문화적 관습에 따른 전통, 습관, 행동 양식이 한 세대에서 다음 세대로 이어지는 데 초점을 둔다. 사회화의 과정에는 외면화(externalization), 객관화(objectification), 내면화(internalization)의 과정이 있다.[13]

일반적으로 교육을 공식교육과 비공식교육으로 나눌 수 있는데, 사회화는 공식교육과 비교하면 이해하기 쉽다. 공식교육이라면 교사와 학생, 주어진 교과과정, 일정한 장소가 제공되는 가운데 이루어지는 학습 경험을 말한다. 그러나 사회화는 비공식적 통로로 학습자가 경험되는 모든 것과의 만남을 통하여 그 곳에 참여함으로써 배우는 과정이다. 이를테면 부모의 가정생활, 신앙 자세, 문제 해결 방법 등을 보면서 스스로 배우게 되는 생활의 태도다. 이렇게 부모의 삶의 태도는 자녀들에게 역할 모형이 되므로 그들을 아끼는 부모의 교육 방법도 다르게 나타난다.

그렇다면 기독교 가정에서 신앙교육에 대한 부모들의 태도는 어떠한지 생각해 보자. 먼저 생각할 것은 자녀는 하나님이 맡겨 주신 존재라는 위임의 빛 아래서 양육하는 부모의 태도다. 이 문제를 이해하기 위해 구약성서 사무엘상에 등장하는 한나(Hannah)를 생각할 수 있다(삼상 1:9~28). 한나는 하나님께 기도하여 사무엘이라는 사내아이를 얻었다. 그때 그녀는 아들을 낳기만 하면 하나님께 바치겠다고 서원하였다. 그리고 그 서원대로 아이가 젖을 뗄 때까지만 집에서 키우고 그 후 곧바로 하나님의 성전으로 데려가 하나님께 그의 한평생을 맡겼다. 한나가 서원하여 받은 사무엘이나 우리가 받은 자녀들이나 모두 하나님이 주신 상급이다(시 127:3). 한나가 사무엘을 집에서 양육한 기간은 곧 우리 부모들의 가정교육 기간이며, 마침내 그를 하나님의 아이로 바친 것은 우리의 자녀들을 하나님의 선교를 위해 파송하는 것을 의미한다. 여기서 우리의 물음은 하나님의 선교를 위한 가정에서의 제자화 훈련 방법과 이 물음을 진지하게 받아들여 자녀를 양육하는 부모의 태도가 있느냐 없느냐 하는 것이다.

하나님이 자녀를 맡겨 주셨다는 위임의식은 자녀교육의 분명한 태도를 밝혀 주고, 나아가 교육목회의 목적이 부모의 태도에 적용되는 것이다. 왜냐하면 교육목회의 목적은 기독교적 민주시민 양성이기 때문이다. 이렇게 본다면 기독교적 삶의 스타일 형성으로서의 자녀교육은 단순히 내 아이의 장래를 위한 뒷바라지는 아닐 것이다. 급변하는 사회를 돌아볼 때, 참다운 제자화 훈련이 없는 공부 잘하는 착한 어린이 만들기는 아무런 변화를 가져오지 못한다. 무슨 일을 하든지 어떤 직에 종사하든지 그리스도인으로서 주어진 과제를 다루고, 그리스도인이기 때문에 고민하고 양심에 물음을 던지는 사람들이 많이 배출되어야 한다. 그러므로 부모들의 교육 태도가 변화되어야 한다. 자녀교육은 내 아이를 성공으로 이끄는 노력이 아니라 하나님께 위임받은 하나님의 선교와 제자화 훈련임을 알아야 한다.

그러면 이 위임의 빛에서 부모들의 태도를 생각하여 보자.[14] 첫째, 부모는 자녀 개개인을 인격체로 받아들여야 한다. 요즘은 자녀들을 마음대로 조절하고 선택하여 낳기 때문에 부모들의 목적에 따라 조형화하는 데 교육이 앞잡이 노릇을 한다. 자녀 꾸미기를 하는 것이다. 어떤 학부모가 TV 어린이 프로그램을 자주 시청한다고 자랑을 하였다. 어린이들의 삶의 경험에 참여하기 위해서일 거라고 짐작했다. 그런데 그건 너무나도 섣부른 판단이었다. TV를 봐야 거기 나오는 아이들의 옷차림을 보고 자기 아이도 유행에 맞게 옷을 입힐 수 있기 때문이라는 것이었다. 어린이를 철저히 조형화하려는 것이다. 이러한 생각은 순차적으로 어린이 학원 보내기 운동(태권도, 검도, 발레, 미술, 피아노, 주산, 웅변, 속독, 속기, 서예, 영어, 수학, 학원 등)으로 이어지고 결국 대학 문턱까지 밀고 가서 자녀들에게 갈등을 겪게 하고 심지어는 자살로까지 몰고 간다. 이러한 자녀교육은 이루지 못한 부모 자신의 뜻을 위해 자녀에게 희생을 강요하는 겉치레다. 때로는 부모와 자녀가 충돌할 때도 있다. 그러면 부모는 이해하기보다는 섭섭하게 생각하는 경우가 많다. 이는 자녀에 대한 기대가 너무 크기 때문이다. 기대가 지나치게 크면 자녀를 종속물로 생각하게 된다. 자신의 자녀를 타인의 자녀와 비교하여 평균화하지 말고, 그들은 모두 하나님께 인격을 부여받은 독립된 생명이라는 사실을 잊지 말아야 한다.

　둘째, 부모 자신에 대한 태도다. '나는 부모다'(being)가 아니라 '나는 부모가 되어 간다'(becoming)는 부모화(parenting)의 내면적인 자세가 필요하다. '부모의 부모화'는 자녀에게 참다운 부모의 모습을 보여 주는 태도를 의미한다. 그러나 이것을 잘못 이해하면 자녀를 지나치게 과잉보호하게 되거나 혹은 부모로서의 일을 과업 수행으로 생각하게 된다. 외국으로 이민을 가는 이유 중 큰 비중을 차지하는 것이 자녀교육이라고 한다. 자녀교육 때문에 이제까지 살아온 삶의 터를 등지는 부모의 정성과 자녀를 아끼는 마음은 보통 사람 이상이다. 외국에서 부모도 함께 문화 편견으로 고생을 한다. 그러나 이러한 태도는 지나친 과잉보호다. 또 한편 부모 자신의 외국에 대한 지나친 동경심 때문에 자녀를 교육으로 끌어들이는 것일 수도 있다.

　부모화는 애정과 돌봄을 넘어 자녀들에게 진지한 자신의 삶, 즉 세상에서 어떻게 사는 것이 기독교적 삶인지를 보여 주는 것이다. 그래서 더불어 생각하고, 웃고, 울며 사는 역할을 함께 나누는 태도다. 그러면 자녀들은 세상을 살다가 어떤 문제에 부딪칠 때 도피할지 도전할지, 태만할지 열심을 낼지를 배우며 그렇게 살아가려고 애쓸 것이다. 사실 부모가 된다는 것은 쉬운 일이 아니다. 그렇다고 어려워 좌절할 일도 아니다. 남들이 생각하는 대로 살아가면 될지도 모른다. 그러나 분명한 사실은 부모의 삶의 태도가 자녀교육의 태도이고, 부모가 어떠한 생각을 하고 어떠한 모양으로 자녀들에게 만남과 경험을 주었느냐에 따라 그들이 다르게 성장한다는 것이다. 그러므로 기독교 가정의 부모는 하나님의 위임의 빛 아래서 자녀들을 양육하는 일에 보다 힘을 기울여야 한다. 타인과 세속의 물결에 묻지 말고 부모 자신의 내면에 늘 물음을 던지며 자녀들을 돌보아야 한다. 자라나는 세대가 새롭게 개혁된 밝은 날을 이끌 수 있느냐는 오늘 그들에게 어떠한 교육적 경험이 주어지느냐에 달려 있다. 그러므로 오늘 가정에서 자녀교육을 행하는 부모의 태도에 변화가 있어야 한다.

Ⅲ. 부모의 지도력

부모의 지도력이 펼쳐지는 첫 번째 현장은 가정이다. 부모-가정-자녀의 관계는 지도력의 두 가지 면을 보여 준다. 먼저, 올바른 지도자는 가정에서도 지도자가 되어야 한다는 것이다. 가정에서의 지도력은 부모로서의 지도자다. 다른 하나는 자녀의 신앙은 가정에서 부모를 통해 어떠한 접촉을 경험하였느냐에 영향을 받는다. 특히 어린 시절 안정된 가정생활과 부모의 사랑은 한 사람이 지도자로 성장하는 데 큰 영향을 준다. 그래서 사도 바울은 "자녀를 노엽게 하지 말고, 주의 교양과 훈계로 양육하라(엡 6:4)."고 권면한다. 이 말씀에서 부모의 네 가지 지도력을 찾아볼 수 있다.[15]

1. 힘의 문제

부모가 주어진 힘을 어떻게 쓰느냐에 따라 지도력의 방향이 가름된다. 아무렇게나 힘을 사용한다든지 독재를 하면 그것을 보고 자란 자녀는 제2의 폭력인이 된다. 에릭슨(Erik H. Erikson)의 연구에 따르면 히틀러(Hitler)는 어려서부터 아버지에게 몹시 매를 맞았다고 한다. 그의 아버지의 힘은 가정을 부수고 식구들을 노엽게 하였다. 히틀러는 술 마시는 아버지를 보며 자신은 절대로 술을 입에 대지 않겠노라고 결심했다. 그는 술과 담배를 절제하는 신념의 사람이 되었다. 자기 자신을 무섭게 조절하였다. 그래서 장군이 되었다. 그에게 힘이 주어졌다. 그러나 힘을 바르게 사용하는 법은 배우지를 못했다. 아버지에게 보고 배운 것이라고는 폭력뿐이었다. 노여움으로부터 배운 힘은 그를 제2차 세계대전을 일으키는 폭력자가 되게 하였다.[16]

사람이 살아가다 보면 저마다에게 힘이 주어진다. 이 힘(power)을 잘 쓰면 에너지(energy)가 되지만 잘못 사용하면 폭력(violence)이 되고 만다. 힘을 어떻게 써야 하는지를 배우지 못한 사람은 갑자기 힘이 주어지면 그것을 어떻게 사용할지 몰라 결국 그 힘으로 많은 사람을 다치게 하는 폭력자가 된다. 요즘 청소년 폭력이 큰 사회 문제가 되었다. 외부의 요란한 자극도 큰 이유이지만 힘쓰는 법을 제대로 배우지 못한 탓이며, 부모의 힘이 그들을 노엽게 만든 결과다. 그러므로 어떠한 힘이 주어졌느냐가 문제가 아니라 주어진 힘을 올바르게 나누는 경험과 연습이 필요하다. 부모와 함께 힘을 나눌 때 협동과 양보를 배우게 된다. 혼자만 갖고 있는 힘은 자기만의 기쁨과 성취이지만 서로 나누면 평화와 기적이 일어난다. 오병이어의 기적(마 14:13~21)이 바로 그것이다. 이렇게 부모와 함께 주어진 힘을 나누는 공감대를 연습하는 곳이 가정이다. 앞으로의 지도력은 부모가 자녀를 노엽게 하지 않는 데에서 출발한다.

2. 사랑의 양육

주의 교양의 으뜸은 사랑이다. 사랑으로 양육하는 지도력이다. 그런데 사랑의 정도가 문제다. 사랑이 너무 지나친 것도, 너무 모자란 것도 문제를 야기한다. 즉 과잉보호와 무관심이다. 과잉보호는 자녀들의 심성을 썩게 하고, 무관심은 그들을 패역하게 만든다. 오래 전 일이지만 여전히 큰 충격으로 우리 사회에 회자되는 두 사건이 있다(1992년). 하나는 박한상이라는 청년이 자기 아버지를 살해한 사건이다. 유학을 보내고 최선을 다해 뒷바라지해 주었지만 그는 돈이 모자란다는 이유로 아버지를 죽였다. 또 다른 사건은 일명 '지존파'라는 젊은 갱들에 관한 것이다. 그들은 사람들을 잔인하게 살해하고 불태우는 등 반인륜적인 행위를 서슴없이 저질렀다. 잘살고 떵떵거리는 사람들이 미웠기 때문이란다. 그들은 동시대를 산 같은 또래다. 그러나 그들이 받은 사랑은 완전히 달랐다. 박한상은 과잉보호의 결과요, 지존파는 무관심의 결과다. 이것은 참된 사랑이 아니다. 사랑은 적당하여야 한다.

요즘 아이들이 심약(心弱)하다는 소리를 자주 듣는다. 정신적인 면에서 의지력, 인내력, 적응력의 결핍을 말한다. 난관에 부딪혔을 때 그것을 헤쳐 나가는 힘이 부족하다는 뜻이다. 과잉보호 때문이다. 누가복음 15장에 등장하는 아버지의 모습을 보라. 그는 둘째아들이 재산을 모두 탕진하고 돌아올 때까지 지켜봐 주는 사랑을 베푼다. 사람을 시켜서 아들이 직면한 어려운 문제를 풀어 주고, 그때그때 경제적인 도움을 줄 수도 있었다. 그러나 아들 스스로 일어나 집으로 돌아올 때까지 지켜보다가 마침내 그를 끌어안는 사랑의 모습을 보여 준다. 화초는 물이 필요하다. 그러나 물을 얼마나 주느냐에 따라 화초를 썩게할 수도, 말라 잎이 떨어지게 할 수도 있다. 자녀를 사랑하여야 한다. '주의 교양과 훈계'

로 가르치는 것은 사랑을 어떻게 쓰느냐의 문제다. 과잉보호를 할 것이냐 결핍된 상태를 만들 것이냐, 아니면 적당한 물을 줄 것이냐의 문제를 말한다.

3. 대화의 방법

주의 교양과 훈계의 방법은 대화다. 대화는 무조건 잘되라고 야단치는 것도, 말을 잘해서 상대방을 설득시키는 힘도 아니다. 또한 이익을 함께 나누자고 협상하는 타협도 아니다. 대화는 서로의 차이성(difference)을 인정하는 통로다.[17] 서로의 차이를 인정할 때 신뢰의 관계가 이루어진다. 부모가 자녀에게 올바른 지도자가 되려면 무엇을 해 주려고 할 것이 아니라 부모 됨을 보여 주면 된다. 그 곳에서 신뢰가 이루어진다. 부모 됨을 보여 주는 길이 대화다.

올바른 대화는 바른 질문과 대답이 오고가는 것이다. 일방적인 부모의 명령, 강요된 대답, 자녀의 억지 떼씀을 뛰어넘는 것이다. 만약 속으로 '아니오' 하고 겉으로 '예' 한다면 이는 허위를 사는 것이다. 지금은 단순하게 넘어갈 일인지 모르지만 후에 불의를 보고도 '아니오'를 하지 못하면 부패의 동의자가 되는 것이다. 1990년대에 문민정부가 들어서면서부터 우리나라를 '무너지는 왕국'이라고 표현하였다. 왜 무너지는가? 모든 것이 거짓이기 때문이다. 겉은 멀쩡하고 지금은 괜찮지만, 속은 비었고 내일은 무너질 게 틀림이 없다. 올바른 대화가 없는 '책임 없는 예스'(yes)의 소산이다. 남에게 정직하려고 하기 전에 먼저 자기 자신에게 정직할 때 남에게 '아니오'를 외칠 수 있다. 가정에서의 대화는 장래의 예언자를 양육하는 지도력이 된다.

그러므로 부모는 자녀들의 물음에 솔직하게 대답하고, 그들의 이야기를 경청하고 용납하는 마음의 공간을 마련해야 한다. 흔히 부모들은 자녀들이 들어 주기 곤란한 요청을 할 때, 쉽게 나중에 생각해 보자고 말한다. 그러나 자녀들은 그 말을 듣고서 부모님이 거절한 것이라고 생각하기보다는 대화를 회피했다고 느끼게 될 것이다. 부모에게 '생각해 보자'라는 말은 자연스러운 거절이다. 그러나 거절로서 끝나는 것이 아니라 대화를 회피했기에 자녀들 앞에서 신뢰성을 상실한 것이다. 정직하지 못한 '책임 없는 예스'가 자녀들과의 사이에 담을 만든 것이다. 내일의 자녀들을 위해 올바른 대화는 지도력 그 자체가 된다.

4. 양육의 울타리

주의 교양과 훈계로 양육하기 위해서는 양육의 울타리가 필요하다. 가정에서 양육의 울타리는 부모의 자리다. 부모의 자리에 공백이 생길 때 지도력이 상실된다. 특히 아버지 자리의 공백은 그 영향이 심각하다. 가정에서 아버지 자리의 공백, 즉 아버지의 역할 기대에 엇갈리는 역할 갈등은 청소년 폭력을 만든다. 외부의 자극과 그들이 생각하는 자리에 공백이 생기기에 폭력이 난무한다. 그 공백이 아버지의 자리다.

아버지의 자리는 남성모델을 의미한다. 남성모델은 선과 악을 가리는 질서와 어려움을 헤쳐 나가는 모습을 보여 준다. 그러나 요즘 그러한 모습이 보이지 않는다. 오늘날 어린이가 보는 아버지의 이미지는 나약함과 무력함이다. 그들이 생각하는 아버지는 일만 하고, 밤늦게 돌아오며, 언제나 바쁘고, 술에 절어 있는 사람, 엄마의 핀잔에 주눅 들어 있고, 휴일엔 낮잠만 자는 사람이다. YMCA의 청소년들이 본 아버지는 한 마디로 '불쌍한 아버지'로 나타났다. 언제 그러한 모습이 보이느냐는 물음에, 첫째로 아버지가 술 마시고 들어와 우실 때라고 답하였다. 명예퇴직과 조기은퇴, 나이 어린 상사에게 듣는 질책 등으로 술을 마시지 않고는 견디지 못한다고 한다. 두 번째는 자기들에게 돈을 꿔달라고 하실 때란다. '오, 불쌍한 우리 아빠, 얼마나 돈이 없었으면…' 세 번째는 자기들 앞에서 엄마에게 핀잔을 들으실 때라고 하였다. 남편으로서, 아버지로서 한 것이 무엇이 있느냐는 추궁에 슬금슬금 눈치를 보며 피하는 아버지를 볼 때, 그들에게 아버지는 불쌍한 존재로 인식되는 것이다.

가정의 지도력의 자리는 어머니의 자리도 마찬가지다. 부성과 달리 모성은 모든 것을 평등하게 포용하고 감싸 주는 모습이다. 지치고 힘들 때 푸근하게 안길 수 있는 곳이 어머니의 품이다. 그런데 요즘 어머니들의 자식 감싸는 마음의 폭이 넓은 치마가 아니라는 것이 문제다. 어머니 자리의 엇바뀜이다. 가정에서의 자리는 남성과 여성 모델의 조화이지 우열 가림이 아니다. 어느 하나만 잘된다고 지도력이 잘 나타나는 것은 아니다.

이렇게 양육의 울타리는 아버지와 어머니의 자리를 의미한다. 부모는 자녀들이 훌륭한 지도자로 성장하기를 바란다. 지도자가 되어 가는 첫 번째 과정이 가정에서의 지도력이며, 그것은 곧 부모의 지도력이다. 유능한 지도자는 가정에서도 부모의 자리를 지키는 지도자다.

Ⅳ. 미래의 가정교육을 위해

신앙이 의도적으로 가르쳐질 수 있을까? 이 물음은 기독교 교육학자들에 의해 학문적으로 다양하게 접근되었다. 신앙은 전수되고 전달된다.[18] 그러므로 신앙은 의도적인 교수학습보다는 사회화의 양육 과정이 필요하다. 사회화의 과정, 양육, 그리고 역할 모형이 가능한 현장이 바로 신앙공동체다. 이 신앙공동체의 비공식적인 장이 가정이다. 그런데 오늘의 기독교교육은 공식적이며 학교 교수형 신앙교육에 의존함으로써 신앙은 물론 신앙교육의 방법들이 살아 있지 못하다. 이렇게 볼 때, 신앙이 양육되고 살아 있는 전달 과정을 위해 가정공동체를 회복하는 것은 매우 시급한 일이다. 이와 함께 교회교육은 신앙양육의 방법을 찾고, 가정공동체 교육과 연계하는 노력을 해나가야 한다. 신앙양육을 위한 가정공동체는 신앙의 자리다. 이 자리에 함께하는 부모는 양육자로서, 교사로서, 신앙의 전수자로서 그 역할을 감당한다. 그러므로 가정공동체에서 부모의 지도력은 신앙양육의 기초가 된다.

이제까지 신앙양육을 위한 가정공동체의 중요성과 부모의 지도력 강화, 그리고 그 방법에 대하여 논하였다. 결론으로 몇 가지 제안을 한다. 첫째, 가정을 신앙공동체로 회복하는 일이다. 둘째, 교회교육은 가정공동체와의 연계성을 형성하고, 세대 상호간 경험교육의 가능성을 확대해야 한다. 셋째, 교회교육은 부모들을 파트너 교사로 받아들여 함께하며, 그들을 위한 신앙교육으로 뒷받침하여야 한다. 넷째, 부모의 지도력을 위해, 특히 아버지의 자리를 회복하기 위해 아버지 교실을 운영한다. 다섯째, 자녀들과의 신앙과 삶의 의사소통을 위하여 나눔의 방법을 활용한다.

일반적으로 교육은 교사 – 학생 – 교재로 이루어진다. 가정공동체에서는 부모(교사) – 자녀(학생) – 가정공동체(교재)다. 가정공동체에서 교육 방법은 양육이다. 부모가 양육의 울타리를 형성하여 주는 것이 양육자로 지도력을 키운다. 자녀들은 가정이라는 신앙공동체에서 신뢰, 사랑, 그리고 대화를 원한다. 이제는 기독교교육이 신앙 전달의 책무와 부모의 역할과 기능의 지도력을 키워야 한다. 자녀들과 미래 세대를 위해 부모의 지도력은 계속 지도되고 개발되어야 한다.

주

---

1) 은준관, 「기독교교육 현장론」(서울: 대한기독교서회, 1988), 16.

2) Philip H. Phenix, "Education for Faith," in *A Colloquy on Christian Education,* ed. John H. Westerhoff III (Philadelphia: A Pilgrim Press Book, 1972), 43.

3) Wayne R. Rood, *On Nurturing* (Nashville: Abingdon Press, 1972), 95 이하. 루드는 신앙양육을 위해 교수-학습이 체계화된 학교교육보다 가정공동체를 강조한다. 그는 양육의 근원, 장소, 위치, 양육의 형태를 나누어 공동체를 통한 양육을 명시한다.

4) Horace Bushnell, *Christian Nurture* (New Haven: Yale University Press, 1967), 70, 81.

5) 은준관, 「교회 · 선교 · 교육」(서울: 전망사, 1982), 162.

6) John H. Westerhoff III, "A Model of Socialization," in *A Colloquy on Christian Education,* 101-102.

7) *Ibid.,* 31-52.

8) Dan P. McAdams, *The Stories We Live By: Personal Myth and Making the Self* (New York: William Morrow and Company, Inc., 1993), 11.

9) Henry A. Giroux, *Living Dangerously: Multiculturalism and Politics of Difference* (New York: Peter Lang, 1993), 28-29.

10) Gwen Kenndy Neville and John H. Westerhoff III, *Learning through Liturgy* (New York: The Seabury Press, 1978), 95; 임영택, 나형석, 「예배와 교육」(서울: 종로서적 성서출판, 2000), 17.

11) John H. Westerhoff III, *Will Our Children Have Faith?* (New York: The Seabury Press, 1976), 59.

12) Westerhoff III, "A Model of Socialization," 102.

13) Bernard L. Marthaler, "Socialization as a Model for Catechetics," in *Foundation of Religious Education,* Padraic O' Hare, ed. (New York: Paulist Press, 1978), 66; Peter L. Berger and Thomas Luckmann, *The Social Construction of Reality* (New York: Anchor Books, 1967), 78 이하.

14) 임영택, 「교육목회 지침서」(서울: 기독교대한감리회 교육국, 2001), 264-265.

15) 임영택, 「당신의 지도력을 개발하라」(서울: 도서출판 대림디자인, 1997), 164-170.

16) 참조. Erik H. Erikson, *Childhood and Society* (New York: Norton, 1950); Erik H. Erikson, ed., *The Challenge of Youth* (New York: Doubleday & Company, 1965).

17) Stanley Aronowitz & Henry H. Giroux, *Education Still Under Siege,* 2nd ed. (Westport: Bergin & Garvey, 1993), 12, 71, 74.

18) Sara Little, *To Set One's Heart: Belief and Teaching in the Church* (Atlanta: John Knox Press, 1983), 2; C. Ellis Nelson, *Where Faith Begins* (Atlanta: John Knox Press, 1971), 10.

신앙공동체와 간 세대 교육

7

간 세대 경험교육(inter-generational experience education)은 1970년대에 미국에서 시작되었다. 가족 분열, 연령층 조직의 확대와 그에 따른 활동의 분리로 종교 교육은 사람들이 연령, 태도, 욕구, 신앙의 다양한 모습들을 서로 경험할 수 있게 돕는 일이 필요하게 되었다. 간 세대 경험 모델을 제시하는 신앙공동체 교육자들(C. E. Nelson, John H. Westerhoff Ⅲ, Charles Foster)은 하나님 앞에서 모든 사람이 동등하기 때문에 연령으로 그 신분을 구분하지 말아야 한다고 주장한다. 어린이와 성인과 노인은 상호간에 배울 수 있는 주체자(learning subjects)이기에 동등한 지위와 책임으로 공동경험에 참여할 수 있다. 그러나 오늘날의 신앙교육은 지나치게 각 부서로 단일화 혹은 집단화시키기에 신앙경험을 서로 교류하지 못한다. 신앙교육이 학교 형태(schooling-instructional paradigm)에 빠져 특수성과 경쟁력을 앞세우고, 심지어는 집단 이기주의를 경험하게 한다.

간 세대 경험교육은 신앙을 나누고 보편화시키는 과정으로 몇 가지를 오늘의 교육목회에 제시한다. 첫째, 가정과 교회의 연계성과 함께 세대간의 의사소통을 향상시키는 일이다. 둘째, 어린이와 청소년을 교회학교에만 머무르게 하지 않고 회중생활(congregational life)로 인도하는 일이다. 셋째, 교회 활동에 개인이 아닌 가족 단위로 참여(participation as family units)하는 것을 가능하게 하는 일이다. 넷째, 연령과 차이를 넘어 신앙공동체의 경험(experience in the faith community)을 함께 나눌 수 있게 하는 일이다. 간 세대 경험교육의 이해를 위해 신앙공동체 이론과 함께 언급한다.

I. 신앙-경험-신앙공동체

1. 신앙과 신앙공동체

간 세대 경험교육은 '신앙 – 경험 – 신앙공동체' 라는 관계에서 설명할 수 있다. 이 관계에 대하여 신앙공동체 교육학자인 웨스터호프는 "우리의 신앙은 삶의 스타일로 표현된다. 우리는 삶의 스타일을 습득하고 그것을 이해하는 경험을 필요로 한다. 기독교 신앙은 신앙으로 살려고 노력하는 신앙공동체 안에서 양육되고 발전된다."라고 말한다.[1] 이 말은 경험이 신앙의 기초가 되며, 그 신앙은 경험을 가져다주는 신앙공동체 안에서 이루어진다는 사실을 내포한다. 이와 같은 주장은 엘리스 넬슨에게서도 찾아볼 수 있다. 신앙은 신앙공동체에 의해 전달되며, 그 신앙의 의미는 공동체 회중 간에 일어나는 상호작용에 의해, 또 생활 속에서 여러 가지 사건과 관련하여 밝혀지며 발전된다.[2]

이와 같이 신앙과 삶의 스타일을 형성하는 경험이 신앙공동체에서 가능하다면 오늘의 교회는 공동체라는 정체성을 등한시하여서는 안 될 것이다. 만일 한 개인이 신앙공동체의 삶에 참여하는 동안 기독교 삶의 특징인 사랑과 정의를 경험하지 못하고, 또 그 경험 안에서 개인적인 의미를 찾는 기회를 갖지 못한다면 그는 기독교교육의 중요한 부분을 잃어버린 것이 된다. 그러므로 신앙공동체는 신앙의 빛에서 그들의 경험을 재평가하는 사람들과 그룹들의 경험을 제공하고 전달하여야 한다. 더 나아가 교회교육은 신앙과 삶이 증거되는 공동체를 경험하게 하는 기회를 제공하여야 한다.

2. 신앙과 경험

경험은 신앙의 기초다. 사람은 경험을 통하여 최초로 신앙을 배운다. 어린이들은 처음에 신학적인 명제를 배우는 것이 아니라 감정적 경험으로 배운다. 그들은 타인을 통하여 탐구하며, 시도하고, 상상하며, 창조하고, 관찰하며, 모방하고, 경험하며, 반응한다.[3] 웨스트호프가 이야기한 네 단계의 신앙 스타일에서도 처음 신앙은 경험된 신앙(experienced faith)이다. 경험된 신앙 없이 그 다음 신앙이 전개되지 않기에 경험되는 신앙은 사람의 일생에서 기초가 되는 부분이다. 어머니의 따뜻한 품에서 애정 어린 손길을 느낄 때 어린이에게 신뢰감이 형성된다는 사실은 이미 발달심리학자 에릭슨(E. Erikson)의 이론에서 찾아볼 수 있다. 이와 함께 신앙의 발달을 여섯 단계로 나누어 설명한 파울러(James W. Fowler)도 니이버(Richard Niebuhr)의 전통적인 신앙 양식인 가족관계를 들어 신앙과 경험의 관계를 이야기한다. 신앙과 경험은 출생하면서부터 가족이라는 공동체에서 시작되고, 돌보아 주는 사람과의 관계에서 생기는 경험에서 의존성과 신뢰감이 형성된다.[4]

대부분의 사람들은 자신들의 기억, 삶의 동기, 그리고 통찰이 경험에서 왔다고 말한다. 사람은 처음에 '경험'(Experience)을 통해 배우고, 그 후 그 경험은 '이미지화'(Image)하고, 끝으로 '개념화'(Conceptualize)한다. 이것은 듀이(John Dewey)의 문제 해결을 위한 '사고과정'으로 신앙에도 적용된다.[5] 신앙공동체에서 생활의 경험을 시작하고, 다음으로 선한 사마리아 사람의 비유를 배우며, 끝으로 경험의 반성을 통하여 사랑, 평등, 정의라는 용어로 하나님의 공동체를 상징적으로 개념화한다. 여기서 가장 중요한 것은 모든 것이 경험에서 시작한다는 것이다. 살아 있는 신앙은 경험을 요구한다. 그러므로 종교적 경험을 회복하는 것은 신앙공동체의 과제다.

3. 경험과 신앙공동체

그러면 경험이 신앙공동체 안에서 왜 중요시되는가? 그것은 신앙공동체에서 상호작용을 통하여 경험을 얻기 때문이다. 만일 공동체에 상호작용이 일어나지 않으면 신앙의 의미는 밝혀지지도, 전개되지도 않는다. 어느 누구도 다른 사람의 신앙을 결정할 수 없다. 또한 다른 사람에게 줄 수도 없다. 그러나 신앙을 가지고 생활하고, 자신의 신앙과 생활을 다른 사람과 나눌 수는 있다. 상호작용의 경험을 통해 삶의 스타일을 함께 이해하고 나눔으로써 공동체 안에서 신앙을 유지하고 전달하며 발전시킨다.

상호작용은 주입식이 아닌 역할 모형을 통하여 배우는 사회화 과정의 중심 요소다. 또 듀이가 교육에서 경험을 중요시하면서 내세운 상호작용(interaction)의 원리는 신앙공동체와 그에 속한 회중의 상호작용의 경험에 의해 신앙이 발전한다는 것을 뒷받침해 준다.[6] 그러므로 신앙공동체의 삶은 오랫동안 감정의 차원을 불신하여 왔던 삶의 의미의 심오성을 되살리고, 삶의 일상적인 경험과 신앙의 경험적인 내용과 형태를 숙고하여야 한다. 중요한 것은 그것과 함께 지성적인 차원을 소홀히 하여서는 안 된다는 것이다. 인간은 느끼고 행동하고 사고하는 행위의 주체이기 때문이다.[7] 상호작용은 주체와 객체 사이에 맺어지는 통일된 행동의 상호작용이다. 상호작용이 내포한 경험 철학의 의의를 분석하면 다음과 같다. ① 유기체와 환경의 상호작용으로 성장한다. ② 상호작용은 변화를 유발한다. ③ 상호작용은 발전을 기대한다.

따라서 간 세대 교육 방법으로서의 '경험'은 신앙공동체에서 사람들이 상호작용하는 경험의 특성과 본질에 관심할 필요가 있다. 또 신앙공동체를 교회교육의 장으로 사용하여 복음의 빛 아래서 공동체의 활동과 상호관계 및 상호작용을 평가하며 신앙과 삶의 스타일을 경험할 수 있는 좋은 기회를 마련하여야 한다. 그렇게 함으로써 신앙공동체에서의 경험은 교육목회의 중요한 부분이 된다.

II. 가족과 간 세대 경험

이제 우리의 관심은 신앙으로 사는 사람들이 함께 나누며 상호작용하는 신앙공동체의 환경을 준비하는 일이다. 여기서는 전통적인 교회학교가 아닌 타인과 함께 신앙과 삶을 나누는 간 세대 경험을 위하여 부모의 역할과 가정공동체와의 관계성에 관해 알아보자.

가정의 가장 근본적인 교육적 역할은 간 세대 경험을 나눌 수 있는 장이라는 점이다. 가족과 함께 경험하는 관계는 어린이의 신앙과 성장에 큰 영향을 준다. 세대간에 형성된 사랑의 분위기는 경험하는 이를 인격적, 사회적, 영적으로 성장하게 하는 가족세대 (familihood)의 본질이다. 가정에서의 간 세대 경험은 가치관, 세계관, 자아상을 형성하게 한다. 그러므로 상호 접촉하며, 나누며, 보이는 가족 구성원은 신앙과 삶의 스타일의 역할 모형(role model)이 된다.

엘리스 넬슨은 간 세대 경험에서 부모의 역할을 강조한다. 이것은 사회화 과정의 중요한 요소 중 하나이기 때문이다. 그는 과거 가정교육의 두 가지 잘못된 경험을 지적하는데, 그 하나는 교회가 가정교육을 너무 강조한 나머지 가정에서 가르칠 일을 교회가 행하는 것이며, 다른 하나는 가정을 소홀히 하여 부모들이 자녀교육을 교회학교에 일임하는 경향이다. 가정교육을 이상화하거나 무시하는 위의 두 가지 경향을 두고 볼 때, 부모의 역할이 양육과정에서 소홀히 되고 있음을 확인할 수 있다.[8] 교회도, 부모 자신도 분명히 새겨 두어야 할 점은 자녀를 그리스도인으로 성장시키고 양육하는 것은 부모의 역할이라는 것이다. 부모에게는 자녀들의 가치관, 세계관, 자아상을 형성하는 모든 것이 있기 때문이다. 그러므로 교회는 부모의 올바른 역할 수행을 위하여 성인교육을 제공하여야 하며, 부모는 자신의 역할을 위하여 훈련을 받고 가정에서 부모로서, 교사로서의 역할을 다하여야 한다. 왜냐하면 가정은 간 세대 경험을 제공하는 사회화 과정으로서의 특성 있는 교육의 터가 되어야 하기 때문이다.

이에 대하여 웨스터호프는 부모와 자녀의 간 세대 경험을 위하여 다음과 같이 부모의 역할을 제시한다.

> "부모는 먼저 '어린이처럼'(childlike) 다시 태어나야 하며, 하나님에 대한 새로운 경험에 자신을 열 용기가 있어야 한다. 부모는 자녀와 더불어 신앙의 삶을 나누며, 자녀와 함께 신앙의 순례의 길에 선 인간이다. 자녀도 부모와 같이 신앙의 순례의 길에 그들과 동행하여 줄 사람이 필요하다. 그리고 부모와 자녀는 함께 어떻게 그리스도

인이 되어야 하는지를 물어야 한다."⁹⁾

이렇게 기독교 가정 부모들의 역할은 자녀들과 함께 참다운 그리스도인이 되려는 노력을 하는 것이며, 또한 모든 그리스도인은 다른 사람들과 함께 그리스도인이 되려는 노력을 하여야 한다. 이것은 자신의 가정을 통하여 또 다른 가정과 상호 세대적 경험을 나누는 일에 용기를 내야 함을 의미한다. 부모를 비롯한 가족 모두가 이 문제에 대하여 진지하게 대처하고 대응하여야 할 것이다.

Ⅲ. 가족집단 교육

간 세대 경험의 한 모델로 가족집단(family clusters) 운동을 들 수 있다. 이 운동은 마가렛 서원(Margaret Sawin)에 의해 실험 시도된 것인데, 상호 세대적 경험을 나누기 위한 교육으로 많은 교회들이 폭넓게 시행하고 있다.¹⁰⁾ 네다섯 가정이 일정한 기간 동안 정기적으로 교회에 모여 경험하는 프로그램으로, 25~30명이 참여하게 되며 10~12주 동안 매주 1회씩 모인다. 참가자들이 개방적인 경험에 참여하는 것으로 같이 먹고, 게임이나 촌극 등을 하며, 토의를 통해 서로 질문하고 대답한다. 프로그램은 그들의 삶의 물음, 관심사, 문제들에 관련된 학습 경험을 나누기 위하여 마련된다. 예를 들어 족보, 가난, 가치관, 신앙 등의 주제들이 주어지는데, 방법론적인 면에서 어떠한 강요도 없으며, 매주일 게임이나 읽을거리 등의 학습 보조 자료들이 정성스럽게 선택된다. 즉 내용이 없는 것은 아니지만 커뮤니케이션의 문제는 자유롭게 선택하게 된다.

'가족집단'은 현대 가정이 직면한 문제들 속에서 교회가 가족들을 위해 우선적으로 무언가 해 주어야 한다는 생각에서 출발하였다. 교회는 모든 세대가 모여 간 세대 경험을 나눌 수 있는 공동체다. 따라서 '학교화-지식 전달형 교육'(연령층에 따라 나뉜 교회학교의 획일적인 교육) 그 이상의 것을 경험할 수 있다. 가정-교육-교회, 이 세 가지는 서로 해야 할 일이 많다. 그리고 이들은 간 세대의 상호작용에 의해 서로 연결된다. 서로 배운다는 것은 가정교육과 기독교교육 모두를 위해 매우 가치 있는 목표다. 간 세대 경험의 참여는 타인의 존재를 인식하며 불성실을 배제한 신앙공동체의 겸손한 모습이다. 서원의 "두 시간 동안의 만남에서 236가지의 첫 단계 상호작용의 가능성이 있다."는 말은 가족집단이 지닌 간 세대 경험의 가능성을 암시한다.[11]

　가족집단과 그 프로그램의 표준은 없다. 조직 면이나, 존속 기간, 그룹이 다루는 문제에 따라 각기 다른 가족집단을 구성할 수 있다. 프로그램은 다양하다. 만약 깊게 다룰 문제가 노출되면 두 주에 걸쳐 게임, 토의, 질문 등으로 심화할 수도 있다. 프로그램의 중요한 요소들은 가족들의 경험이 노출되고 배울 수 있다면 동일화된 희망에 따라 구성되고, 사람들의 기대가 개입된다. 배움은 경험과 사건이 행해지는 곳에 일어나며, 그 배움은 경험을 나누고 반성함으로 소유된다. 의도된 프로그램은 성장과 풍요를 위하여 가족들에게 역동적으로 영향을 준다. 즉 그것은 개인과 가족들에게 상호관계를 시험하고, 커뮤니케이션의 과정, 가치, 결단 과정, 갈등－해결 과정을 제공한다. 또 새로운 친구를 사귀고, 느낌을 인식하며, 가족들의 저력을 발견하고, 배움을 나누는 시간을 마련하여 준다.[12] 예를 들어 신뢰도와 나누는 삶의 공동체 형성에 초점을 두면 가족들은 '의사소통의 체제'와 가족들과 함께 사는 '법'(rules)들을 배우게 되며, 삶의 스타일 개발을 의도하면 식사하는 습관과 에너지 사용 습관을 바꾸는 노력을 보게 될 것이다. 가족들의 간 세대 경험은 서로의 역할 모형에 대한 배움이며, 신앙과 삶의 스타일을 위해 간 세대 경험이 주어지는 신앙공동체에서의 배움이다.

　이상에서 본 바와 같이 신앙공동체는 공동체 안에서 나누어지는 간 세대 경험의 특성과 본질에 관심하고 연구하며 그 터를 제공하여야 한다. 앞으로 간 세대 경험교육을 위해 개방교실(open classroom), 학습센터(learning center), 상호 활동 그룹(inter play group), 어머니/아버지 교실(mother and father class) 등을 연구, 실시하여야 한다고 본다.

Ⅳ. 아버지 교실 교육

간 세대 가족 경험에서 아버지의 역할은 중요한 위치를 차지한다. 가족과 다른 가족 간의 상호 모델에서도 마찬가지다. 의미심장한 간 세대 경험교육을 위해서는 먼저 아버지의 역할이 회복되어야 한다. 요즘 아버지 교실을 통하여 가족공동체의 영적 회복을 시도하는 교회들이 늘고 있다. 아버지의 신앙이 회복되어야 가족들 간의 신앙이 회복된다는 것이다. 미국 사회기관이 시행하는 아버지 교실은 부모 지도력의 한 방법으로 제시될 수 있다. 여기서는 간 세대의 신앙과 경험교육을 염두에 두고 그 방법을 찾아본다.[13]

1. 아버지 교실 가이드

아버지 교실 운영을 위한 첫 번째 조건은 지속적인 모임이다. 아버지 교실은 단기간의 세미나가 아니다. 아버지의 올바른 역할을 찾고, 그것을 통하여 신앙의 뿌리를 만들어 가는 데 의미가 있다. 그러므로 아버지 교실을 지속적인 모임으로 이끄는 것이 중요하다. 아버지 교실을 지속적인 모임이 되게 하려면 첫째, 청장년 선교회와 남 선교회 사업으로 운영해야 한다. 또한 아버지 교실을 전담해서 보조할 수 있는 간사(staff)를 세우는 것이 좋다. 간사는 아버지 교실 회원 중에서 젊은층의 사람이 하는 것이 좋다.

둘째, 실제적인 문제들을 다루어야 한다. 현대 가정의 일반적인 문제점들을 주제로 토론하거나 아버지의 역할을 찾기 위한 방안을 논의, 실습해 보는 등 실제적인 문제들을 놓고 고민하는 모임이 되어야 한다. 또 지속적인 모임이 되려면 아버지와 부모의 역할을 분명하게 제시해야 한다. 이것은 교회에서의 성인들의 역할을 제시하는 것과도 통하는 것이다. 가정교육에서의 아버지의 역할을 중요시하는 부쉬넬(Horace Bushnell)의 말을 빌리면 부모는 양육자다. 교육자도 양육자다. 부모는 바로 자녀의 양육자이며, 또한 사회문화의 전수자다.[14] 신앙의 양육자, 전수자로서의 부모 혹은 교회에서의 성인의 역할을 올바로 제시하고, 이를 위한 실제 방법들을 훈련시킬 때 지속적인 프로그램이 될 수 있다.

셋째, 가정교회학교 운동의 활성화다. 아버지 교실을 통하여 훈련받은 성인들과 교회학교 학생들이 자매결연을 하여 아버지 교실이 실제적으로 교회학교 교육과 연결될 수 있게 한다. 자매결연을 한 교회학교가 다른 속회와 연결되면 아버지 교실 회원 중에서 그 교회학교와 연결된 사람은 그 반의 대부모(god parents)가 된다. 이렇게 되면 가정교회학교 운동이 대부모를 중심으로 활성화할 수 있고, 아버지 교실은 교회학교와 연결된 큰 공동체가 되는 것이다.[15]

넷째, 가정에서 리더십을 찾을 수 있게 자료를 제공한다. 아버지의 역할이 상실되었다는 것은 가정에서 리더십을 상실했다는 것이다. 그러므로 아버지들에게 가정에서의 리더십을 찾는 방법을 제시한다.[16] 성서적인 가정의 리더십을 찾고, 그것을 실제로 적용하기 위한 자료를 제공하는 것이 중요하다. 세미나처럼 제시만 하는 것이 아니라 배운 것을 연습하는 시간을 마련해서 실제에서도 문제없이 사용할 수 있게 한다.

다섯째, 영성을 회복하는 장이 되어야 한다. 아버지 교실이 단순히 지식을 배우고 연습하는 곳이 아니라 영성을 회복하는 장이 되어야 한다. 모여서 서로 준비해 온 것을 발표하고 그에 대해 토론하는 것으로 끝내는 것이 아니라 함께 기도하고 함께 인생을 나누는 시간을 마련하는 것이다. 특히 함께 찬양함으로 영성을 회복할 수 있다. 아버지들이 함께 찬양집회를 이끌면 자신들의 신앙을 고백하고 신앙도 회복할 수 있다. 필자는 청장년 선교회 회원들이 찬양하며 자신들의 신앙을 돌아볼 때, 부부간의 문제, 자녀와 가족 사이의 문제가 고백되고 회복된 경험을 한 바 있다.

여섯째, 가정 회복을 위해 공동으로 고민하는 장을 만든다. 각 가정이 당면한 문제는 다양하다. 그 문제들을 혼자 안고 풀려고 하는 것은 많은 오류를 낳을 뿐만 아니라 올바른 해결도 할 수 없다. 각 가정에 닥쳐온 문제를 함께 나누고 고민하는 장이 될 때, 서로를 신뢰하게 되고 아버지 교실의 참 의미를 찾게 될 것이다. 그리고 이것은 지속적인 모임을 만드는 계기가 될 수 있다.

2. 아버지 교실의 운영

신앙양육의 차원에서 아버지 교실이 운영되려면 기본적으로 가정의 삶과 연결이 이루어져야 한다. 아버지의 역할을 하지 못하는 이유 중 하나가 아버지 역할의 혼돈이다. 그러므로 아버지의 존재 이유, 역할, 기능, 위치 등과 관련하여 성서적 의미를 배울 수 있는 모임이 제공되어야 한다. 아버지의 역할을 모의 실험하는 게임, 나아가 가족공동체와 교회에서의 아버지 역할을 실제로 수행하는 것이 주된 내용이다. 아버지 교실 운영은 네 가지 차원에서 제시할 수 있다. 여기에 제시한 것들은 아버지 교실을 통한 교회공동체 성인들의 역할과 가정 회복을 위한 아이디어들이다.

첫째, 지속적인 성경 공부다. 아버지 교실에서 중요한 것은 아버지의 이미지다. 현대 사회에서 아버지의 이미지는 역할 분할로 인해 상실되었다. 예전에는 아버지를 통해 정의를, 어머니를 통해 사랑을 배웠다. 이것은 아버지, 어머니의 역할 이미지다. 먼저 가정에서 아버지의 이미지를 회복하여야 한다. 이것이 이루어질 때, 사회적 신분도 회복할 수 있다. 성경 공부를 통해 성서가 제시하는 아버지의 이미지를 찾게 한다. 예를 들어 아버지로서의 아브라함, 아버지로서의 이삭, 아버지로서의 야곱, 아버지로서의 모세, 아버지로서의 엘리 제사장 등 성경의 다양한 인물들을 공부하면서 성서가 말하는 아버지의 이미지를 닮아 가게 한다. 성경 공부는 아버지의 정체성을 찾는 오늘의 세대에게 매우 중요한 방법이다.

둘째, 아버지의 역할 찾기다. 아버지의 역할이 무엇인지를 알아도 그것을 어떻게 실천해야 하는지는 잘 모른다. 신앙양육 차원에서의 성인 역할은 전문적인 지식 없이는 올바르게 수행하기가 어렵다. 그러므로 전문가를 초청해서 그와 관련된 전문적인 강의를 듣고 직접 실습해 보는 것이 중요하다. 가장 기본적인 과정으로 특별 강의와 워크숍을 통해 아버지들이 자신의 역할과 태도를 분명히 하게 한다. 예를 들면 자녀교육 이해, 부부 대화법, 성격 탐구(MBTI), 부부 의사소통 훈련, 아버지와 직업, 인간 성장 발달, 청소년 자녀의 성격과 행동 이해, 성숙한 부모가 되려면, 부모 역할 훈련, 성인 주기론, 자녀들의 미래, 가정에서의 아버지의 성 역할, 신앙공동체에서의 아버지 역할 등을 들 수 있다.

셋째, 소그룹과 영성 개발을 위한 모임이다. 아버지 교실이 지속적인 모임이 되려면 먼저 소그룹에서 자신들의 삶의 문제를 이야기할 수 있어야 한다. 교회공동체에서 남성들은 자신의 고민을 털어 놓을 장이 없다. 대부분의 교회공동체 프로그램들이 여성들 혹은 아이들을 위한 것이기 때문이다. 또 남성 프로그램이 있다 하더라도 대부분 운동이나 활동에 관한 것이다. 아버지로서 혹은 교회공동체의 성인으로서 자신들의 신앙과 역할을 이야기할 수 있고, 고민을 함께 나눌 수 있는 프로그램을 제공하는 것은 성인교육에 좋은 영향을 끼칠 수 있다. 예를 들어 아버지 연극 교실을 만들어 아버지 교실 모임 때마다 연습을 하고, 특정한 날 주일학교 예배 시간에 공연을 함으로 어린이 교육에 참여하는 것은 적극적인 소그룹 운동이다. 더 나아가 청소년들과 어린이들을 대상으로 연극을 지도함으로 성인들을 통해 신앙이 전수되게 하는 것은 공동체로의 회복으로 이어질 수 있다.

이와 더불어 정기적인 영성 운동으로 아버지의 신앙을 세운다. 부흥회 형태의 집회를 성인성 주기와 문화적 접근을 통한 영성 개발 모임으로 바꾸는 것이다. 찬양과 고백 중심의 영성 운동을 생각하여 보자. 필자는 30~45세의 청장년 선교회 회원들을 중심으로 한 신앙 부흥회를 인도한 적이 있다. 그 교회 목사님의 의도는 청장년에게 아버지의 신앙과 그리스도의 삶을 세우는 것이었다. 이를 계기로 신앙 발달은 성인성 주기와 환경에 따라야 함을 절실히 느끼게 되었다. 그 교회 지도자는 성인성 주기에 따른 영성 개발을 통해 교회뿐만 아니라 가정공동체를 살리는 교육목회를 실행한 셈이다.

넷째, 가족공동체를 위한 프로그램 운영이다. 아버지 교실을 통하여 형성된 공동체 모임이 아버지들만의 모임이 아니라 아버지들이 주관하는 가족공동체의 모임으로 이어지는 것이다. 아버지들이 주관하고 함께 만들어 가는 가족 프로그램은 다양하다.

1) **역사 탐방** : 우리나라 각지의 선교 현장을 돌아보며 그 곳에 얽힌 역사를 배움으로써 한국 초대교회의 신앙을 배운다. 신앙 선배들의 삶과 그들의 신앙 모습이 어떠했는지를 함께 나누고, 가정에서의 우리의 신앙과 교회에서의 신앙을 회복하는 도구로 삼는다. 이를 위해서는 미리 그와 관련된 것들을 아버지 교실에서 다루어야 한다.

2) **가족 캠프** : 교회공동체에 가족공동체가 함께 하는 프로그램이 거의 없다. 교회공동체에 소속된 가족공동체들이 함께 친교를 나누고 동역자의식을 강화할 수 있는 기회가 점점 줄어드는 실정이다. 그러므로 가족들이 한데 어우러져 자신들의 삶을 나누고, 서로를 세워 주는 캠프 혹은 수련회를 준비하는 것도 좋은 방법이다.

3) **부부 캠프** : 지금까지 교육 프로그램은 어린이교회학교를 위주로 한 것들이 대부분이었다. 부부 캠프는 이러한 경향에서 벗어나 가족 회복 운동을 위해 부부간의 신뢰를 확

인하고 애정을 나눌 수 있게 계획된 프로그램이다. 부부가 함께 할 수 있는 레크리에이션, 사랑의 편지 쓰기, 사랑의 선물하기 등으로 꾸미면 좋을 것이다.

4) 자녀와 함께하는 일일 캠프 : 현대 가정 문제의 중심은 대화 단절이다. 신앙이 전수되지 않는 이유도 바로 이것이다. 이런 생각에서 만든 대화의 장이 바로 캠프다. 밤을 함께 지새우며 신앙 이야기를 나눌 수 있는 계기를 마련하는 것이다. 청소년 자녀들이 간직하고 있는 아버지와의 좋은 추억은 거의 없다. 결국 관계의 시작은 만남과 대화다. 이것이 결여되고 그들만의 사랑의 추억이 없으면 신앙과 관계는 단절되고 만다. 여름에 래프팅이나 서바이벌 게임에 함께 참여하는 수련회를 기획해서 아버지와의 좋은 추억을 만들 수 있게 하는 것은 가정 회복을 위해 중요한 방법이다. 모자, 모녀 캠프도 좋다.

5) 청소년 부모 강좌 : 청소년 자녀를 둔 부모들이 그들의 발달 변화에 따라 융통성 있게 훈육하는 데 필요한 정보와 지식, 기술을 제공하고, 청소년 자녀 교육을 효율적으로 해나가게 돕는 프로그램을 만들어 진행한다. 내용은 간 세대의 경험을 함께 할 수 있는 프로그램으로 한다.[17]

6) 가족 홈페이지 만들기 : 가족이 함께 만들어 가는 가족 홈페이지는 가정공동체의 대화 창구가 된다. 즉 서로의 이야기를 나눌 수 있는 공간이 되는 것이다. 먼저 남 선교회와 청장년층이 컴퓨터에 익숙하지 않기 때문에 기본적인 컴퓨터 교육을 실시한 후 가족이 모여 홈페이지를 제작하는 방법을 배우고, 가족 전체가 프로그램을 만들면 효과적이다.

1) John H. Westerhoff III, ed. 김재은 역, 「기독교 교육 논총」(서울: 대한기독교서회, 1978), 101.

2) C. Ellis Nelson, *Where Faith Begins* (Atlanta: John Knox Press, 1971), 10.

3) Westerhoff III, 「기독교 교육 논총」, 91.

4) James W. Fowler, *Stages of Faith* (San Francisco: Harper & Row, 1981), 16-17.

5) Westerhoff III, 「기독교 교육 논총」, 82. 듀이는 사고의 과정인 문제 해결의 연속성을 ① 느낌 ② 지식화 ③ 가설 ④ 가설의 분석 ⑤ 시험이라는 다섯 단계로 발전시켰다.

6) John Dewey, *Experience and Education* (New York: The Macmillian Co., 1972), 49.

7) John H. Westerhoff III & Gwen K. Neville, *Generation to Generation* (Philadelphia: United Church Press, 1974), 80.

8) Nelson, *Where Faith Begins,* 209-210.

9) John H. Westerhoff III, *Bringing up Children in the Christian Faith* (Minneapolis: Winston Press, 1980), 29-31.

10) Margaret M. Sawin, *Family Enrichment with Family Clusters* (Valley Forge, Pa: Judson Press, 1979). 서원 박사는 뉴욕 로체스터 제일침례교회의 교육목사이며, 콜케이트-로체스터 신학교 목회상담학 분야의 교수다. 그는 Family Clusters를 실험 시도하였고, 지도자 훈련도 함께 하고 있다. 이와 같은 프로그램은 Family Encounter, Family Education, Family Night 등의 다양한 용어로 사용되며, 가톨릭은 제2바티칸 공회 이후 가족 치료 접근 방법을 제공하고 있다.

11) Edna Stumpt, "Learning Clusters," 「기독교 교육 논총」, 177-178.

12) Jane Hilyard, "Family and Intergenerational Education," in *Homegrown Christian Education,* ed. David W. Perry (New York: The Seabury Press), 106.

13) 임영택, 「교육목회 지침서」, 266-272.

14) Timothy Arthur Lines, *Functional Images of the Religious Educator* (Birmingham: Religious Education Press, 1992), 82-85. Lines는 종교교육가의 열 가지 역할 기능 중 부모의 이미지로 Horace Bushnell을 학문사적 주창자로 든다. 부모의 기능은 양육이며, 역할 기능은 Provider, Protector, Model, Theologian으로 실례를 제시한다.

15) John H. Westerhoff III & William H. Willimon, *Liturgy & Learning through the Life Cycle* (New York: The

Seabury Press, 1980), 5, 16; John H. Westerhoff III, *Will Our Children Have Faith?* (New York: The Seabury Press, 1976), 60; James Michael Lee, ed. *The Religious Education We Need* (Birmingham: Religious Education Press, 1977), 90.

16) Bushnell, *Christian Nurture,* 270 이하. 부쉬넬이 말하는 아버지의 리더십은 양육 방법으로 가정정부를 제시하였다.

17) Sawin, *Family Enrichment with Family Cluster,* 77-98; Westerhoff III, *Will Our Children Have Faith?,* 93.

영성과 지도력 개발

8

I. 기독교교육의 목적과 영성

한국 개신교 미래연구소와 갤럽이 공동 실시한 설문조사의 결과는 현대인에게 영성이 얼마나 중요한지를 알려 준다. 또한 영성이 개인의 신앙 성숙뿐만 아니라 교회 성장에도 막대한 영향을 미치고 있음을 시사한다. 종교가 없다고 대답한 사람에게 '만약 종교를 택한다면 어느 종교를 택할 것인가?' 를 물었더니 40%가 불교를, 37%가 가톨릭을 택한 반면, 개신교는 8%만이 선택하였다. '종교 이탈', 즉 자신이 속한 종교를 떠나고 싶은지를 묻는 물음에 불교와 천주교 신자들 중에는 3~4%가 그렇다고 대답한 반면 개신교 신자들의 경우는 30%에 이르렀다. 실제로 개신교의 성장은 둔화되었고, 신자들은 교회를 떠나거나 혹은 다른 교회로 옮겨 가고 있다. 마음과 선(禪)을 향하는 종교나 영성 개발을 강조하

는 교회로 발길을 돌리는 것이다. 그만큼 현대인은 피곤하고 마음의 쉼을 매우 갈망한다.[1]

현대의 특징으로는 정보화, 세계화, 유전공학의 발달과 집단 이기주의, 치열한 경쟁을 꼽을 수 있다. 서로 돕고 협력하는 시대가 아닌 무한 경쟁시대를 살고 있다. 마음을 나누기보다는 죽이고 이기고 물리치는 일에 몰두한다. 그러다 보니 가슴보다는 머리에 의존한다. BK 21(Brain Korea 21Century)이 무엇인가? 대학마다 머리를 써서 연구비 타내는 일에 열중하고, 연구 업적에 따라 매겨지는 순위 경쟁에서 살아남기 위해 모든 것을 쏟아 부으며, 이 경쟁에서 탈락하는 학교는 결국 도태되고 만다. 현대는 마음보다는 머리에, 과정보다는 결과에 눈을 돌린다. 실패는 발붙일 곳이 없다. 이러한 세태를 반영하듯 오늘의 교회와 종교도 심성보다는 치열하게 머리를 써서 이루는 결과와 경영 논리에 매달리고 있다.

현대 교육의 가장 큰 문제는 무엇인가? 영성보다는 머리와 지식 축적에만 초점을 맞춘다는 것이다. 가장 큰 이슈인 대학 입시도 영성교육과는 무관하다. 대학이 요구하는 고교 내신 성적 때문에 친구들끼리 경쟁하고, 부모들이 시험 감독관으로 나서고, 미리 정답을 알려 주어 모든 학생이 90점 이상을 받는 세상이니 어디에 가슴을 울리는 영성교육이 있겠는가? 일반 학교는 인성교육을 강조하지만 대학 입시 앞에서는 그 이름이 무색할 뿐이다. 그런데 이보다 더 큰 문제는 기독교교육까지 영성교육을 포기한다는 사실이다. 실적과 외적 성장 중심의 교육, 정답 맞추기식의 교수 방법, 형식적인 행사와 프로그램 등이 그 예다. 교회에서 교육은 행하는데 가르치는 교사나 배우는 학생 모두 빈곤하다.

기독교교육이 일반교육과 다르다는 것은 머리보다는 심령에 관한 교육이기 때문이다. 이는 기독교교육의 목적과 이를 위한 훈련과도 연관된다. 기독교교육의 목적은 기독교적 삶의 스타일을 형성하는 것이다. 이것은 제자화(Discipleship)와 시민화(Citzenship)의 삶을 지향한다. 이러한 삶을 형성하기 위해 교육목회는 두 가지에 초점을 둔다. 하나는 고백적 신앙이고(마 16:16), 다른 하나는 이 신앙을 위한 사랑의 양육이다(요 21:15~17). 이 두 가지는 영성 훈련의 과정으로만 가능하다.[2] 따라서 교육목회 과정은 영성 형성과 긴밀한 관계가 있다. 오늘의 교육목회가 기독교교육의 목적을 이루지 못하는 것은 영성 훈련의 부재 때문이다. 정답 맞추기와 읽고 쓰고 푸는 3R(Reading, wRiting and aRithmatics) 교육 방법은 영성교육과는 거리가 멀다. 또한 신앙양육을 위한 사회화 과정(Socialization Process)과 관련해서는 영성의 이해와 훈련이 더욱 중요하다.

Ⅱ. 영성과 전문성의 관계

　교육목회 지도력은 영성(spirituality)과 전문성(professionalization)을 요구한다. 양자는 상호 관계적이다. 21세기의 교육목회는 영성에 대한 올바른 이해와 영성에 기초한 전문성이 조화를 이루어야 한다. 먼저 영성과 전문성이 각각 우리 마음을 얼마나 차지하고 있는지를 알아보자. 여기 괌(Guam)으로 가는 비행기 두 대가 있다. 한 비행기 조종사는 성령이 충만한 사람인데 비행 경력이 5년밖에 되지 않는다. 다른 비행기의 조종사는 믿음 생활은 그리 좋은 편이 아니지만 무사고 비행 경력이 20년이나 된다. 어느 비행기에 오르겠는가? (오래 전 괌에 광풍이 몰아치는 밤 KAL기가 추락한 사실을 상기하여야 할 것이다). 비행은 고도의 기술을 요하는 일임을 생각한다면 아마 전문가를 택할 것이다. 그러나 죽고 사는 문제는 하나님께 달린 것이기에 믿음도 중요하다. 하지만 가장 좋은 방법은 성령도 충만하고 비행 기술이 뛰어난 무사고 조종사의 비행기를 타는 것이다. 이 예는 영성과 전문성의 분리가 아니라 상호 관계의 문제를 보여 준다. 그러므로 전문성이 배제된 영성도, 영성을 무시한 전문성 우월주의도 아닌 영성에 기초한 전문성이 요구된다.

　그런데 지금 우리 시대는 이 둘 중 전문성을 우선으로 인정한다. 사도행전 27장 1~26절을 읽고, 항해 중 풍랑을 만난 백부장, 바울, 선장과 선주의 마음을 살펴보자. 바울을 로마로 호송하던 배가 풍랑을 만난다. 배는 바람의 거스름을 피해 구브로 해안을 의지하여 미항에 도착한다. 때는 추분이라 다시 행선하기 어렵기에 바울은 간곡히 항해를 만류한다. 인명과 물질 피해가 있을 것이라며 걱정을 한다. 그러나 항해 결정권을 쥔 로마 백부장은 바울의 말 대신 선장과 선주의 말을 믿었다. 때마침 남풍이 불자 선장과 선주의 말이 맞다고 판단한 것이다. 그러나 결국 유라굴로라는 광풍을 만나 모든 짐을 버리고 사흘 동안 바다에서 떠도는 신세가 된다. 그 때 바울은 자신의 말을 무시하고 그레데 항구를 떠난 것을 상기시키며, 이미 배는 타격을 입었지만 생명은 무사할 것이라고 선언한다(22절). 특별히 10~11절에서 영성을 외친 바울과 전문성을 내세운 선장 사이에서 항해를 결정하는 백부장의 마음을 들여다볼 수 있다. 백부장이 곧 현대인의 마음이 아닌가? 바울은 전문가인 선장과 물질과 눈앞의 이익을 추구하는 선주를 이해하지 않는 것이 아니다. 하지만 바울의 관심은 무엇보다도 생명에 관한 것이었다. 바울의 항해기에서 영성에 기초한 전문성, 영성과 전문성의 조화를 배울 수 있다.

영성에 기초한 전문성에 대해 글래스(James D. Glasse)는 그의 저서 「전문가」(Profession: Minister)에서 영성을 지닌 전문가로서의 목회자가 갖출 여섯 가지 자세를 소개한다. 첫째, 전문가에게는 전문인의 명칭이 따른다. 목사, 변호사, 의사라는 호칭이다. 이 명칭은 전문성을 포함한다. 둘째, 전문가는 그에 맞는 교육을 수반한다. 목사에게는 신학이다. 대학, 신학대학원을 졸업한 이가 받는 목회학 석사(Master of Divinity, M.Div)는 목회자 양성을 위한 학위다. 셋째, 기술적 숙련이다. 목사에게는 목회 숙련을 위해 신학교에서의 목회 실습, 안수받기까지의 목회 숙련 과정(인턴십 과정)과 연급 심사가 필요하다. 넷째, 전문가의 기관이 보장하는 기준이 있다. 목사의 경우는 각 교단이 정한 과정을 통과한 후 받는 목사 안수(Ordination)가 그것이다. 미국 연합감리교회(UMC)는 감독이 안수를 베푼 목사는 끝까지 책임을 진다. 안수는 목회 전문가로서의 활동에 대한 보장이다. 다섯째, 전문가에는 책임 있는 사회적 기관이 있다. 목사에게는 교회다. 전문가로서 목사와 교회는 떨어질 수 없는 관계다. 여섯째, 전문가에게는 헌신할 가치가 요구된다. 목사에게는 하나님과 이웃 사랑이 그 가치다. 가치 창조와 헌신된 노력이 동반되지 않으면 전문가로서의 목회가 상실된다.[3]

III. 기독교 영성의 이해

1. 아브라함의 영성

믿음의 조상이라고 부르는 아브라함을 영성 신학자들은 영성의 조상이라고 부른다. 영성 신학자 헨리 나웬(Henri Nouwen)은 창세기 18장에 나타난 아브라함의 모습에서 영성을 발견한다. 영성은 믿음의 행위를 동반하고, 믿음은 영성을 기초로 한다. 영성과 믿음, 믿음과 행위는 모두 영성 안에서 조화를 이룬다. 아브라함에게 나타난 영성은 세 가지다.

첫째, 친절(hospitality)이다. 아브라함은 지나가는 나그네를 친히 맞아들이고 손님으로 대접한다. 성경에는 "그가 그들을 보자 곧 장막 문에서 달려 나가 영접하며(창 18:2)"라고 기록되었다. 적극적인 환대, 자유인의 환대다. 영접한다는 것은 자신의 마음에 그 사람을 받아들이는 공간의 여유를 의미한다. 영접은 믿음과의 관계다(요 1:12). 친절한 마음은 남을 받아들이고, 이는 주님을 받아들이는 믿음의 관계로 승화한다. 이러한 유비로 교회가 믿음의 집으로 사람들을 차별 없이 받아들이려면 친절한 공간이 되어야 한다. 만일 교회가 친절하지 않고, 신앙인이 친절로 남을 받아들이지 못한다면 영성 지수의 문제를 짐작할 수 있다. 친절은 남에게 베푸는 것을 넘어 그를 받아들이는 믿음과 상관성이 있다.[4]

둘째, 솔직함(honesty)이다. 친절을 베푼 아브라함은 소돔과 고모라 성에 대한 하나님의 계획을 듣게 된다. 곧이어 그와 하나님의 대화가 시작된다(창 12:17~33). 소돔을 멸하시려는 하나님과 구하려는 아브라함의 애절한 마음이 전개되는 것이다. 아브라함은 먼저 하나님께 제의를 한다. 자신의 판단으로는 의인과 악인을 함께 멸하는 것은 온당치 못하다고 주장하며, 50명의 의인을 찾으면 멸망의 뜻을 거두어 주시겠느냐고 묻는다. 아브라함은 50명의 의인은 있을 것이라 믿은 것이다. 그러나 곧 자신의 생각이 잘못되었음을 깨닫는다. 그래서 자신의 심정을 솔직하게 토로하고, 결국 의인 10명만으로라도 계획을 거두어 주시기를 청한다. 아브라함은 잘못된 현실을 받아들이고, 정직하게 하나님께 기도하며 요구한다. 하나님 앞에서나 사람 앞에서 요구되는 영성은 정직한 마음이다. 상황과 결과가 아니라 그에 대한 솔직한 자기 고백이 영성이다. 종교 행위로 포장된 가식, 외식, 부정직한 마음을 하나님은 아신다. 특히 기도의 경우에는 더욱 그러하다. 기도가 영성의 첩경이라면, 자기 자랑이 아니라 정직한 자기 회개가 하늘을 움직인다.[5]

셋째, 가능성(possiblity)이다. 아브라함은 소돔 성을 구하기 위해 하나님과 솔직하게 대화한다. 그리고 의인 50명을 찾으려고 애썼다. 그러나 찾을 수가 없었다. 결국 그가 하나님께 제시하는 의인의 수는 45명, 40명, 30명, 20명, 마지막에는 10명까지 내려갔다. 그는 의인의 수를 조정할 때마다 "주는 노하지 마옵소서. 내가 이번만 말씀드리이다. 감히 주께 고하나이다. O명이면 가능하겠습니까?"라고 청원하였다. 한 번의 시도로 끝나지 않고 생명을 위하여 계속해서 가능성의 문을 두드린다. 가능성에 대하여 신학적인 물음을 던진 사람은 라인홀드 니이버(Reinhold Niebuhr)다. 그는 신앙의 문제는 불가능한 가능성(impossible possibility)이라고 말한다. 생명과 구원의 문제는 인간의 노력으로는 불가능하다. 그러나 우리의 손에서 떠나 하나님께 의탁할 때 가능해진다.[6] 이러한 사실을 받아들이는 것이 영성이다. 하나님 안에서 가능성을 열어 놓고 나아가는 것이 영성이다. 아브라함은 가능성을 통하여 영성과 믿음의 사람으로 살았다.

2. 존 웨슬리(John Wesley)의 영성

웨슬리는 초기 감리교 시절, 1738년 12월 25일에 시작한 신도회(Band)를 통하여 영적 수련을 제시하였다. 이것은 처음 예루살렘 교회의 생활을 재현하려는 노력에서 시작하였다. 신도회에서 영적 리더는 참여자들에게 질문을 함으로 영성 훈련을 이끌었다. 그 물음은 "지난 모임 이후 알고 지은 죄는 무엇인가?" "그 동안 어떠한 유혹을 받았는가?" "어떻게 유혹과 죄에서 벗어났는가?" "어떻게 생각하고, 말하고, 행동하였는가? 그것들이 죄가 되는지 의심하여 보았는가?"였다. 이와 같은 질문은 자기반성(self-reflection)을 통한 새로운 행동을 요구한다. 이러한 영성은 프락시스(praxis) 방법에 기인하는데, 프락시스는 의식화 교육 모델을 주창한 프레이리(Paulo Freire)의 방법으로 행동(action)-반성(reflection)-행동(action)의 순환과정이다.[7] 여기서 자기 행동에 대한 반성은 곧 영성 개발이다. 그런데 웨슬리가 제시한 신도회에서의 자기반성은 공유적 프락시스(shared praxis) 방법이다. 이것은 토마스 그룸(Thomas H. Groome)의 접근 방법으로, 나의 경험을 공동체, 즉 우리의 경험으로 인식 전환하고, 개인 행위의 과거와 현재, 미래의 비전을 공동체의 과거, 현재, 미래의 비전으로 변환시키는 영성이다.[8] 다시 말하면 하나님 앞에서 자기 자신뿐만 아니라 공동체(속회 혹은 교회)의 생활로 공유하는 영성이다.

존 웨슬리가 추구하는 영성의 방법과 훈련은 그가 말한 은혜의 수단(Means of Grace)에서 찾아볼 수 있다. 웨슬리는 은혜의 통로를 성경 읽기, 기도, 금식, 성만찬, 구제로 나누었다.[9] 이것을 리차드 포스터(Richard Foster)의 영성 훈련(spiritual discipline)으로 분류하면 성경 읽기, 기도, 금식은 내면 훈련으로의 영성이며, 성만찬 참여는 공동체 훈련, 그리고 구제는 외면 훈련으로의 영성이다.[10] 특히 웨슬리가 말하는 성만찬 참여의 영성 훈련은 오늘날 한국교회가 일상적으로 행하는 개인종교의 영성이 아니라 교회의 공동체 훈련으로서 필요한 것이다.

성만찬의 영성은 웨슬리에게 영적 훈련과 도움을 제시했던 개인적이며 정적인 종교 (pietic religion)에서 분리되게 하는 요소였다. 웨슬리의 영성은 초기에 모라비안 교도들의 신앙적 태도에서 큰 도전을 받았다. 구원의 확신과 마음의 평안에 대하여 영적 지원을 받았다. 그러나 공동체의 영성을 이야기하면서 웨슬리의 은총의 수단은 모라비안 교도들의 정적주의를 문제 삼았다. 모라비안 교도들은 하나님께 가까이 나아가는 데 도움이 되는 객관적인 수단에 대하여 불신했다. 그들은 하나님을 만나려면 조용히 기다려야 한다고 믿었다. 웨슬리는 이러한 정적주의의 의존하는 신앙을 부인하였다. 결국 모라비안 교도들이 교회 출석을 중지한 채 성서를 읽으며 하나님이 말씀하시기를 기다리는 태도에 반대하여 결별하게 되었다. 웨슬리는 영성을 위해 하나님의 은총을 확실히 믿었다. 그리고 그와 동시에 인간의 객관적인 수단을 강조하였다. 그 수단 중에 공동체의 실천으로서 성만찬을 강조하였다. 따라서 성만찬 참여와 그에 대한 교육과 훈련은 하나님의 은총을 체험하는 영성으로 이어진다.[11]

3. 홈즈(H. T. Holmes)의 영성의 패턴

홈즈는 그의 저서 「기독교 영성사」(A History of Christian Spirituality)에서 기도의 영성을 네 가지 형태로 구분하여 분석한다.[12]

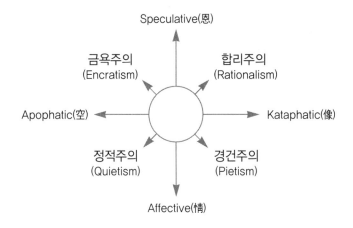

위 그림에서 보듯이 두 가지 차원에 의해 네 가지 기도 패턴이 형성된다. 첫째는 수직적 차원으로, 사색형(speculative)과 정서형(affective)으로 나뉜다. 영성 수련의 방법으로 지적이며 인간의 합리적인 활동을 존중하는 사색적인 전통과 인간의 감성과 애정에 중점을 두는 정서형 전통이다. 둘째는 수평적 차원으로, 자기 비움형(apophatic)과 이미지형(kataphatic)으로 나뉜다. 자기 비움형은 자신을 비움으로 하나님의 현존을 체험하는 전통이며 반면에 이미지형은 하나님과의 합일을 위해 상징과 매개를 중시하는 일종의 심상법(pictualizing)의 전통이다. 이 두 차원의 전통은 크게 네 가지 기도 패턴을 형성한다.[13]

첫째, 합리주의(rationalism) 기도다. 사색과 이미지의 영성으로 성서 묵상을 강조한다. 성서를 매개로 말씀을 깊이 묵상하고, 하나님과의 영적인 일치를 지향하는 영성 패턴으로, 마틴 루터(Martin Luther)와 로욜라의 이냐시오(Ignatius of Loyola)의 방법이다. 묵상기도는 영적 상상력을 발휘하여 성서의 한 장면을 이미지화함으로 현실에서 주님을 만나며 주의 말씀을 파악하는 훈련을 하는 기도 방법이다. 이냐시오의 묵상기도는 회상과 반성, 오감을 통한 묵상의 방법도 포함한다.

둘째, 경건주의(pietism) 기도다. 이미지와 정서형의 영성으로, 인간의 오감과 상징을 통하여 하나님과의 만남을 체험한다. 성서 말씀을 실감나게 묵상하기 위하여 자신을 등장인물과 동일시하여 하나님의 신비를 체험하는데, 웨슬리와 베네딕트 수도원을 중심으로 이루어진 영성 전통이다. 베네딕트의 기도 방법은 성서를 소리 내어 읽고 마음에 와 닿는 말씀을 반복하여 말하거나 묵상한다. 묵상은 깊은 감동이 올 때까지 한다. 그리고 구어적 기도로 감사와 찬양과 결심을 한다. 이렇게 독서 – 묵상 – 기도는 경건주의 기도의 패턴이다.

셋째, 정적주의(quietism) 기도다. 정서적이며 자기 비움의 전통을 따르는 기도 패턴이다. 기도 중에 하나님을 내적으로 체험하며 자기 자신의 존재를 비우는 영성 훈련이다. 관상(contemplation)을 통해 자기를 비움으로써 하나님과 합일하는 체험을 한다. 정적주의 기도는 아빌라(Avila)의 테레사, 십자가의 요한, 퀘이커교(Quaker), 동방정교회(Orthodox)의 전통으로, 센터링 기도(centering prayer)와 5세기 이후 동방정교회가 사용한 예수의 기도를 들 수 있다. 센터링 기도는 축구선수가 골문을 향하여 공을 차듯이 자기 마음을 비워 관상에 이르도록 마음을 하나로 모으는 기도다. 예수의 기도는 호흡을 조절하여 마음의 평정에 집중하는 기도다. 숨을 들이마실 때는("하나님의 아들 예수 그리스도시여"라고 부르며) 모든 신령한 은사를 생각하고, 숨을 내쉴 때는("저에게 자비를 베풀어 주소서"라고 기도하며) 자기 안에 있는 나쁜 것들(거짓과 불의, 걱정과 근심, 욕정과 이기심 등)을 밖으로 내보낸다. 이러한 기도 과정은 나를 비우고 내 속에 그리스도를 채움으로 관상에 이르는 훈련이다.

넷째, 금욕주의(encratism) 기도다. 사색적이며 자기 비움의 영성이다. 깊이 있는 책을 읽는다든지 춤과 노동을 통하여 자기 부정을 강조한다. 인간의 지성과 자기 자신을 잊어버리는 활동을 기도로 이해한다. 즉 수도원의 전통을 따르는 노동과 기도다. 도미니크(Dominic)의 영성으로 토마스 아퀴나스(Thomas Aquinas), 프랜시스(Francis), 칼빈의 영성이 이에 속한다. 가난과 무소유의 노동, 청빈한 삶을 위한 기도는 영성의 극치다. 자기 포기와 절대적인 청빈 실천을 통하여 하나님과 합일하는 기도로, 해방신학자들이 추구하는 영성 운동, 즉 가난-영성-해방과 일맥상통한다고 볼 수도 있다. 가난은 탐욕을 버리고 나눔으로서의 자기 비움이고, 또한 그것은 모든 것에 얽매이지 않는 해방과 구원의 경험이다.

가장 이상적인 모형은 수직 차원과 수평 차원이 조화를 이루는 것이다. 어느 한쪽만을 강조하면 네 가지 중 한 모형으로 치우치게 된다. 이러한 시각에서 볼 때, 한국 개신교의 영성 수련 패턴은 이미지 정서형으로, 경건주의 성향이 강하다. 기도를 하되 소리 내어 열정적으로 하는 것에 지금껏 치우쳤기에 이제는 성서 말씀을 묵상하고 하나님의 음성을 들으며 합일하는 합리주의 기도 훈련이 필요하다. 또한 축복과 물량주의에 입각한 기도에서 벗어나 금욕주의 영성 훈련도 행해야 한다.

4. 헨리 나웬(Henri Nouwen)의 영성

헨리 나웬은 하버드 신학교의 교수로서 활발한 강연과 저술 활동을 하던 중 갑자기 교수직을 사임하고 캐나다에 있는 데이브릭(Daybreak) 정신박약아 재활센터에서 원목 겸 교사로 일을 시작하였다. 많은 사람들이 그의 결정에 놀라며 이유를 궁금해 하였다. 그는 후에 자신의 저서 「예수님의 이름으로」(In the Name of Jesus)에서 그 이유를 밝혔다.[14] 그는 그 동안 머리와 지식으로 올라가는 생활만 하였다. 늘 올라가기 위해 경쟁하고, 그 자리를 유지하기 위해 부단히 노력하지 않으면 안 되었다. 그렇게 피곤하고 곤고한 생활을 하던 중 한 정신박약아를 만나게 되었다. 그리고 하나님은 올라갈 때가 아니라 내려갈 때 만날 수 있음을 깨닫게 되었다. 이 일을 계기로 그는 그리스도가 베드로에게 부탁한 "나를 사랑하면 내 양을 먹이고 돌보라(요 21:15~19)."는 말씀을 몸으로 실천하기 시작한 것이다.

나웬은 현대인이 앓고 있는 지병을 알았다. 그는 영성을 소개한 저서 「네 손을 뻗쳐서」(Reaching Out)에서 현대인을 혈루병을 앓고 있는 한 여인으로 묘사한다(눅 8:42~48). 현대인은 자기 치료와 노력에도 불구하고 영성의 피를 흘리며 괴로워한다. 혈루병 앓던 여인이 예수 그리스도의 옷자락에 손을 대어 치유를 받듯이 흐르는 피를 멈추게 하라고 권고한다. 영성을 위해 손을 뻗치라고 당부한다. 나웬이 이야기하는 영성 치료 방법은 세 가지다.[15]

첫째, 현대인의 혈루병은 외로움(loneliness)이다. 이것을 치료하는 방법은 단독성(solitude)으로 나아가는 것이다. 이는 나 자신에 대한 영성을 말하는 것이다. 현대인에게 필요한 자기 자신에 대한 영성 훈련은 외로움에서 단독자로 나서는 것이다. 자신의 깊은 내면을 들여다보는 것이 영성의 첫 번째 관문이다. 자신의 내면으로 들어가면 제일 먼저 부딪치는 것이 외로움이다. 현대인은 외로움을 잊어버리려고 바쁘게 살아간다. 자기만의 오락 게임 혹은 낭만적인 TV 드라마에 빠져 외로움을 잊어버리려 한다. 그러나 외로움은 계속 밀려온다. 바쁠수록 더 외로워진다. 그래서 더욱 괴롭다. 하지만 영적인 삶은 이러한 외로움과 고독에서 시작한다. 이것이 시작되면 외로움은 사라지고 하나님을 만나게 된다. 자신의 내면을 통찰하는 시간을 갖게 된다. 겉모양으로 사는 것이 아니라 내면의 삶을 살게 된다. 철학자 키르케고르는 예수의 제자가 되려면 군중이 아니라 단독자가 되어야 한다고 말한다. 깊은 내면의 힘으로 사회의 불의에 맞서 당당하게 서는 것이다. 이것이 영성을 지닌 그리스도인의 자세다. 우리에게 영성이 있으면 아침 신문을 가득 채우는 끔찍한 장면과 부조리한 사회 구조적 악을 그냥 지나칠 수 없게 된다. 이 문제를 나의 내면으로 받아들이고, 깊이 회개하고 눈물을 흘리게 된다.

헨리 나웬은 예수를 부인하고 깊은 절망에 빠진 베드로를 소개한다. 베드로는 깊은 생각보다는 외면의 세계에 관심하였다. 그가 외로움 속에서 부활하신 그리스도를 만났을 때, 자신의 깊은 내면을 바라보고 통곡하였다. 내면을 보고 예수를 만남으로 "깊은 곳에 그물을 던지라!"는 말씀을 되찾은 것이다. 내면을 보았을 때, 회개하고 세상이 잘못 돌아간다는 것을 깨달아 회개를 외치게 되었다. 외로움과 절망이 아닌 단독자의 삶을 되찾은 것이다. 베드로가 진정으로 예수의 제자가 된 것은 기적을 베푸는 예수 앞에서 떠벌일 때가 아니라 군중을 떠나 단독자로 설 때였다. 그리스도인은 무엇을 보고 무엇을 행하든지 자신의 깊은 내면을 바라볼 때, 단독자로서 예수의 제자가 된다. 외로움에서 단독자로의 변화는 나 자신에 대한 영성 훈련이다.

둘째, 현대인의 또 다른 혈루병은 적대감(hostile)이다. 이것은 이웃에 대한 영성, 즉 친절(hospitality)을 되찾는 것으로 치유할 수 있다. 친절은 타인에 대한 책임감을 갖는 것으로, 앞서 언급한 아브라함의 영성과 연관된다. 타인을 향한 영성은 영성 훈련이 개인주의와 신비주의에 빠지지 않게 한다. 현대인은 혼자 살 수 없다. 남과 어울려야 한다. 서로 경쟁하고 이익을 챙기려 하다 보니 본능적으로 적대감이 생기는 것이 문제다. 적대감은 영성을 파괴하는 독이다. 헨리 나웬은 적대감정에서 친절로의 전환을 이야기한다. 성서적 용어로 표현하면 온유함과 사랑의 마음으로의 변화다. 친절은 모든 것을 수용하며 책임지며 받아들이는 자세(accountability)다.[16] 친절은 너의 고통을 나의 고통으로 받아들이는 것이다.

베드로와 요한은 앉은뱅이 거지를 만났다(행 3장). 그 전까지 그들은 구걸하고 도움을 주는 관계였다. 그 거지는 늘 그 자리에 앉아 있었기 때문이다. 그렇지만 영성을 지닌 베드로에게는 친절한 마음이 있었다. 거지가 아닌 지체 장애인의 아픔을 받아들인 것이다. 일시적인 물질적 도움보다는 근본적인 아픔, 그리고 그 문제를 해결하려는 희망을 함께 나눈 것이다. 그의 아픔을 받아들였을 때 치유하려는 마음이 생기고, 그 안에 그리스도의 이름과 능력이 개입한 것이다. 친절한 마음은 단순한 동정이 아니라 구원을 이루는 원동력이다.

그리스도인은 많은 사람들과 관계하며 산다. 그 중에는 어려움 때문에 나에게 기대고 싶어 하는 사람들도 있다. 아픔을 토로하고 싶어 하는 사람이 내 옆에 있다. 영성은 늘 열린 마음으로 남을 수용하는 자세다. 타인과의 관계에서 적대감이 아닌 친절이 영성 훈련이다. 그런데 오늘날의 성도들 사이에는 부분적인 폐쇄감과 집단주의가 자리 잡고 있다.

끼리끼리 동질의식은 고립감과 적대감을 가져온다. 교회에 처음 온 사람의 심정을 생각하여 보자. 모든 것이 얼마나 낯설까? 종교 언어들은 생소하고 어색하기만 하다. 이 때 교회는 친절한 공간이 되어야 한다. 친절한 공간은 하나님의 현존을 맛보게 한다.[17] 구약성서 창세기 33장에서 에서와 야곱은 원수, 적대감의 관계였다. 그러나 형 에서가 동생 야곱을 받아들이니 "내가 형님의 얼굴을 뵈오니 하나님의 얼굴을 본 것 같습니다(창 33:10)."라는 고백이 가능하게 되었다. 적대감에서 타인을 수용하는 자세로의 변화에는 하나님의 영성이 존재한다.

셋째, 현대인의 혈루병은 환상(illusion)이다. 헨리 나웬은 그리스도인의 영성 회복은 환상에서 기도(prayer)로의 전환이며, 이것은 하나님과의 관계의 영성이라고 말한다. 인간과 하나님의 관계를 그림으로 묘사하면 어떤 모습일까? 무릎을 꿇고 기도하는 자세다. 영성을 파괴하는 것은 환상이다. 로마의 네로는 환상에 사로잡혀 시 한 수를 짓느라 로마에 불을 지르고, 히틀러는 수많은 생명을 앗아가는 전쟁을 일으켰다. 환상은 하나님의 현존을 잊어버리고, 두려워하여야 할 것을 잊어버리게 한다. 반면 기도는 하나님을 생각하게 하고, 하나님을 두려워하여 자기 자신의 존재를 바로잡게 한다.

기도는 소명(calling)에 대하여 하나님께 질문을 받는 것이다. 환상은 무엇을(what) 어떻게(how) 하여 자기 업적으로 삶을 도취시킨다. 그러나 기도는 왜(why)라는 질문을 하나님께로부터 부여받는 것이다. "하나님이 왜 나를 부르셨는가? 왜 이 일을 하게 하시는가?" 이러한 질문은 그리스도인의 영성을 위해 반드시 필요하다.[18] 만일 이 물음들 없이 기도한다면 환상에 빠져 영성을 파괴하게 된다. 구약성서는 여러 사람의 삶을 통하여 기도와 환상의 차이를 알려 준다. 솔로몬 왕은 나라를 잘 통치하기 위해 하나님께 지혜를 구했다. 지혜는 부귀영화와 왕으로서의 업적을 쌓게 하였다. 그러나 왜 하나님이 지혜를 주셨는지를 묻지 않게 되고 더 이상 기도가 이어지지 않을 때 솔로몬의 영성은 사라졌다. 환상에 사로잡히게 되었다. 영웅의 환상은 하나님과의 관계를 파괴한다.[19] 하나님과의 관계의 영성은 이스라엘의 구원과 역사에도 잘 나타난다. 출애굽기 1장에는 십브라와 부아라는 이스라엘 산파의 이야기가 나온다. 이 두 산파는 이스라엘 사내아이들을 죽이라는 바로의 명을 따르지 않는다. 이 결정을 내리기까지 그들의 마음은 갈등과 번민에 휩싸였을 것이다. 그 때 이들이 한 일이 무엇이었을지 상상하여 보라. 그들은 분명 하나님께 기도하였을 것이다. 그리고 기도 중에 하나님의 질문을 받았을 것이다. "그대들은 누구인가? 내가 왜 그대들에게 산파라는 직업을 주었겠는가?" 자신이 누구이고, 왜 그 일을 하여야 하는지에 대한 물음과 대답은 기도를 통해 얻게 되는 관계다.[20] 이 때 환상이 아닌 기도의 영성을 갖게 된다.

헨리 나웬이 이야기하는 베드로는 성령의 능력을 힘입어 복음을 전할 때 3천 명이 회개하는 영웅이 되었다. 안수하면 병든 자가 일어났다. 그는 예수의 능력을 재현하는 대리자와 같았다. 그러나 중요한 것은 그 모든 일의 원동력은 베드로 자신의 힘이 아니라 주님이 주시는 성령의 권능이라는 사실이다. 잘못하면 착각과 환상에 빠지기 쉬운 때에 베드로는 기도를 하였다. 하나님과의 관계의 영성을 놓치지 않았다. "제9시가 되니 베드로는 기도하러 성전에 올라갔다(행 3:1)." 그는 기도하면서, 예수님이 왜 자신을 제자로 삼으시고 사도직을 주셨는지, 그리고 주님을 위하여 오늘 무엇을 해야 하는지 깊이 통찰하였다. 기도는 환상에서 벗어나 하나님과의 관계를 올바르게 하는 영성이다. 기도의 영성은 회개와 이웃을 받아들이는 수용성, 그리고 하나님의 관계를 바르게 이어 준다. 헨리 나웬의 영성 운동은 나 자신, 이웃, 하나님의 성 삼위의 관계를 제시한다. 그리고 단독자로서의 친절한 마음과 기도의 자세는 영성 훈련의 역동성을 보여 준다.

Ⅳ. 나눔의 영성

영성 훈련은 하나님과 나, 나와 나 자신, 나와 이웃의 관계를 설정하는 역학 관계가 형성되어야 한다. 하나님과의 관계는 신비주의와 경건주의에서 강조된다. 나 자신과의 관계에서는 창조적 자아를 위한 자기 비움이 필요하다. 나와 이웃의 영성은 올바른 관계다. 자신이건 이웃이건 영성 훈련의 기본은 나눔(sharing)이다. 그러므로 나눔의 훈련은 나 – 하나님 – 이웃의 관계에서 필요한 영성 훈련이다.

1. 제자가 되는 나눔의 영성

하나님과 나의 관계에서 추구되는 영성은 제자가 되는 훈련이다. 예수 그리스도는 나눔을 기준으로 제자가 되고 못 되고가 가려진다고 제자들에게 가르치셨다. 나눔의 영성에 대한 예수의 가르침은 세 가지다.

첫째, 나누지 못한 부자 청년의 이야기다(마 19:16~22). 어느 날 예수께 부자 청년이 찾아와 선한 일과 영생의 문제를 조율한다. 예수께서 부자에게 "네가 생명에 들어가려면 계명을 지키라(17절)."고 말씀하시자 청년은 자신의 선행을 이야기하며 계명을 지켰다고 자랑한다. 그에게 예수는 "부족하다. 온전하려면 네 소유를 팔아 가난한 사람들에게 나누어 주고 나를 좇으라(21절)."고 말씀하신다. 그러나 부자 청년은 자기 재물을 나누지 못하고 근심하며 예수를 떠난다. 결국 그는 제자가 되지 못하였다. 제자가 되는 것은 자기의 것을 나누는 일에서 출발한다. 가난은 없어서가 아니라 나누기 때문에 얻는 공백이다. 그러나 그 공백에 근심이 가득하다면 그것은 나누지 못했기 때문이다. 근심은 영성의 걸림돌이다. 하나님과의 합일은 나누며 스스로 가난해질 때 가능하다.

둘째, 남을 섬기는 일이다(마 20:20~28). 예수와 함께 제자의 길을 떠나는 사람들 중에 세베대의 아들 야고보와 요한이 있다. 그들의 어머니가 예수께 찾아와 자식들의 미래 보장을 부탁한다. 예루살렘에 입성하면 자기 아들들을 양옆에 두어 달라는 것이다. 예수는 "내가 마실 잔을 마실 수 있느냐?"라고 물으신다. 물론 마실 수 있다고 말하지만 그들이 기대한 잔은 쓰디쓴 십자가의 잔이 아니라 승리와 영광의 잔이었다. 그 때 예수님은 제자들에게 이렇게 충고하신다. "너희가 으뜸이 되고자 하느냐? 섬기는 자가 되어야 한다(27절)." 혼자만 차지하려는 마음은 욕심이다. 한 그룹이 모든 것을 독차지하고 이끄는 것은 집단 이기주의다. 이러한 마음에는 경쟁과 모함, 죽임 도사린다. 욕심을 버리고 남을 섬기는 것이 나눔의 영성이며 제자의 길이다. 주님이 이 세상에 오신 목적도 섬기고 나누기 위함이다.

셋째, 자기 소유를 나눈 삭개오의 이야기다(눅 19:1~10). 삭개오는 모든 것을 차지한 사람이다. 부유하다. 하지만 마음은 공허하고 곤고하기만 하다. 근심보다는 갈등과 번민이 그의 삶을 차지하였다. 삶에 대한 고민은 예수를 만나는 계기가 된다. 예수를 만난 삭개오는 자신의 결심을 말한다. "내 소유의 절반을 가난한 사람들에게 나누어 주겠습니다. 그 동안 남의 재산을 빼앗은 것이 있으면 네 배로 갚겠습니다(8절)." 대단한 결심이다. 결국 나누어 자기는 무소유가 되는 결정이다. 예수는 잃어버린 순결을 되찾은 영성의 사람을 칭찬한다. '삭개오' 라는 이름의 뜻은 순결이다. 본래적인 자아를 찾는 것이 영성이고, 제자가 되는 길이다. 나눔과 제자 됨의 영성을 삭개오의 삶에서 찾아볼 수 있다.[21]

2. 신앙공동체의 나눔

신앙공동체의 영성은 처음 예루살렘 교회에서 발견할 수 있다. 공동체 영성의 특징은 나눔이다. 보니 터스턴(Bonnie Thurston)은 「초대교회의 영성생활」(Spiritual Life in the Early Church)이라는 책에서 신앙공동체의 영성생활이 나눔에 기초한다고 주장한다.[22] 그러면 초대 교회 성도들은 무엇을 나눔으로 그들의 영성을 이어 나갔는가?

첫째, 말씀을 나누었다(행 2:42; 5:42). 사도들은 교회에서 말씀을 가르쳤다. 그들의 가르침은 초대 교회 영성생활에서 큰 몫을 차지하였다. 가르침은 설교와 교육이었다. 설교는 회개를 불러 일으켰고, 교육은 제자들을 양육하는 중요한 과정이었다. 사람들은 말씀을 배우고, 성전과 집과 일터에서 '예수는 그리스도' 라고 가르치며 전도하였다. 이렇게 전도와 교육은 초대 교회의 중요한 말씀 나눔이었다. 말씀을 나눔으로 영성생활이 지속된다.

둘째, 물건을 나누었다(행 2:44~45). 물건을 나누는 것은 성도의 일치를 의미한다. 물건을 통용하고, 팔아 필요에 따라 나누어 주는 생활은 얼마나 아름다운가? 자기 이익과 경쟁심으로 남과 더불어 살아가지 못하는 현대인의 모습과 비교해 볼 때, 물건 통용은 곧 상생이다. 나눔 속에 피어나는 일치와 조화는 성령의 역사를 체험케 한다.

셋째, 떡을 나누었다(행 2:46). 떡을 나누는 신앙 행위는 성만찬으로, 영성생활의 주요한 요소다. 떡을 나눔으로 주님을 기억할 수 있다(마 26:26~28; 눅 22:19~20). 떡을 나눌 때 주님의 현존을 알아볼 수 있다(눅 24:30~31). 떡을 나눔으로 주님처럼 사랑할 수 있다(요 13:4~15; 34~35). 그러므로 성만찬은 그리스도를 체험하고, 그분과 합일하는 생활이다. 신앙공동체에서 그리스도와의 만남을 체험하는 것은 공동체의 영성이다.

넷째, 기도를 나누었다(행 2:42; 12:1~5). 초대 교회의 기도는 개인이 아니라 공동체의 영성이었다. 그들은 함께 기도하기에 힘썼으며, 힘들고 어려울 때 더불어 기도하였다. 베드로가 복음을 전파하다 옥에 갇혔을 때, 공동체는 모여서 함께 기도하였다. 서로의 영성을 나눈 것이다. 기도를 나누는 영성은 중보 기도다. 서로 중보하며 기도하는 것은 신앙공동체의 영성생활의 하나다.

다섯째, '예수의 이름'을 나누었다(행 3:1~10). 공동체에서 예수의 이름을 나누는 것은 치유의 행위를 말한다. 베드로와 요한이 기도하러 성전에 가다가 걷지 못하는 거지를 만난다. 그들은 같은 마음으로 예수의 이름을 나눈다. 예수의 이름으로 기도한다. 그 때 치유의 역사가 일어났고, 공동체는 하나님을 찬미하였다. 주님의 이름을 함께 나누는 것은 공동체의 전도와 치유다. 초대 교회는 이러한 영성생활을 통하여 내적, 외적으로 부흥한다. 이렇게 사도행전에 나타나는 영성의 기초는 공동체의 나눔이다.

3. 나눔의 영성의 모형

1) 순례 : 제자의 생활

여행을 떠나라. 예수를 믿는 것은 예수와 함께 여행을 떠나는 것이다. 주님은 제자들을 불러 둘씩 짝을 지어 전도 여행을 떠나라고 말씀하셨다. "여행을 위해 지팡이와 신과 옷한 벌만 취하라(막 7:6~13)." 주님은 전도를 여행으로 표현하셨다. 부부생활도 한 남자와 한 여자가 만나 인생길을 가는 것이라고 생각하면 보다 큰 의미가 있다. 교회 식구들도 하늘나라로 순례의 여행을 떠나는 영혼의 친구들이라 생각하면 모두가 고맙고 귀중한 존재들로 보인다.

그런데 많은 사람들이 이 여행을 관광으로 바꿈으로써 영성생활이 변질되고 있다는 게 문제다. 관광은 흥미 위주로 편안하게 이곳저곳 다니는 것인 데 반해, 여행은 고생을 감수하는 모험이고 무언가 배우기 위한 것이다. 관광은 자기 시간과 일정에 따라 자기 자신이 선택하는 것인 데 반해, 여행은 자연이 나를 부르기에 빨려 들어가는 것이다. 관광은 잘 닦인 고속도로와 정확한 이정표를 이용하는 데 반해, 여행은 먼지가 펄펄 나는 오솔길을 간다. 가다가 늪에도 빠지고 길을 잃어버려 물어물어 가면서 모르는 동네에 들어가 물도 한 잔 얻어먹는다. 관광을 하는 사람은 몹시 바쁘다. 사진기와 비디오카메라가 손에서 떠날 새가 없기 때문이다. 그러나 마음의 카메라를 가지고 가는 여행은 바쁠 필요가 없다. 마음에 여유를 가지고 충분한 시간을 들여 여행을 하다 보면 조용히 자신을 살필 수 있고, 여행을 통해 삶의 지평이 넓어지는 영성을 체험할 수 있다.[23]

2) 생명 : 십자가의 생활

자기 자신을 비워라. 비우는 것은 생명을 얻는 영성이다. 인간은 누구나 한 번 산다. 사는 기간은 각각 다를지라도 모두 한 번 산다는 것을 잊어서는 안 된다. 그런데 어떤 사람들은 오래 사는 것에 집착하여 남의 인생을 빼앗기도 한다. 인생을 기호로 표기하면 (−)이다. 인생은 단 한 번이기 때문이다. 그런데 (+)에 집착하여 생명을 연장하려 한다. 그러나 집착으로 생명이 연장될 수 있는 것이 아니다. 한 생명이 죽음으로 수많은 다른 생명이 되살아나는 것이 생명의 원리다. 나의 생명이 비록 (−)이지만 너에게 줄 때 너는 (+)가 된다. 내가 나를 죽이고 비울 때 다른 사람이 생명을 얻으므로 나도 (+) 인생을 산다. 이것이 십자가의 삶이다. 이러한 생명의 원리에 대하여 바울 사도는 "내가 그리스도와 함께 십자가에 못 박혔나니 그런즉 이제는 내가 산 것이 아니요 오직 내 안에 그리스도께서 사시는 것이다(갈 2:20)."라고 노래하였다. 생명의 원리를 따라 사는 삶이 영성생활이다.[24]

3) 만남 : 묵상 훈련

말씀에 귀를 기울여라. 하나님의 소리를 듣고 일상에서 그분과 동행하는 삶이 영성이다. 묵상은 하나님이 초대하는 소리를 듣는 것이다. 귀를 기울이면 자연의 풀벌레소리를 들을 수 있는 것처럼 하나님의 음성은 날마다 귀 기울이는 사람에게 들린다. 생활이 너무나 바쁘기에 자기 소리에 빠져 남의 소리를 듣지 못한다. 하나님의 소리를 듣는 것은 하나님께 자기 자신을 여는 것이다. 밤이 되면 왜 시계소리가 또렷이 들리는가? 시계는 밤낮없이 소리를 내며 움직인다. 그러나 낮에는 잘 듣지 못한다. 너무 바쁘기에, 세상의 소리에 귀 기울이기에 들을 수 없는 것이다. 마음의 귀를 기울이고 하나님의 말씀을 묵상하면 하나님을 만나게 된다. 하나님을 만나는 것은 묵상을 통한 일상의 심연이다.

4) 친절 : 용서의 생활

남을 받아들여라. 아브라함처럼 대접하기 위해, 에서처럼 용서하기 위해 다른 이를 받아들이는 것이다. 친절은 자신의 공간에 타인을 받아들이는 여유다. 욕심과 이기주의의 생활에는 여유 공간이 없다. 받아들이는 친절은 용서하는 영성이다. 유대의 한 랍비가 제자들에게 물었다. "밤이 지나 아침이 온 것을 어떻게 알 수 있는가?" "멀리 있는 동물이 양인지 개인지를 구분할 수 있으면 그 때가 아침입니다." "아닐세!" "멀리 있는 나무가 무화과나무인지 배나무인지 식별할 수 있을 때가 아침입니다." "아닐세!" "그러면 언제입니까?" 제자들이 묻자 랍비는 "그대들 옆에 있는 남자와 여자의 얼굴이 그대들의 형제와 자매로 보일 때일세. 만일 그대들의 눈에 형제와 자매로 보이지 않으면 아직도 그대들의 마음은 밤일세."라고 말하였다. 남을 받아들이는 마음은 친절한 생활이고 용서하는 영성이다.[25]

5) 평화 : 공동체의 생활

함께 나눠라. 공동체의 영성은 함께 나누는 것이다. 나누는 것은 평화를 찾는 것이다. 공동체가 이기적인 집단이 되면 경쟁과 사리사욕에 사로잡힌다. 평화는 몫을 함께 나눈다. '평화(平和)'라는 한자는 '고를 평, 벼 화, 입 구'가 합쳐진 것이다. 즉 모든 사람의 입에 밥을 골고루 나누는 모습이 바로 평화다. 밥을 나누기 위해 마음을 모으는 것이 평화다. 반면 전쟁은 혼자만 독차지하려 하기에 피를 흘리는 것이다. 그러므로 함께 나누는 공동체의 영성은 평화를 실현하는 생활이다.

V. 영성 지도력 개발

인간을 측정하는 방법은 다양하다. 측정한다는 것은 주어진 조건과 환경을 얼마나 터득하였는지를 조사하는 것이다.[26] 조건과 환경을 터득하고 극복하는 능력이 클수록 측정 지수가 높게 나타난다고 일반적으로 이해한다. 먼저, 지능 지수(IQ, intellectual quotient)는 머리로 주어진 환경을 헤쳐 나가는 능력을 말한다. 그리고 감성 지수(EQ, emotional quotient)는 타인과 감정을 교류하는 공감 능력과 자기 자신의 감정을 조절하는 능력을 의미한다. 한 사람의 행복한 삶에 대한 기여도는 지능 지수가 20%, 감성 지수가 80%라고 한다. 다시 말하면 정서적 안정과 자신감, 그리고 성취력이 행복한 삶을 결정한다. 마지막으로 영성 지수(SQ, spiritual quotient)는 자기 자신과의 관계, 다른 사람과의 관계뿐만 아니라 하나님과의 관계에서 성숙한 삶을 사는 능력을 말한다. 지능 지수와 감성 지수가 각각 머리와 가슴에 관계된다면, 영성 지수는 손과 발을 움직여 행동하게 하는 의지에 관계된다. 다양한 환경과 조건 속에서 하나님의 뜻에 얼마나 자신의 뜻을 맞추어 사는지를 측정하는 것이다. 영성 지수는 하나님의 뜻을 알고, 함께하심을 가슴으로 뜨겁게 느끼며, 그분의 뜻대로 살려고 애쓰는 의지를 말한다.

영성과 지도력은 상관관계가 있다. 지도력을 가진 사람이 영성을 개발하지 않으면 지도력을 발휘할 수 없다. 개인 영성의 기준은 데살로니가전서 5장 16~18절 말씀에서 찾아볼 수 있다. 기쁨과 기도와 감사가 영성의 내용이라면 '항상, 쉬지 말고, 범사에' 라는 수식어는 조건과 환경이다. 주어진 조건과 환경을 터득하고 극복할 때 영성 지수가 높아진다. 그리스도인으로서 하나님의 뜻을 이루려 노력하는 것이 영성 개발이다.[27]

1. 기쁨 개발

인생은 기쁠 때도 있고, 슬플 때도 있고, 편안할 때도 있고, 두려울 때도 있다. 희로애락이 교차하는 것이 인간의 삶이다. 그럼에도 "항상 기뻐하라."는 말은 기쁜 일이나 슬픈 일이나 오래지 않아 사라질 것임을 알아야 한다는 의미다. 이것을 안다면 어떤 일이 일어난다 해도 마음의 기쁨을 잃지 않게 된다. 혼자 오래 간직하려는 부담 때문에 기쁨은 사라진다. 기쁨과 슬픔의 조화를 자연스럽게 받아들이면 '항상' 이라는 조건을 터득하게 된다. 항상 기뻐하는 삶을 위해서는 다음 몇 가지를 개발하여야 한다.

첫째, 나누는 기쁨이다. 혼자만의 기쁨은 그 안에 이기적인 자기 노력이 숨어 있기에 하나님의 뜻이 아니다. 오병이어의 이야기(요 6:1~15)는 나눔의 기적을 보여 준다. 제자 안드레는 어떻게 적은 빵으로 많은 사람들을 먹일 수 있겠느냐고 말한다. 많다고 기적이 일어나는 것이 아니다. 나눌 때 같이 기뻐하는 기적이 나타난다. 예수는 기쁨을 나누기 위해 세상에 오셨다(눅 2:14). 한 사람의 기쁨이 나누어질 때, 평화가 된다. 평화(平和)라는 한자에는 모든 사람의 입에 골고루 쌀을 나누는 모습이 담겨 있다. 내 기쁨이 사라지더라도 너의 기쁨 때문에 '항상' 우리는 기쁠 수 있다. 예수께서 십자가에 달리시기 전에도 "내가 지금 누리는 기쁨을 같이 나누어 너희도 기쁨이 넘치게 하라(요 15:10~11)."고 부탁하신다. 넘치는 기쁨에도 '항상'의 의미가 담겨 있다.

둘째, 찾는 기쁨이다. 누가복음 15장에는 이와 관련한 세 가지 비유 이야기가 나온다. 이 비유들의 공통점은 잃었다가 되찾은 기쁨을 동네 사람들과 함께 나눈다는 것이다. 잃은 것을 되찾는 것은 하나님이 원하시는 것이다. 그래서 하늘에서는 회개한 죄인 한 사람을 두고 기뻐할 것이라고 말씀하신다(눅 15:7, 10). 여기서도 되찾은 기쁨을 나눌 때 모두의 기쁨이 된다.

셋째, 기뻐하는 생활을 연습하는 것이다. 기쁨은 일회용도, 순간도 아니다. 날마다 기뻐하는 연습을 해야 한다. 그러다 보면 자연히 항상 기뻐하게 된다. 많이 아는 것이 아니라 초월하여 항상 긍정하는 삶의 자세가 기쁨의 원동력이다. 기쁨은 생활 속에서 배우고 연습할 때 자연스럽게 삶의 자세가 된다.

2. 기도 개발

"쉬지 말고 기도하라. 이것이 하나님의 뜻이다." 사람이 어떻게 쉬지 않고 기도만 할 수 있을까? 다른 일은 밤새도록 하라고 해도 할 수 있다. 그러나 기도의 경우는 여간 힘든 것이 아니다. 이 말은 기도를 생활화하라는 의미다. 이를 위해 기도생활도 개발하여야 한다.

첫째, 시간을 정해 규칙적으로 기도한다. 수많은 점들이 모여 하나의 선이 된다. 쉬지 않음을 하나의 선으로 본다면 정해진 기도 시간은 이 선을 이루는 점이다. 규칙적으로 하면 그 사이에 공백이 있다 해도 언제든지 하나의 선으로 이을 수 있다. 선을 잇는 것이 기도다.

처음 예루살렘 교회 지도자들은 시간을 정해 규칙적으로 기도하면서 자신들의 영성과 지도력을 관리하였다. 베드로, 야고보, 요한은 정규 기도 시간에 기도하러 가다가 기적을 베푼다(행 3:1~8). 가이사에 사는 로마 군인 고넬료와 베드로가 만나 하나님의 은혜를 나누고 성령을 체험하게 된 것도 정규 기도 시간이 매개가 되었다(행 10:1~33). 성경은 고넬료가 늘 기도하는 사람이었고, 그의 기도를 하나님께서 기억하셨다고 증언한다. 그의 기도는 정규 기도 시간인 오후 3시에 응답을 받았다(행 10:3~4, 30). 이처럼 늘 기도한다는 것은 규칙적인 기도 시간을 의미한다.

바쁜 일상생활에서 시간을 정해 기도하는 일은 쉽지 않다. 그러므로 규칙적인 시간 나눔이 필요하다. 규칙적으로 드라마를 시청하는 사람은 그 드라마 이야기가 쉬지 않고 가슴에 흐른다. 규칙적인 기도를 인생의 정규 프로그램으로 설계할 때, 쉬지 않고 기도할 수 있게 된다. 규칙적으로 시간을 정하여 기도하는 것은 일상생활 속에서 기도의 영성을 찾는 일이다.

둘째, 끈질기게 기도하는 태도다. 신대륙 아메리카를 발견한 콜럼버스(Christopher Columbus, 1446~1506)의 이야기가 여기에 속한다. 이탈리아 제노아 출신의 콜럼버스는 그 당시 세상을 지배하던 천동설을 뒤엎고 지동설을 믿은 사람이다. 지동설을 학문적으로 증명한 코페르니쿠스(1473~1543)보다는 27년, 갈릴레오(1564~1642)보다는 118년을 앞서 산 사람이다. 그러나 그들과는 달리 콜럼버스는 지구가 둥글다는 것을 이론과 학문적 지식이 아닌 삶의 경험으로 증명한 셈이다. 그에겐 배가 없었다. 오직 수평선 저 너머로 계속 저어 가면 인도에 도달할 수 있다는 신념뿐이었다. 그의 이러한 열정이 스페인의 여왕 이사벨라 I세의 마음을 움직였다. 여왕은 콜럼버스에게 배와 선원, 그리고 항해에 필요한 경비를 대주었다. 끈질기게 구한 기도가 응답된 것이다. 가까스로 배를 얻었지만 그 다음은 주위의 비웃음에 직면해야 했다. 항해 준비가 거의 끝날 무렵 이사벨라 I세 여왕에게서 편지가 왔다. "똑바로만 가라, 콜럼버스여. 만약 그대가 찾는 땅이 존재하지 않더라도 신은 그대의 용감함에 보답하기 위해 특별히 그대를 위해 그 땅을 창조하실 것이다. 똑바로만 가라, 콜럼버스여. 찾으라. 얻을 것이다." 마침내 항해가 시작되었다. 섬 하나 없는 망망대해에서 파도와 태양, 열사병과 향수병을 이겨 나가며 끈질기게 기도하였다. 결국 콜럼버스의 끈질긴 기도는 신대륙 발견의 실마리가 되는 서인도 제도 산살바도르(San Salvador)를 얻게 되었다.[28] 끈질기게 문을 두드리면 문은 반드시 열리게 되어 있다. 기도는 열릴 수 없는 벽을 두드리는 것이 아니라 열릴 준비가 된 문을 두드리는 것이다.

셋째, 하나님의 뜻을 이루는 중보의 기도다. 사람은 모두 자기중심적이기에 자기의 뜻을 구한다. 하지만 기도는 자기의 뜻이 남의 뜻으로 이관될 때 비로소 이루어진다. 자신의 몸을 사랑하는 마음이 이웃을 위한, 남을 위한 사랑이 되게 하라고 예수는 당부하셨다. 너를 위한 나의 기도는 반드시 이루어진다고 믿는다. 자신을 위해 기도해 주는 누군가가 많은 사람은 행복하다. 하지만 누군가를 위해 기도하는 사람은 더 행복하다. 복음성가의 가사처럼 "지쳐서 기도할 수 없고, 홀로 외로워서 마음이 무너지는" 사람들이 눈에 들어올 때 영성은 시작된다. 그들을 위해 중보의 기도를 할 때 기도의 영성은 더욱 개발된다.

3. 감사 개발

범사에 감사하라는 것도 힘든 조건이다. 무엇 때문에 감사하는 것이 아니라 무엇임에도 불구하고(in spite of) 감사하라는 것이다. 밝은 때뿐 아니라 어두움이 닥쳤을 때도 감사한다. 하루의 삶은 빛과 어두움으로 나뉜다. 이러한 삶의 반복으로 인간은 성장한다. 그런데 밝은 빛만 인생의 즐거운 부분이라고 생각하는 것은 잘못이다. 어두움은 원수가 아니다. 오히려 영혼의 성숙을 도와주는 중요한 요소다. 문제는 어두움을 받아들이는 태도다. 어두움은 진이 다 빠져 버린 시간, 슬픔과 애도 속에 묻히는 순간, 절망과 공허한 마음, 영적으로 황량한 상태, 안절부절못하는 상태, 뒤죽박죽된 상황, 숨통을 조이는 일들, 무기력으로 빠지게 하는 고통, 자기모멸로 기가 꺾인 상태를 의미한다. 이러한 경험들이 영혼의 성숙을 위한 선물이 되는 것은 어두움을 대하는 태도에 달려 있다.[29] 그리고 그 태도가 바로 범사에 감사하는 것이다. 어두움을 피할 수 있는 방법은 없다. 인생이 자기 그림자를 어떻게 쫓아낼 수 있는가? 빛이 강할수록 그림자는 더욱 선명하다. 삶을 변화시키는 것은 어두움을 진지하게 받아들이는 마음뿐이다. 그것이 감사이고, '범사'라는 조건에 대한 올바른 이해다. 이 어두움의 환경과 자기 앞에 놓인 조건을 받아들일 때 영성은 개발된다.

어둠과 시련의 조건들을 받아들이고 감사의 영성을 개발한 대표적 인물이 구약성서의 다윗이다. 다윗이 노래한 시편 23편은 온통 감사의 조건이다. 왕의 자리와 망명생활 사이에서 부른 희망의 노래다. "내가 사망의 음침한 골짜기를 다닐지라도 해를 두려워하지 않는 것은…." 원문에 나타난 사망의 음침한 골짜기는 '비카'의 골짜기로, 예루살렘으로 여행 온 사람들이 마지막으로 묵던 숙소다. 오아시스가 아니라 눈물처럼 소금기가 있어 눈물골짜기다. 이 곳에서 희망의 노래를 부를 수 있는 것은 영성의 신비를 찾는 시간이 되기 때문이다.

조건은 감사하는 태도다. 예수는 고침 받은 열 명의 나환우 중 한 명만이 돌아와 감사하는 것을 보시고는 감사하지 못한 사람들의 태도를 질책하셨다(눅 17:11~19). 그들은 왜 예수께 감사하지 못했을까? 감사의 조건을 찾지 못한 것이다. 그 이유에 대하여 찰스 브라운(Charles L. Brown)은 그들의 궁색한 변명을 소개한다.

"첫 번째 사람은 '문둥병이 진짜 나은 것인지 한번 확인해 봐야겠어.' 두 번째 사람은 '병이 낫기는 했는데 과연 이것이 앞으로도 지속될까?' 세 번째 사람은 '천천히 주님을 찾아뵈어도 괜찮아!' 네 번째 사람은 '이제 보니 문둥병이 아니었던 것 같아.' 다섯 번째 사람은 '약간 나은 정도야!' 여섯 번째 사람은 '제사장에게 감사드렸는데 뭐.' 일곱 번째 사람은 '주님이 나를 위해 특별히 애쓰신 것도 별로 없는데 뭐.' 여덟 번째 사람은 '이런 것은 랍비 된 사람이면 누구나 할 수 있는 일인걸.' 아홉 번째 사람은 '사실 나는 이미 회복되고 있었어.' 라고 생각했을 것이다."[30]

범사에 감사하라는 조건은 어두움에 있을 때뿐만이 아니라 빛을 본 이후에도 마찬가지다. 조건과 환경이 문제가 아니라 그것을 어떻게 받아들이느냐가 문제다. 어두울 때 감사하는 것은 성숙의 표현이고, 이는 영성 개발의 한 단계.

1) 이원규, "21세기 한국교회의 변화와 수평이동 현상,"「신학과 세계」제52호(2005년 봄), 148-154.

2) Don S. Browning, "Religious Education as Growth in Practical Theological Reflection and Action," in *Education for Citizenship and Discipleship,* ed. Mary C. Boys (New York: The Pilgrim Press, 1989), 148.

3) James D. Glasse, *Profession: Minister* (Nashville: Abingdon Press, 1968).

4) Barbara Kimes Myers & William R. Myers, *Engaging in Transcendence* (Cleveland: The Pilgrim Press, 1992), 65.

5) 아브라함 요수아 헤셸,「어둠 속에 갇힌 불꽃」, 이현주 역(서울: 종로서적, 1980), 130. 정직에 대한 글과 사상은 키르케고르의 저서에 잘 나타난다. 키르케고르는 1855년 그가 숨을 거두는 해에 "나는 무엇을 원하는가?" "단순하다. 정직을 원한다." 라고 했다. 모든 거짓에 마침표를 찍으려던 사람이다.

6) Claude Welch, "Reinhold Niebuhr," *Twelve Makers of Modern Protestant Thoughts* (New York: Association Press, 1971), 58.

7) 손원영,「기독교교육과 프락시스」(서울: 한국장로교출판사, 2001), 117.

8) 손원영,「영성과 교육」(서울: 한들출판사, 2004), 114.

9) Kevin Lagree, "웨슬리 전통에서 본 지도력과 영성,"「존 웨슬리 회심 256주년 기념」(서울: 기독교대한 감리회 본부 선교국, 1994), 11-12.

10) Richard Foster,「영적 성장을 위한 제자훈련」(서울: 보이스사, 1987).

11) 임영택, "웨슬리의 체험사상과 실천교육모형 연구,"「웨슬리신학과 오늘의 교회」, 협성신학연구소 편(서울: 기독교대한감리회 홍보출판국, 1997), 257-258.

12) Urban T. Holmes III, *History of Spirituality* (New York: Seabury Press, 1980), 4.

13) 손원영,「영성과 교육」, 158-164; 유해룡,「하나님의 체험과 영성수련」(서울: 장로회신학대학, 1999), 65-112.

14) Henri J. M. Nouwen,「예수님의 이름으로」(서울: 두란노출판부, 2000).

15) Henri J. M. Nouwen, *Reaching Out: The Three Movements of the Spiritual Life* (Garden City, N.Y: Doubleday, 1986).

16) C. E. Nelson, "Toward Accountable Selfhood," in *Modern Masters of Religious Education* (Birmingham:

Religious Education Press, 1983), 171.

17) Myers & Myers, *Engaging Transcendence,* 72, 94.

18) 임영택, 「당신의 지도력을 개발하라」(서울: 도서출판 대림디자인, 1997), 140.

19) 열왕기상 3:3-14, 11:4-13.

20) Palmer Parkers, 「가르치는 용기」(서울: 한 출판, 1999), 11.

21) 임영택, 「당신의 지도력을 개발하라」, 106.

22) Bonnie Thurston, *Spiritual Life in the Early Church* (Minneapolis: Fortress, 1993), 23-33.

23) 임영택, 「당신의 지도력을 개발하라」, 52.

24) *Ibid.,* 76.

25) Fredric A. Brussat, "50 Ways to Keep Your Soul Alive," *Values & Visions* (Vol. 24, No.1, 1993): 하시즘의 이야기에서 인용; Robert J. Wicks, ed. *Touching the Holy* (Ave Maria Press, 1992); 고진하, 「그대 영혼에 그물을 드리울 때」(서울: 현대문학, 1997), 11.

26) 임영택, 「교육목회 지침서」(서울: 기독교대한감리회 교육국, 2001), 114.

27) 임영택, 「당신의 지도력을 개발하라」(서울: 도서출판 대림디자인, 1997), 102, 105.

28) 「25시」의 작가 비르질 게오르규가 쓴 콜럼버스에 대한 이야기다.

29) Joce Rupp, 「작은 불꽃: 인생길의 어둠과 성숙」, 김준우 역 (서울: 한국기독교연구소, 1977), 17-23.

30) 김성찬, 「그리스도의 편지」(서울: 규장문화사, 1987), 170-171.

소명과 교육 지도력

9

I. 교사와 소명

교사에게 요구되는 것은 두 가지다. 하나는 소명감이고, 다른 하나는 지도력이다. 이 둘은 상호 관계적이기에 어느 하나만을 중요시하면 좋은 교사가 될 수 없다. 그러나 순서 는 있을 수 있다. 교사에게 우선하는 것은 탁월한 지도력 이전에 '내가 부르심을 받은 사 람'이라는 소명감이다. 소명감과 지도력을 조화롭게 겸비하면 더 이상 좋을 것이 없다.[1]

1. 소명과 직업주의

하나님은 고린도 교회를 위해 교사를 포함하여 "몇을 세우셨다(고전 12:28~30).[2] 세웠다는 말은 부르심과 선택을 의미한다. 부르심은 지도자가 되는 첫 번째 과정이며, 그 권한은 하나님께 있다. 하나님의 부르심(confrontation)에 인간은 응답(response)할 뿐이다.[3] 응답의 태도는 두 가지로 나타난다. 하나는 부르심에 대해 근심하는 것이고, 다른 하나는 고민하는 것이다. 근심과 고민의 차이는 부르심에 응답하기 위해 자기 이익을 포기하느냐 그렇지 않느냐에 달려 있다. 부르심에 대하여 고민하며 응답할 때 소명감(calling)이 형성된다. 한 예로 모세를 보자(출 3:1~14). 하나님은 모세를 부르신다. "이집트에 가서 내 백성을 구하라." 모세는 하나님의 부르심 때문에 근심한다. '이집트에 가면 죽을 게 뻔하다. 그럼 딸린 식구들은 어떻게 되는가?' 한편 그 부르심은 모세에게 자신의 삶을 되돌아보게 한다. 지난날의 삶과 민족을 돌아보며 고민이 시작된다. 그 고민과 갈등은 자기를 포기하는 데에 이르고, 결국 하나님의 부르심에 응답한다. 모세는 근심하는 목동이 아니라 위대한 민족의 지도자가 된다.

소명에는 두 가지가 있다. 하나는 부르심에 대한 소명(vocation as a calling)이고, 다른 하나는 직업으로서의 소명(vocation as a career)이다. 루터는 소명을 천직으로 발전시켰다. 그러나 오늘날에는 이러한 소명이 부르심 없는 경력 위주의 직업으로 전락하였다. 부르심에 어떻게 응답하느냐에 따라 차원이 달라진다. 어떤 이는 교직을 성직으로 본다. 그래서 소명의식을 가지고 교직에 임한다. 반면 어떤 이는 기술직으로 생각한다. 그래서 교과목을 어떻게 하면 잘 전수할지에 관심한다. 어떤 이는 전문직으로 생각하여 교사의 책임과 업무를 충실히 이해하려고 한다. 어떤 이는 생계를 꾸려 가기 위한 노동직으로 여긴다. 같은 직종이라도 부르심에 어떻게 응답하느냐에 따라 소명과 직업주의로 나뉜다.

하나님이 교회를 위해 교사로 부르셨다. 교회에서의 일은 직업이 아니다. 하나님의 가족을 돌보는 일이다. 가족을 돌보는 사람이 자신의 일을 생계를 위한 노동직으로 본다면 얼마나 비참할까? 부르심은 하나님에 의해 시작된다. 그리고 어떻게 응답하느냐는 매일의 생활에서 소명감으로 나타난다. 교회의 지도자가 자신의 존재 이유(ontic), 즉 '왜 나를 부르셨는가?'를 확인할 때 비로소 소명의식이 되살아난다. 파커 파머(Parker Palmer)는 교사의 존재 이유를 아는 것이 가장 중요한 일이라고 주장한다. 이것은 어떻게 가르칠지에 대한 생각보다 앞서는 것이다. 교사는 무엇을(what), 어떻게(how), 왜(why) 가르쳐야 하는지를 생각하기 전에 자신이 누구(who)인지를 물어야 한다. 파머는 교사의 존재, 즉 자신이 누구(who)인지를 깨닫는 것은 '왜(why) 나를 교사가 되게 하였는가?'라는 질문에서 시작된다고 말한다.[4] 부르심에 대한 응답은 소명감이다.

2. 직(Office)과 기능(Function)의 차이[5]

교회를 위한 부르심에도 두 가지 차원이 있다. 고린도전서 12장 28절에는 부르심을 받은 사람들의 명단이 나온다. 그런데 자세히 살펴보면 첫 번째부터 세 번째까지는 순서가 있는데 네 번째부터는 순서 없이 '그 다음'이라는 말로 처리하였다. 예사로 볼 일이 아니다. 분석해 보면 첫째부터 셋째인 사도 – 선지자 – 교사는 사람(생명)을 위한 부르심이고, '그 다음'으로 처리한 이들은 일(업적)에 관계한 부르심이다. 다시 말하면 같은 부르심이라 해도 직과 기능은 다른 것이다.

사도(apostle)는 복음 선포의 능력이 있는 사람이다. 선지자(prophet)는 하나님의 계약법에 비추어 복과 진노를 예시하는 판단력이 있는 사람이다. 교사(teacher)는 하나님의 말씀을 생활 속에서 가르치는 사람이다. 이 세 사람은 생명문화를 위해 일한다. 반면 능력, 치유, 돕고 다스리는 일, 방언은 잘하느냐 못하느냐를 가늠할 수 있는 기능적인 일이라고 볼 수 있다. 기능적인 일에는 충성이 따른다. 사도 바울도 "(일을) 맡은 자에게 구할 것은 충성"이라고 했다(고전 4:1). 충성은 기능적으로 배가와 확장이라는 의미가 있다. 달란트 비유에서도 두 배를 남겼을 때 '착하고 충성된 종'이라는 칭찬을 받는다(마 25:20~21). 그러나 두 배 이상이면 충성이 아니라 '기적'으로 보아야 한다. 기능이 아닌 생명의 문제는 기적의 문제다. 사람(생명)을 돌보고 뒷바라지하는 일에는 헌신이 요구된다. 헌신은 자기 자신을 죽일 때 가능하기에 기능적으로 잘하고 못하는 것으로 분리할 수 없다. "한 알의 밀알이 땅에 떨어져 썩어 죽을 때 많은 열매를 맺는다. 자기 생명을 미워하는 자는 영생하도록 보존한다(요 12:24)." 이 말씀도 생명의 문제는 헌신과 기적을 동반하는 사람 안에 있다고 말한다. 하나님의 일은 기능에만 머물러서는 안 된다는 말씀이다.

직과 기능의 문제는 선한 사마리아 사람의 비유(눅 10:25~37)에서도 나타난다. 비유에 나오는 제사장과 레위인은 생명을 위해 부르심을 받고 일하는 직이다. 그런데 쓰러져 있는 생명을 무시하고 어디론가 바쁘게 갔다. 그들은 예배와 거룩한 업무를 처리하러 간 것일까? 여하튼 생명을 피했다는 것은 스스로 자신을 기능직으로 전락시킨 것이다. 물론 직을 잘 수행하려면 기능이 필요하다. 그러나 직을 기능화할 때 문제가 생긴다. 교회에서도 부르심을 받은 소명의 직이 기능화할 때 문제가 발생하는 경우를 종종 볼 수 있다.

3. 지도력 개발

부르심을 받아 세워졌다고 해서 다 된 것은 아니다. 고린도전서 12장 29절에 "다 사도이겠느냐. … 다 능력을 행하는 자겠느냐."라는 반문이 나온다. 선택된 자는 그 직을 위해 기능적인 노력을 다하여야 한다는 말씀이다. 즉 세움 받은 지도자에게는 지도력이 요구된다. 능력은 은사다. 자신의 직위를 알고 그에 따른 능력을 발견하고 개발하는 것이 교사를 지도자 되게 한다. 능력 개발은 자질과 역할 기능을 향상시키는 일이다. 그런데 바울은 고린도전서 12장 30절에서 "더욱 큰 은사를 사모하라."고 하며 고린도전서 13장에 사랑의 은사를 제시한다. 교사에게 가장 큰 지도력은 사랑이다. 교회의 일은 생명을 다루며 돌보는 일이기 때문이다. 돌봄(caring)은 사랑이 전제되어야 하기 때문이다. 예수께서도 시몬 베드로에게 사도직을 주고 교회를 세우게 하셨다. 그러나 그는 자신의 신앙 고백을 스스로 부인하며 다시 고기 잡는 어부(생계직)로 돌아갔다. 그 때 예수께서는 "네가 나를 사랑하느냐? 내 양을 돌보라(요 21:15~17)."고 부탁하셨다. 생명을 돌보는 교사의 조건은 사랑이다. 사랑의 지도력을 개발하여야 한다.

4. 부르심의 다양성(엡 4:11~12)

하나님의 교회를 위한 부르심의 직은 다양하다. 우리 몸의 지체가 많으나 모든 것이 한 몸을 이루고, 직임은 여러 가지이나 주(主)는 같다. 따라서 직임을 맡은 자들이 서로 경쟁할 때 분파가 생기고 문제가 일어난다. 다양한 직이지만 주님은 신앙공동체의 가족들을 돌보며 봉사를 통해 생명을 살리기 위해 모두를 부르셨다.

칼빈(John Calvin)은 교회의 직제를 두 가지로 구분하는데, 하나는 가르침을 위한 부르심(teaching order)이고, 다른 하나는 섬김을 위한 부르심(serving order)이다. 그리고 전자를 목사와 교사, 후자는 장로와 집사로 나누어 설명한다. 이 분류는 차별이 아니라 교회를 위한 질서다.[6] 이 질서가 무너질 때 교회가 혼란에 놓이게 된다. 한 가지 분명한 사실은 교육 지도력 안에 목사와 교사를 두었다는 것이다. 이 분류에서도 하나는 생명을 돌보는 것이고, 다른 하나는 일을 위한 관리에 관계된 것이다. 이를 뒷받침하는 근거로, 목사와 교사를 한자로 쓸 때 '스승 사(師)'를 쓴다. 스승은 인간을 교화하며 영적으로 인도하는 사람이다. 한자 '사'에는 스승 사 외에 '선비 사(士)'와 '일 사(事)'가 있다. 선비(士)는 일종의 전문직 혹은 기술직을 의미하며, 기능적인 의미가 담겨 있다. 일(事)은 노동직으로, 일은 열심히 하면 된다. 칼빈이 말한 섬김을 위한 직에서 집사는 '일 사(事)'를 쓴다는 점을 음미해 보라. 감리교 교리와 장정에 따르면 교인의 직무 중에 장로는 성도 30명을, 권사는 15명을 돌보아야 한다. 그러나 집사는 생명에 대한 직무가 제시되지 않는다. 각 부서에서 열심히 일을 하라는 의미다. 결국 생명을 돌보는 일과 봉사와 관리를 위한 일을 구분하여 명시하는 것이다.

5. 부르심의 자리

교사는 부름 받은 자로서 부르심의 뜻을 따라야 한다. 소명의식에 따라 지도력에 대한 관심도 올바르게 병행해야만 한다. 사도행전 6장은 사도들과 집사들이 갖추어야 할 관심과 지도력이 무엇인지를 밝혀 준다. 사도행전에 나타난 지도자들은 열심히 일을 했다. 성령이 임하여 권능을 받아 교회를 세우고 선교하였다. 신자들의 공동생활을 통하여 교회는 점점 부흥하였다. 사도들은 어디에 있든지 "예수께서 그리스도가 되심을 가르치고 전도하기를 쉬지 아니하였다(행 5:42)." 교회에 사람들도 많아지고 물질도 풍부하게 되었다. 교인들 중에는 어려운 사람들도 많아 구제 사업이 전개되었다.

그런데 문제가 발생했다. 구제 사업을 하는 중에 분배가 올바르게 이루어지지 않았다(1절). 지도자들도 사람들이기에 실수가 있었고, 받는 사람들의 욕심 때문에 불평불만이 생겼다. 신앙공동체의 순수했던 모습은 어디로 사라졌는가? 신앙심을 제쳐 놓은 채 물질의 풍요로움과 나눔이 앞선 프로그램이 될 때 문제가 발생한다. 사도들은 본의 아니게 구제 프로그램에 매달리지 않았는지 돌이켜 보게 되었고, 곧 자신들의 자리매김이 잘못되었음을 깨달았다. 그래서 돌이킨다. 생명을 위한 관심이 있어야 할 자리를 사업에 대한 관심이 차지하고 있었다는 사실을 인식한 것이다. 그래서 지도자들은 협력 중간 지도자를 뽑게 된다. 그들이 바로 성령과 지혜가 충만한 집사들이다(3절). 중간 지도자들에게 구제 프로그램을 맡기고 자신들은 원래의 직으로 돌아간다. 말씀 선포와 기도하는 일이다(4절). 교회 일에 질서가 잡히고 생명을 위한 말씀 사업이 왕성하게 되자 제자들의 수가 더욱 증가하였다(7절). 물론 구제 사업도 활발히 진행되었다.

교육 지도력에는 차등이 없다. 차이(differences)가 있을 뿐이다. 차이는 다양함 속에서 일치를 이룰 수 있다.[7] 하나님은 교회를 세우시기 위해 개개인을 부르셨다. 그 부르심에 소명의식과 지도력이 동반될 뿐이다. 그러나 부르심을 받은 사람은 늘 자신이 무슨 일을 위해 부르심을 받았는지 재확인하여야 한다. 즉 자리매김이다. 교회를 돌보기 위해 생명의 일과 사업의 일이 뒤바뀌지 않는 자리매김이다. 더욱 중요한 것은 교사에게 있어서의 부름심의 자리매김이다.

Ⅱ. 교사의 원형

처음부터 좋은 교사로 태어나는 사람은 없다. 교사로 지명되지도 않는다. 교사는 교사로서의 사명감을 가지고 그리스도를 본받아 좋은 교사가 되기 위해 노력하여야 한다. 즉 교사는 만들어지는 것이다.[8] 이러한 사회화의 과정에서 예수 그리스도는 좋은 모델이다. 감리교 교리적 선언 제2조는 다음과 같이 선언한다. "우리의 스승이 되시고 모범이 되시며 대속 자가 되시고 구세주가 되시는 예수 그리스도를 믿으며." 구세주이신 예수는 우리의 스승으로서 삶의 모범을 보여 주신다.

1. 사랑의 대속

교사의 첫 번째 원형은 사랑의 대속이다. 하나님의 사랑을 보여 주는 것은 교사의 첫째 조건이다. 바울이 고린도 교회 지도자들에게 마지막으로 부탁한 것도 사랑의 은사다. 사랑을 능가할 만한 지도력은 없다. 이 사랑의 은사가 예수의 삶에서 나타난다. 부자 청년이 예수를 찾아왔다. "선생님, 어떻게 하여야 영생을 얻을 수 있나요?" 그 때 주님은 "자기 것을 포기하여야 하지. 그대가 가진 것을 가난한 사람들에게 나누어 주고 나를 따르게."라고 말씀하셨다. 사랑하기에 죽을 수 있는 대속! 이것을 따라잡을 힘(力)이 어디에 있겠는가?

예수의 제자가 되는 것은 사랑의 대속자를 따라가는 것이다. 그 종착역은 예수의 죽음이다. 우리가 앞서 가신 지도자에게서 배울 수 있는 것이 바로 죽음이다. 죽는 연습, 자기 헌신, 자기 포기, 자기 부정이다. 하지만 죽는 것으로 끝나는 것이 아니다. 영원을 사는 것이다(막 8:35; 요 12:25). 예수님은 이러한 사랑의 지도력을 십자가에서 보여 주셨다. 하나님은 인간 개개인에게 한 달란트의 인생을 주셨다. 내 인생의 달란트는 하나(−)이지만, 또 하나(−)의 달란트가 포개져 더하기(+)를 이룬다. 마이너스에서 플러스가 된다. 나에게 준 한 달란트 때문에 그는 제로(0)가 된다. 죽음이다. 그러나 하나가 죽음으로 마이너스가 플러스로 바뀐다. 이것이 사랑의 대속이다. 이처럼 사랑의 대속을 보여 주신 예수가 지도력의 원형이다.

2. 삶을 가르치는 스승

교사의 두 번째 원형은 예수께서 스승으로서 보이시는 모습이다. 예수는 말씀을 선포하시고, 깨닫게 가르치시며, 상처받은 사람들을 치료하셨다. 사람들에게 말씀을 가르치실 때 모두들 놀랐다. 가르침이 하늘에 닿았기 때문이다. 모름지기 스승은 잘 가르쳐야 한다.

그러면 예수의 가르침의 방법은 무엇일까? 어떻게 가르치셨기에 모두들 놀랐을까? 예수께서 행하신 교육은 대상에 따라 접근 방법이 모두 달랐지만 그 모든 가르침이 삶의 변화를 위한 것이었다는 점에서 하나가 된다.

예수께서 가르치실 때 늘 부딪힌 그룹은 율법 학자들이다. 한 율법 교사가 사람들 사이에서 일어나 예수를 시험한다. 그 유명한 선한 사마리아 사람의 비유가 선포되는 장면이다(눅 10:25~37). "선생님, 내가 무엇을 해야 영생을 얻겠습니까?" 예수는 되묻는다. "네가 그 동안 연구한 율법에는 무엇이라 기록되었으며, 그것을 어떻게 이해하였느냐?" 대답은 오히려 물은 사람이 하여야 했다. "마음을 다하여 하나님을 사랑하고, 이웃을 내 몸과 같이 사랑하라고 배웠습니다." 정답이다. 예수는 "그러면 배운 대로 행하라. 그러면 살 것이다(do this and you will live)."라고 말씀하신다. 이 얼마나 논리적이며, 스스로 대답을 찾게 하는 탁월한 방법인가! 율법 교사는 다른 각도에서 다시 한 번 질문한다. "그러면 이웃은 누구입니까?" 예수는 비유로 이웃을 자기 몸처럼 사랑한 사람을 제시한다. 제사장, 레위인, 그리고 마지막으로 사마리아 사람이 등장한다. 앞의 두 사람은 선한 행동을 보이지 않고 자신들의 신분 역할에 치중한다. 여기서 사마리아 사람의 등장은 신분/계급의 문제가 아니라 인종 차별의 문제와 관련한 것이다.[9] 예수는 차별을 받아왔던 사람이 어떻게 사랑을 베풀었는지 그의 행위를 추상적으로가 아니라 매우 구체적으로 자세하게 설명한다. 그리고 되묻는다. "너는 이 세 사람 중에 누가 강도 만난 사람에게 이웃이 되어 주었다고 생각하느냐?" "자비를 베푼 사람입니다." 예수는 율법 교사에게 다시 말한다. "가서 너도 그와 같이 행하라."(go and do likewise)

이 말씀에 나타난 예수의 교육 방법을 몇 가지로 간추려 보자. 첫째, 논리적이다. 체계적인 이야기를 이끌어 영생이 무엇인지를 스스로 깨닫게 했다. 둘째, 질문법을 사용하여 스스로 알고 이해한 바를 대답하게 했다. 셋째, 강조법이다. 제사장과 레위 사람의 경우와는 달리 사마리아 사람에 대해서는 많은 설명을 하였다. 자세하고 구체적으로 사마리아인의 박애정신을 이야기하였다. 넷째, 차원이 다른 이웃의 개념이다. 율법 교사는 이웃이 누구냐고 질문하면서 이웃을 객관화시켰다. 그러나 예수는 "네가 좋은 이웃이 되어 주라."며 동일시하였다. 마지막으로 "너도 가서 그와 같이 하라."는 말로 두 번 결론지었다. 논리적이며 삶의 변화를 강조하는 교육 방법이다.

예수께 가르침을 받은 또 다른 그룹은 대중이다. 그들에게는 비유법을 사용하신다. 비유는 하늘의 이야기를 땅의 언어를 사용하여 깨닫게 하는 방법이다. 예수 주위에 모인 사람들은 보통 사람들이다. 보통 이야기를 하면 듣고 난 후에 그들의 일상에서 말씀이 되살아난다. 네 복음서 중에 왜 특별히 누가복음에 예수의 비유가 많은지 생각해 보자. 누가는 예수가 누구인지를 일반 사람들에게 알리려 했기에 예수께서 말씀하신 비유를 많이 기록한 것이다. 예수께서는 결론으로 반석 위에 집을 짓는 사람과 모래 위에 집을 짓는 사람의 비유를 말씀하신다. 지금까지 하신 말씀을 듣고 그대로 행하는 사람과 그렇지 않은 사람의 차이를 가르치신 것이다. 결국 삶의 경험을 강조하는 비유를 통해 가르치신 것도 궁극적으로는 삶의 변화다.

예수의 가르침을 받은 또 다른 그룹은 그의 제자들이다. 예수는 그들을 위해 특강과 세미나를 준비하지 않으셨다. 그 대신 여행하면서 식사하면서 어느 한 장소에 머물면서 그때그때 삶을 보여 주셨다. 제자들에게는 삶 그 자체가 교육 방법이었다. 사랑하라고 하시면서 친히 발을 씻기시고 "내가 한 것처럼 너희도 이렇게 하라(요 13:15)."고 하신다. "이렇게 기도하라."고 하시면서 기도의 본을 가르치신다. 마지막으로 십자가에서 돌아가시면서 사랑과 영생을 가르치신다. 십자가 이후의 부활 그 자체가 삶의 변화다. 이것이 삶을 바로 가르치는 참 스승의 모습이다.

3. 성육신의 모범

교사의 세 번째 원형은 성육신이다. 하나님께서 인간의 몸을 입고 직접 세상에 내려오신 것이다. 이것을 기리는 날이 크리스마스다. 그런데 예수 그리스도께서 왜 이 땅에 내려오셨는가? 지도력의 관점에서 볼 때 예수는 의사 소통자(communicator)였음을 알 수 있다. 여기에 두 가지 내용이 담겨 있다.

하나는 하늘과 땅을 이어 주는 지도력이다. 그 동안 하늘의 하나님과 땅의 사람들 사이에 원활한 의사소통이 일어나지 않았다. 예수의 오심은 하늘과 땅을 잇기 위함이다. 그것이 십자가이고 화목제다. 모름지기 신앙의 지도자는 하늘과 땅을 잇는 모범이 되어야 한다. 예수께서 "내가 누구냐?"라고 물으실 때 시몬 베드로가 "주는 그리스도시요 하나님의 아들입니다."라고 대답했다. 이에 예수는 그에게 복을 약속하시고 열쇠를 주신다. 더불어 "네가 무엇이든지 땅에서 매면 하늘에서도 매일 것이요, 땅에서 풀면 하늘에서도 풀릴 것이다."라는 특권을 부여하신다. 하늘과 땅을 잇는 특권이다.

교회교육과 일반교육을 생각해 보자. 일반교육에 비해 교회교육은 형편없다. 교사의 수와 질, 교육 시간, 교육 환경, 예산, 교육 장비와 자료, 부모들의 관심, 학생들의 참여,

가르침의 방법들 모두가 보잘것없다. 그렇다면 무엇 때문에 하는가? 무엇이 일반교육과 다르기에 어려움을 감수하면서도 유지하여야 하는가? 가르침의 차원이 다르기 때문이다. 신앙교육은 하늘과 땅을 이어 가는 사람을 만드는 일이다. 이 땅을 하늘로 바꾸고, 사람들의 마음을 하늘의 마음으로 바꾸는 것이다. 이를 위해 교사는 하늘과 땅을 이어 주는 예배, 신앙 고백을 가르치고 실천하는 의사 소통자가 되어야 한다. 신앙의 지도력은 하늘과 땅을 묶고 푸는 열쇠와 같다. 그 일을 위해 예수께서 성육신하신 것이다.

　다른 하나는 삶의 모범을 보이시는 지도력이다. 하나님께서는 인간에게 삶의 올바른 모습과 방법을 가르쳐 주셨다. 이를 위해 계명도 주셨다. 예언자들을 보내 하나님의 뜻을 끊임없이 전달하셨다. 하지만 이러한 노력에도 불구하고 의사소통이 이루어지지 않자 마침내 예수를 보내신 것이다. 예수는 이 땅에 하늘나라의 뜻을 전하기 위해 자신의 삶을 모범으로 보여 주셨다. "여러분, 그렇게 사는 것이 아닙니다. 이렇게 살아야 합니다. 하나님이 원하시는 것은 이런 삶입니다." 그분은 결국 친히 십자가에 달리셨다. 예수가 하늘의 뜻을 전하기 위하여 어떻게 지도력을 발휘하셨는지를 알려면 복음서를 자세히 읽어보라. 하늘의 이야기가 내 속에서 원활하게 의사소통되는 것을 경험하게 될 것이다. 결국 성육신은 삶의 모범을 보이신 의사소통의 지도력이다.

Ⅲ. 교사의 자질

　좋은 교사는 영성과 전문성을 겸비하여야 하는데, 이를 위해서는 세 가지 자질(quality)이 필요하다. 교사가 갖추어야 할 자질을 교육학자 그윈(P. H Gwynn)은 기초적인 자질, 필수적인 자질, 바람직한 자질로 구분한다. 아담스(A. M. Adams)는 이상적인 지도자의 자질을 신앙, 사랑, 능력이라고 표현한다.[10] 이 세 가지 중에서 첫 번째가 하나님과 교사 자신의 관계라면, 두 번째는 교사와 학습자의 관계이며, 세 번째는 교사와 일의 관계라고 은준관은 설명한다.[11] 교육 현장을 향한 교사의 마음으로 해석하면, 첫째는 하나님께 헌신하는 마음이고, 둘째는 학습자를 돌보는 마음이며, 셋째는 창의적인 교수법을 열심히 수행하는 마음이다. 이것을 도표화하면 다음과 같다.

기초적 자질	필수적 자질	바람직한 자질
신앙	사랑	능력
하나님과 교사의 관계	학습자와 교사의 관계	일과 교사의 관계
헌신하는 마음	돌보는 마음	열심 있는 마음

1. 기초적 자질

유능한 교사가 되기 위해서는 먼저 기초가 튼튼하여야 한다. 기초가 부실하면 건물을 빨리 짓고 아름답게 장식하여도 소용이 없다. 교사에게 필요한 튼튼한 기초는 신앙심이다. 신앙은 하나님과 나의 관계를 말한다. 그러므로 교사의 기초적 자질은 헌신하는 마음과 고백적인 태도다. 히브리서 기자는 "신앙은 바라는 것들의 바탕(히 11:1)"이라고 표현한다. 우리가 바라는 것이 무엇인가? 하나님의 나라다. 교회학교 교사가 하나님의 나라를 가르치는 바탕은 신앙의 힘이다. 또한 "보이지 않는 것들의 증거"라고 하였다. 신앙은 기초이기에 보일 수가 없다. 그러나 기초가 튼튼하기에 건물이 설 수 있고, 뿌리가 있기에 꽃이 피는 것이다. 즉 보이는 것들이 보이지 않는 것의 증거가 된다. "신앙 없이는 하나님을 기쁘시게 하지 못한다. 하나님께 나아가는 사람은 하나님께서 계신다는 것을 믿어야 한다."(히 11:6)고 성서는 말한다. 이러한 확신과 고백이 없다면 신앙생활에 문제가 생긴다. 만일 교사가 가르치는 내용에 고백과 확신이 없으면 변화를 일으킬 수 없다. 그러므로 교사의 기초적인 자질은 하나님과의 관계다. 하나님이 교사로 나를 부르셨음을, 살아 계신 하나님이 나의 주임을 고백할 때 헌신하는 마음이 생긴다. 이 기초적 자질을 위하여 교사는 늘 영적 관리에 힘써야 한다. 하나님이 자신을 왜 교사로 부르셨는지 늘 묻고 기도하여야 한다. 구원의 확신과 헌신하는 마음이 가장 근본적인 것이다. 전문성 이전에 자기 자신의 영성과 하나님과의 관계를 관리하여야 한다.[12]

2. 필수적 자질

필수적인 자질은 교사와 학습자의 관계에 관련된다. 교사는 교육 현장에서 혼자 일하는 사람이 아니다. 학생들과 함께 일한다. 함께 일하며 살기 위해 필요한 교사의 자질은 사랑과 돌보는 마음이다. 기초적 자질이 하나님께 열린 마음이라면 필수적 자질은 그 하나님이 사랑하는 학습자에 대한 사랑이다. 사랑은 교사가 선택해야 할 필수 과목이다.

교사로서 학습자를 돌보는 것은 목자와 같은 심정을 갖는 것이다. 돌봄은 목회다. 돌보는 목자의 마음은 잃은 양 한 마리의 비유(눅 15:1~7)에서 잘 나타난다. 비유에 등장하는 한 목자는 학습자(양)를 돌보는 교사로 이해할 수 있다. 그는 백 마리 중 한 마리를 잃어버렸다는 사실을 알게 된다. '잃다'라는 말은 소외, 낙심, 관심 없음을 의미한다. 그런데 그 많은 무리 중에 어떻게 잃은 양이 있다는 사실을 알았을까? 끊임없이 관심을 가지고 돌보았기 때문이다. 선한 목자는 양의 이름을 부르고, 양들은 목자의 음성을 안다. 이름을 부른다는 것은 출석 체크가 아니라 학습자에게 관심하고 그를 위해 기도하는 태도를 의미한다. 교사가 학생들을 위해 기도할 때 그들이 낙심하였는지 그렇지 않은지를 알 수 있다.

목자는 양을 잃어버렸다는 사실을 알고 찾아 나선다. 사랑의 수고다. 우리는 목자의 심정과 찾는 과정을 알아야 한다. 찾으러 나서는 태도는 모험이다. 모험은 용기와 신앙을 동반한다. 아흔아홉 마리의 양을 들에 두고 한 마리를 찾아다니는 목자의 마음은 사랑이다. 한 마리가 많은 수도 아닌데 아흔아홉 마리를 두고 모험을 한다. 한 마리와 아흔아홉 마리를 숫자로 비교하는 것은 어리석은 일이다. 현대인은 다수결의 원칙으로 적은 수를 소외시키거나 무시할 수도 있다. 그러나 목자는 한 마리를 찾아 나선다. 숫자에 연연하지 않고 한 생명에 관심을 두는 것이다. 목자는 99를 '필요성'의 숫자로 보았다면 1은 '귀중성'의 숫자로 보았다. 필요성의 숫자는 셀 수 있지만 귀중성의 숫자는 셀 수 없다. 귀중성의 언어는 생명, 우정, 진실, 사랑 등의 언어다. 살 수도 없고 세지도 못한다. 귀중성의 언어는 서열을 따지는 기수가 아니라 처음, 우선, 근본, 바탕으로 표현할 수 있는 서수로 나타낼 수 있다. 가치관은 필요성과 귀중성을 구분할 줄 아는 판단력이며, 그 가치를 어디에 두느냐에 따라 좋은 교사가 될 수 있는지 없는지가 가름된다.[13]

목자는 현대인이 보기에는 어리석은 사람일 것이다. 그러나 하나님의 나라에서는 그렇지 않다. 생명을 찾는 일은 학습자를 돌보고 사랑하는 모험에서 시작된다. 찾았을 때의 기쁨을 상상하여 보라. 그 기쁨은 교사만의 기쁨이 아니다. 모든 사람의 기쁨이다. 목자는 이웃과 벗들을 초대하여 잔치를 베풀었다. 기쁨을 함께 나누는 잔치가 바로 예배다. 기독교 신앙에서 예배가 필수 요소라면 찾는 기쁨이 포함되어야 한다. 모두가 함께 기뻐하는 예배가 되려면 필수적 자질인 사랑과 돌봄을 동반해야 한다.

3. 바람직한 자질

교사에게 바람직한 자질은 좋은 교사가 되기 위한 선택 과목이다. 그것이 능력이다. 학습 현장을 역동적으로 이끄는 창의적인 교수법 개발이다.[14] 능력은 기초적인 자질과 필수적인 자질을 돕는다. 추진력, 통솔력, 판단력, 카리스마, 인화력 등이다. 첫 번째와 두 번째 자질이 영성에 속한다면 능력은 전문성에 해당한다. 교사와 일의 관계다. 특히 이 능력은 감화와 변화를 주는 것이기에 위로부터 주어지는 능력이어야 한다.

처음 예루살렘 교회의 지도자 베드로는 말씀을 가르치고 선포하여 많은 사람들을 변화시켰다. 하루는 요한과 함께 성전에 올라가다가 성전 미문에 앉아 구걸하는 지체장애인에게 능력을 베푼다. 육신을 위한 일시적인 자선이 아니라 그들의 능력을 베푼다. 남에게만 의지하던 사람에게 독립하여 살 수 있는 힘을 불어넣어 준 것이다. 그들의 능력은 예수 그리스도의 이름이다. 사도 바울은 "십자가의 도는 구원 얻는 사람에게는 하나님의 능력(고전 1:8)"이라고 하였다. 예수 그리스도의 이름은 교사에게 능력의 원천이다. 기독교교육 교사는 사람의 힘으로 교수하는 것이 아니라 하나님이 주시는 힘으로 학습을 이끈다. 하나님이 주시는 능력 없이 남을 지도하는 것은 거짓 교사의 모습이다. 하나님의 능력 없이 교수하는 행위는 모방일 뿐이요, 이는 자기 업적에 도취하게 만든다.

Ⅳ. 교사의 역할과 기능

사람은 일생을 살면서 네 사람에게 영향을 받는다. 어려서는 가정에서 부모의 영향을 받는다. 부모를 통해 사랑을 배운다. 조금 자라면 친구들과 어울리며 우정을 배우고, 서로 영향을 주고받는다. 그 후 학교에 가서 스승을 만나 학문을 배우고 존경심을 배운다. 마지막으로 배우자를 만나 신뢰심을 배우며 한 가정을 책임 있게 꾸려 나간다. 네 사람 모두 매우 중요하다. 그 중에 어느 한 사람이 지나치게 큰 영향을 주거나 혹은 영향을 주지 않으면 삶의 질서가 어그러지게 된다.

그런데 오늘의 교육사회는 문제가 많다. 〈LG에드〉는 "생활과 가치관에 영향을 주는 집단"을 주제로 설문조사를 실시하였다. 응답자들은 한 사람의 생활과 가치관에 영향을 주는 사람을 부모(23%), 친구/동료(22%), 배우자(21%), 종교단체(10%), 선후배(9%), 자녀(8%), 형제자매(2%), 기타(2%) 순으로 꼽았다.[15] 이 통계 결과를 보면, 앞에서 제시한 생활과 가치관에 영향을 주는 네 사람 중 교사가 빠져 있다. 부모와 친구, 배우자는 각각 20% 정도씩 그 자리를 차지하는 반면, 교사의 영향력은 나타나지 않는다. 왜 그런가? 교사가 차지할 부분을 종교단체와 선후배(10%, 9%)가 차지하는 것은 무엇을 의미하는가? 그렇다면 교사가 학교에서 학습자들에게 아무런 영향도 주지 않는다는 말인가? 아니다. 오늘날 한국 교육사회에서 학교와 교사가 얼마나 큰 영향력을 발휘하는가? 대학 입시로 인생이 결정되고, 사교육비 때문에 가정 경제가 휘청거리며, 심지어는 학군이 부동산 경제에 영향을 주기까지 한다.[16] 이 얼마나 대단한 영향력인가?

그렇다면 이 통계가 이야기하는 문제는 무엇인가? 오늘날 교사는 대학 입시를 위해서는 큰 영향을 미칠지 몰라도 학생들의 삶과 가치관 형성에는 영향을 주지 못하고 있다는 의미다. 잘 가르치고 많은 지식을 주입시켜 좋은 대학에 많이 들여보내는 것이 교사의 직무가 아니다. 교사는 스승으로서 존경심과 삶의 질서를 가르쳐 주어야 한다. 그런데 이러한 역할을 종교단체와 선후배가 하고 있다. 사회화 과정에서의 역할 모형을 강조하는 신앙공동체 교육 이론에 따르면 종교단체(교회공동체)가 곧 교사다.[17] 그러므로 우리는 진정한 교사는 어떠한 역할을 하여야 하는지 알아야만 한다.

1. 교사의 유형

1) 독재형 교사

① 서로 의논을 하더라도 결정은 교사가 한다.

② 교사는 학생들에게 할 일을 주고, 각 과정에서 시행하는 활동을 규정하며, 지침을 준다.

③ 클래스 룸에서 학생들과 활동을 하더라도 자신을 그룹에서 스스로 제외한다.

④ 학생들을 향한 칭찬과 격려, 비판과 충고가 공정하지 않다.

⑤ 장점 : 열정이 있고 과업 수행을 잘한다. 교육 목표 제시와 정책을 혼자 이끌기 때문에 학생들이 혼란에 빠지지 않고, 교육을 기술적으로 잘 이끌 수 있다.

⑥ 단점 : 학생들의 자율성과 주체성을 도외시하여 수동적으로 만든다.

2) 자유 방임형 교사

① 어떤 것을 결정할 때 학생들이 자유롭게 개인적인 결정을 하게 한다.

② 학생들에게 많은 시간을 들이고 학습 자료를 제공하지만 교사의 참여와 역할은 없다.

③ 학습 목표 제시가 약하고 평가가 없기에 혼란을 가져올 수도 있다.

④ 장점 : 학생들이 자율적이고, 자기표현을 자유롭게 할 수 있으며, 교사와 학생의 관계가 인격적이며 상호작용이 강하다.

⑤ 단점 : 교사가 무기력하고 클래스 룸이 혼란에 빠질 때가 많다.

3) 민주형 교사

① 그룹 중심이며 학생들의 참여가 강하다. 학습을 분담하여 일을 한다.

② 교사는 함께 참여하며 의논하지만 결정을 주도하지는 않는다.

③ 교사는 학생들의 참여를 유도하고 동기를 부여하는 촉진자(facilitator) 역할을 한다.

④ 클래스 룸의 분위기가 창조적이며 공동체성을 띤다.

⑤ 학습 목표와 학생들 간의 동기부여가 골고루 일어난다.

⑥ 그룹 운영이 독립적, 책임적이다.

2. 교사의 역할

교사는 학생들과 함께 배를 타고 거친 바다를 헤쳐 나가는 사람이다. 선장의 임무는 다음과 같다. 첫째, 배의 최종 목적지인 항구를 명확하게 제시한다. 가야 할 방향을 정확하게 알려 주고 올바르게 인도하여야 한다는 것이다. 둘째, 그 항구에 왜 가야 하는지 배에 타고 있는 사람들에게 설득력 있게 설명하여 납득시키고, 각자 맡은 일을 잘할 수 있게 동기를 부여해야 한다. 셋째, 학생들의 능력을 잘 파악하여 적재적소에 배치하고 훈련시킨다. 이와 같이 교사의 역할은 학생들에게 바른 목표를 제시하고, 설득력 있게 설명하며, 학생들이 재능을 잘 발휘할 수 있게 조직하는 것이다.[18]

러즈벨트(R. E. Rusbuldt)는 위의 세 가지 임무에 대한 구체적인 역할을 7가지로 제시한다. 이것은 교사뿐만 아니라 지도자에게도 필요한 것이다. 첫째, 조직자(organizer)의 역할이다. 사람과 할 일 사이에 원활한 구조를 만드는 일이다. 재능과 일을 연결시키는 기능이다. 둘째, 의사 소통자(communicator)의 역할이다. 어느 한쪽이 일방적으로 주도하는 것이 아니라 쌍방통행의 의사 전달이 가능한 대화를 이끄는 역할이다. 셋째, 모든 학습의 구조를 잘 준비하고 지도하는 계획자(planner)의 역할이다. 목표를 세우고 방향에 따라 일을 추진한다. 넷째, 다른 사람의 이야기를 경청하고 칭찬하고 도와주는 조력자(facilitator)의 역할이다. 다섯째, 학생들에게 가능성을 보여 주는 창의자(creator)의 역할이다. 학생들의 미래를 긍정하고 열린 마음으로 학습을 이끌어 간다. 여섯째, 주어진 상황을 잘 판단하는 해석자(translator)의 역할이다. 학습 환경과 학생들의 기능을 잘 읽어 민첩하게 학습을 이끌어 가는 역할이다. 일곱째, 학습에 흥미를 주는 동기 부여자(motivator)의 역할이다. 학생들에게 감동을 주어 클래스 룸에 참여할 수 있게 의욕을 불러일으키는 일이다.[19]

교사는 신분에 따라 주어진 역할이 있다. 이것을 교육사회학에서는 역할 기대라고 한다. 신분과 역할 기대에 일치하는 행동을 하는 사람이 좋은 교사다. 처음부터 좋은 교사로 태어나는 사람은 없다. 좋은 교사란 교사의 직분과 맡겨진 임무, 그 역할을 수행하기 위해 성실히 노력하고 연구하는 사람이다. 중요한 것은 교사의 기능적인 역할과 교사의 자질에 상호 연관성이 있을 때 좋은 교사가 된다는 것이다.

3. 교사의 기능

기독교교육의 교사에게서 발견할 수 있는 기능적 이미지가 있다. 교육신학자 티모디 린(Timothy Arthur Linne)은 교사의 열 가지 기능적 이미지를 신학적 전통과 교수 – 학습의 유형으로 다양하게 소개한다. 또한 교육목회의 다양한 기능적 이미지를 위해 실험적 활동도 제시한다. 각각의 기능적 이미지는 네 가지 차원으로 구체화할 수 있는데, 이것은 큰 이미지를 구성하는 개별적 요소다.[20]

1) 부모(parents)의 기능

기독교 교사에게서 찾을 수 있는 부모의 기능적 이미지는 공동체에서의 역할을 의미한다. 공동체 안에서의 돌봄과 양육을 위한 헌신은 부모의 이미지가 으뜸이다. 부모로서의 교사가 바라는 교육목회의 목적은 신앙인의 성숙(maturity)이며, 교육의 기능은 양육(nuture)이다. 티모디 린이 제시하는 부모로서의 교사의 기능에는 네 가지 차원이 있다.[21]

첫째, 부양자(provider)다. 부모의 우선적인 책임은 자녀가 건강하게 성장할 수 있게 적당한 시기에 필요한 양을 적절하게 공급하는 것이다. 부모는 자녀들의 성장을 위하여 기본적인 요소를 제공하여야 한다. 또 무엇을 할 수 있다고 하기 전에 환경과 상황을 적당하게 마련해야 한다. 이러한 의미에서 교사는 학습자에게 무엇을 적절하게 공급하여야 하는지를 터득하여야 한다. 공급한다는 의미는 학습 경험을 위한 상호 의존적인 환경을 제공하는 것이다.

둘째, 보호자(protector)다. 예로부터 부모의 이미지는 정원사였다. 이는 성장을 위한 보호와 잠재성 개발을 나타낸다. 성장과 발전을 위하여 적당한 환경을 제공하고 보호하는 것은 교육신학자 웨스터호프의 이론이다. 그는 학교교육 – 교수형 모델에서 신앙공동체 – 문화화 모델로의 전환을 주장하였다. 이것은 학습자들의 신앙양육을 마련하고 보호하는 차원을 의미한다.

셋째, 모델(model)이다. 모델은 모방하고 응용하여 배우는 대상이다. 부모가 자녀들을 지도하고 이끄는 방법은 모형을 보여 주는 것이다. 부모의 삶은 자녀들이 삶 깊은 곳에 잠재적인 모형을 형성하는 데 결정적인 영향을 끼친다. 공식적인 것보다는 비공식적이며 삶의 잠재된 커리큘럼으로서의 모범이다. 이처럼 교사는 공동체 안에서 자신의 삶의 양식과 품행으로 커리큘럼을 형성한다.[22]

넷째, 신학자(theologian)다. 신학자의 기능은 부모와 자녀의 관계를 말한다. 이 관계에서 하나님의 형상이 구축되기 때문이다. 아이들은 부모의 표현을 통하여 하나님에 대해 추상적으로 배우게 된다. 그러므로 부모로서의 교사의 기능은 학생 개개인이 지닌 하나님 형상의 변화를 돕고, 발달하지 않은 초기의 하나님 형상을 수정하는 것을 돕는 것이다. 다시 말하면 하나님의 형상을 재구성하는 신학자의 역할이다. 신앙은 출생에서부터 죽을 때까지 삶의 주기에 따른 발전적 과정이기에 학습자가 하나님의 형상을 회복하고 수정하는 것을 돕는 신학자의 기능이 요구된다.

2) 코치(coach)의 기능

코치는 또 하나의 부모라고 한다. 학습자를 양육하고 책임감이 있다. 하지만 부모와 비교하여 몇 가지 다른 면이 있다. 코치는 부모와 달리 가르치는 분야에 대하여만 책임을 진다. 코치와 선수는 서로 기대하는 바가 맞지 않을 때 바꿀 수 있다. 그러나 부모와 자녀의 관계는 이와는 다르다. 교사로서의 코치는 이론과 학문적인 면보다는 시도와 실수를 통하여 배우는 경험적인 방법에 의존한다. 코치는 과학적인 방법을 동원하여 선수들에게 집중하여 훈련시킨다. 훌륭한 코치는 선수들을 독려하고 개발하여 좋은 경기를 하게 돕는다.[23] 코치로서의 교사가 바라는 교육목회의 목적은 성과 수행(performance)이며, 교육적 기능은 잘 가르치는 일(instruction)이다. 코치의 기능도 네 가지 차원이다.[24]

첫째, 감독자(supervisor)다. 감독자는 더 나은 성과를 위해 선수들을 지켜보고 관찰한다. 감독자는 개개인의 능력을 통찰할 수 있는 능력이 필요하므로 그 분야 출신이어야 한다. 감독자의 최후 목표는 승리이지만 먼저 선수들을 얼마나 지도, 안내, 관찰하는지가 중요하다. 개인보다는 팀을 중요시하고, 어떠한 상황에서든지 선수들의 개인적 발전을 돕는다. 이러한 의미에서 교사는 학습자의 성장을 돕기 위해 개인적 재능을 관찰하고, 개인과 공동체의 관계학습을 중요시한다.

둘째, 훈련가(trainer)이다. 훈련가는 학습자의 결과에 관심한다. 훈련가로서의 교사는 학습자의 이론적인 연구를 지켜보는 것이 아니라 실제적인 훈련을 지도한다. 훈련가는 학습자가 어떻게 자기의 삶을 헤쳐 나가는지를 실천적인 면에서 분석하고 돕는다. 교육 목회에서 신앙과 실천은 어느 한쪽으로 치우쳐서는 안 된다. 상호 관계적이어야 한다. 이런 시각에서 볼 때, 오늘의 기독교교육은 신앙 수행을 위해 훈련가로서의 실천학습에 더욱 관심할 필요가 있다.

셋째, 동기 부여자(motivator)다. 훈련가가 실천적 영역을 다룬다면 동기 부여자는 정신적 차원을 강조한다. 동기 부여자 기능은 학습자가 어떠한 결정을 할 때 그 동기가 무엇인지 알게 돕는 것이다. 긍정적 동기는 처벌에 부담 없이 스스로 결정하고 창조적으로 일을 하게 가능성을 열어 준다. 존 듀이는 학습자의 동기부여를 강조한다. 그것은 교사 중심도, 교과 중심도 아닌 학습자 중심에서 시작하기 때문이다. 그러므로 동기 부여자로서 교사의 기능은 학습자의 잠재된 마음을 열고, 학습을 흥미로 이끄는 것이다.[25]

넷째, 전략가(strategist)다. 전략가는 직접 실전에 참여하지는 않지만 역동적으로 그 속에 합류한다. 전략가는 전쟁에 나선 장수와 같다. 충분한 경험과 연구를 기초로 실전에 필요한 전략을 짠다. 감독자와 같이 분석하고 통찰하고 지켜본다. 그리고 실전에서 무엇을 포기할 것인지, 어떤 점을 보충할 것인지를 파악한다. 훈련가가 육체적 영역에, 동기 부여자가 정신적 영역에 속한다면 전략가는 지적 영역에 속한다. 전략가로서의 교사는 항상 교수-학습 계획에 몰두하며, 잘 계획된 학습을 이끌기 위해 연구하고 노력한다.

3) 과학자(scientist)의 기능

과학자로서의 교사는 교육의 목적을 문제 해결(problem-solving)로 보고, 교육 방법은 실험을 사용한다. 이와 같은 교육은 분석과 호기심으로 학습을 이끈다. 오늘날의 탐구학습이라든지 과학적 실증주의는 존 듀이의 실험주의 교육철학이 대표적이다. 과학자로서의 교사의 기능도 네 차원으로 구분할 수 있다.[26]

첫째, 발견자(discover)다. 발견자의 두드러진 특성은 독창성이다. 여기서 말하는 독창성은 무에서 유를 창조하는 것이 아니라 이미 존재하는 것을 새롭게 이해하고 다른 방법으로 이끄는 것이다. 발견자로서의 교사의 기능은 두 가지로 볼 수 있다. 하나는 매일 보는 익숙한 영혼이라도 잠재된 가능성과 재능을 발견하고 새로운 패러다임으로 접근하는 것이다. 다른 하나는 새로운 모습을 학습자에게서 발견했을 때, 체계적인 사고를 바탕으로 그것을 검증하고 이끌어내는 것이다. 익숙함 속에서 새로움을 발견하는 교육은 패러다임의 전환이다.

둘째, 이론가(theoretician)다. 과학자는 관찰을 통해 가설을 세우고 실험을 통해 발견하여 그에 대한 이론을 정립한다. 과학자가 이론을 세우기까지 수많은 실험과 시행착오를 거듭한다. 무작정 내세우는 주장과 검증되지 않은 논리는 자기 신념에 불과하다. 이론가로서의 교사는 예언자적 상상력을 설명하고 뒷받침하는 이론을 제시해야 한다. 미래를 내다보는 이론은 상상력학습을 이끈다.

셋째, 실험가(experimenter)다. 과학자는 이론과 실험을 병행해야 한다. 실험가는 자료를 수집 확인하고, 그 자료를 근거로 가설을 세워 실험을 해나간다. 과학자의 정신은 실험 정신이다. 교육목회자도 역시 실험 정신으로 학습자를 지도하여야 한다. 실험가처럼 학습자들의 재능과 신앙 성장을 위한 실험이 필요하다. 신앙 실험을 위한 가설의 기초가 신앙과 성서일 때 기독교교육이 된다.

넷째, 인공두뇌학자(cyberneticist)다. 과학자로서의 교사의 기능 중에 인공두뇌학자를 제시한 이유는 조절 기능을 그 핵심으로 보았기 때문이다. 항해를 하는 배가 최종 목적지에 무사히 도착하려면 피드백을 통한 조정이 필요하다. 만약 항로를 벗어났다면 최종 목적지를 상기시켜 변화를 유도한다. 교육목회자도 마찬가지로 규제와 완화, 그리고 목적 설정에 따른 피드백을 사용하여야 한다. 교사는 피드백을 통해 제시된 긍정과 부정에 대응하는 법을 익히고, 학습자의 반응에 따라 학습 목적을 안내하여야 한다.

4) 비평가(critic)의 기능

비평가로서의 기능은 분석가, 철학자, 폭로자, 무신론자의 차원으로 구분된다.[27] 이 역할들의 공통점은 촉발자로서 학습을 지도하는 것이다. 비평가가 보는 교육의 목적은 학습자에게 통찰력(awareness)을 갖게 하는 것이며, 교육적 기능은 탐구(investigation)다. 소크라테스와 그의 대화법이 이 기능과 연관된다.[28] 비평가의 기능에도 네 차원의 기능적 역할이 있다.

첫째, 분석가(analyst)다. 분석가는 복잡한 문제나 철학적인 현상, 또는 여러 가지로 고찰된 결과를 세부적으로 검사하는 사람이다. 분석가는 해석을 통하여 자료에서 의미를 찾으려 한다. 분석가로서의 교사는 역사적인 사실에 충실하고, 발견된 문제와 분석된 현상을 접목시키는 힘이 필요하다. 분석을 위해서는 비판적인 언어를 사용하며, 언어에는 역사적 사실과 그에 대한 회상, 미래에 대한 가능성이 담겨 있다.[29] 교사들은 역사적 사실에 대하여 명백성을 주장할 수 있는 안목이 필요하다.

둘째, 철학자(philosopher)다. 철학자는 분석가와 달리 통합적인 기능이 있다. 철학적 사고는 인간 내면에 대한 이해와 함께 이유와 논리가 뒷받침되기 때문에 비이성적이고 맹목적인 사고, 편견, 미신, 무지에서 벗어나게 한다. 철학적 기능은 '어떻게'라는 방법론보다는 존재론적이며 목적론적인 질문으로 학습을 이끈다.[30] 교사들은 방법의 기능보다는 철학자들의 이러한 역할에 주목할 필요가 있다. 왜냐하면 교육목회 현장에는 이성적이며 비판적인 사고가 신앙과 함께 존재하여야 하기 때문이다.

셋째, 폭로자(debunker)다. 교사는 불의와 악의 존재들의 계략을 꿰뚫어보고 폭로하는 힘이 있어야 한다. 하나님의 말씀에 비추어 진실을 규명하고 정체를 폭로하는 것은 용기이고, 용기는 신앙이다.[31] 비 진리를 진리로 호도하고, 결함을 발견하고도 인간적으로 덮으려고 하는 것은 올바른 가르침이 아니기 때문이다.

넷째, 무신론자(infidel)다. 드물긴 하지만 교회교육 현장에서 교사가 비판적인 태도를 보이면 무신론자로 오해를 받을 수가 있다. 비평가의 기능은 거부가 아니라 새로운 진실과 사고를 추구하는 모습이다. 도마는 부활의 진리를 추구하였기에 무신론자로 몰렸다. 그렇다고 그가 비 신앙가는 아니다. 교사의 무신론자로서의 기능적 역할은 믿음 부정, 진리 거부가 아니라 이성적이며 비판적인 사고의 한 과정임을 인지하여야 한다. 비평가의 기능에는 무신론적 혹은 비 그리스도인의 사고가 내재하여 있다는 사실을 간과하여서는 안 된다.

5) 이야기꾼(storyteller)의 기능

이야기꾼으로서의 교사는 말하는 사람 그 이상의 의미를 내포한다. 훌륭한 이야기꾼은 생명의 전달자이며, 삶을 재편집하는 사람이다.[32] 이야기꾼이 말하는 것은 그 자신과 다른 사람의 경험에서 얻은 것이며, 그는 다시 그 경험을 이야기를 듣는 학습자의 경험으로 만들어 준다. 이야기는 이야기가 전개됨으로 정체성을 형성하고, 상상력을 가지고 학습에 참여하게 한다. 이야기는 이야기를 함으로 이해와 경험의 지평이 확장된다. 그러한 의미에서 린은 이야기꾼으로서의 교사의 기능을 복음 전도자, 역사가, 신화학자, 만담가로 설명한다.[33]

첫째, 복음 전도자(evangelist)다. 교사의 복음 전도자로서의 기능은 기쁜 소식을 증거하는 역할을 가리킨다. 증거는 자기 경험과 고백이 담겨 있어야 한다. 단순히 알고 있는 지식을 전달하는 것이 아니라 삶에서 체험한 확신이 필요하다.

둘째, 역사가(historian)다. 역사가는 역사적 자료와 해석을 종합하여 이해할 수 있게 설명한다. 그들의 결정은 항상 증명할 수 있는 정보에 기초한다. 역사가의 임무는 정보 발견, 배열, 이해, 해석, 그리고 설명이다. 교사가 역사가가 된다는 것은 신앙에 관한 사실의 의미를 해석하고 이해시키는 과학적 방법론을 따르는 것을 말한다.

셋째, 신화학자(mythologist)다. 신화학자는 단순한 역사적 사실을 넘어 해석적인 이야기에 관심한다. 사실과 함께 주관적인 자료를 더 깊이 있는 방식으로 전달하려고 노력한다. 신앙을 이야기하는 교육목회자는 이야기 속의 신화와 신화가 발생한 문화를 이해하고 해석해야 하는 임무가 있다.

넷째, 만담가(raconteur)다. 만담가는 이야기하는 기술과 방법을 훈련받은 사람이다. 이야기를 통하여 상상력과 삶의 지평을 열어 준다. 교사가 성서 이야기를 하는 것은 학습자들을 성서의 사건으로 초대하는 것이다. 교사는 이야기를 통하여 듣는 이들을 하나님의 백성으로 결속시키고, 과거와 미래를 연결한다. 그러므로 만담가는 이야기를 전함으로 공동체의 문화, 습관, 생활 방법을 변화시킨다.[34]

6) 예술가(artist)의 기능

교회학교 교사를 예술가로 표현하는 것은 기능적인 면에서 음악과 미술의 창작 행위를 뛰어넘는다. 신앙이 이성적인 논리보다는 내면의 통찰을 표출한다는 의미에서 예술가의 기능이 요구된다. 예술가가 보는 교육목회의 목적은 표현하는 계시(revelation)이고, 그에 따른 교육적 기능은 창의성(creativity)이다. 예술가로서의 기능적 이미지도 네 가지 차원으로 세분화할 수 있다.

첫째, 창조자(creator)다. 창조자로서의 교사의 기능은 이미 존재하는 것을 끌어내는 것이다. 창조는 학습자의 의지력, 에너지, 능력을 통해 비전을 현실로 만드는 일이다. 티모디 린은 이것을 생명에 숨을 불어넣는 작업이라고 표현한다.[35] 이를 위해 교사는 학습자에 대한 깊고 간절한 관심이 필요하다.

둘째, 설계자(designer)다. 설계자로서 교사의 기능은 인간의 삶을 편집하고 설계하며 미래를 구상하는 것이다. 이를 위해 형태와 내용에 모두 관심해야 한다. 교사가 학습자에게 미래를 제시하고 인생을 설계하게 도울 때에는 외면뿐만 아니라 내면의 세계도 아울러 구상할 수 있게 이끌어야 한다.

셋째, 촉진자(evocateur)다. 촉진자는 정서적 영역에서 감성의 반응을 불러일으키는 역할을 한다. 교사가 예술가가 된다는 것은 학습자가 '찡하게 느끼는 것'을 표출할 수 있게 돕는 것을 의미한다. 인간사회를 변화시키는 예술이 참 예술인처럼 감성에만 머무르지 않고 삶의 외적, 내적 반응과 변화를 촉진시키는 것이 교사의 기능이다.[36]

넷째, 마술가(magician)다. 속임수로 흥미와 놀라움을 주는 마술이 아니라 삶의 변화와 자신과 이웃에 대한 경이감을 주는 마술이다. 교사가 성경을 가르칠 때 성경 구절이 생생하게 다가온다든지 그 말씀을 통하여 새로운 생활을 결단하게 된다면 마술처럼 신비로운 일이 아닐 수 없다. 이처럼 마술가로서의 교사는 아무런 흥미도 느끼지 못했던 학습자들을 헌신하는 그리스도의 제자로 변화시키는 것이다. 교사를 통하여 한 개인이 신앙공동체의 일원으로 살아가는 것도 마술가 기능의 결과다.

7) 환상가(visionary)의 기능

환상가로서의 교사가 보는 교육의 목적은 활력주기(animation)다. 현재의 삶보다 더 나은 삶을 보여줌으로 새 삶을 호흡하게 돕는다. 환상가는 가능성을 보여 줌으로써 삶의 근본적인 변화와 비전을 제시한다. 그는 희망을 소개하지만 그 결실은 학습자 개개인에게 개방되어 있다. 이 점에서 이데올로기나 전체주의의 환상과 다르다. 교육적 기능은 통찰력(insight)이며, 이 범주에 속하는 교육신학자와 목회자는 존 웨스터호프와 마틴 루터 킹

(Martin Luther King, Jr)이다.[37] 환상가의 네 가지 역할은 증인, 예언자, 결의론자, 권위자다.

첫째, 증인(witness)이다. 증인은 자신이 보고 경험한 것을 말하는 사람이다. 자신의 독특한 관점으로 과거에 기초하여 진실을 말한다. 죄랜 키르케고르의 사상과 작품이 이에 속한다.[38] 증인은 진실을 통하여 대중을 일깨우는 새로운 목소리다. 이러한 관점에서 볼 때, 복음을 가르치는 것은 교사가 증인으로 역사를 증언하는 교육 행위다.

둘째, 예언자(prophet)다. 증인이 과거에 기초하여 현재를 말한다면, 예언자는 현재에 기초하여 미래를 말한다. 예언자는 백성의 현재의 결단과 행위의 결과로 미래에 무엇이 닥칠지를 볼 수 있는 사람이다. 종종 고통당하는 사람으로 묘사되기도 하는 예언자는 미래를 보며 현실의 모습을 아파하는 사람이다. 예언자로서의 교사의 기능은 성서에 비추어 학습자의 현실을 직시하고, 그에 따른 미래를 제시하는 것이다. 교사는 예측된 미래와 상상력을 가지고 오늘을 사는 학습자를 키우는 역할을 한다.

셋째, 결의론자(cauist)다. 옳고 그름, 선과 악, 당위성과 비당위성에 대하여 말하는 사람이다. 결의론자는 양심의 소리에 따라 행동하는데, 만일 결의론자가 올바르지 못하면 궤변론자가 되고 만다. 결의론자에게는 어떤 입장을 선택하였느냐가 아니라 그 선택이 도덕적으로 최선의 선택이냐가 중요하다. 결의론자로서의 교사는 어떤 일을 선택하고 결정할 때 신앙적 양심에 근거해야 함을 가르친다.

넷째, 권위자(charismatic)다. 증인, 예언자, 결의론자가 환상가의 본질적인 차원에 속한다면 권위자는 학습자에게 비전을 주어 지금 있는 자리를 벗어나 다른 곳을 찾게 인도하는 역할을 한다. 권위자의 대표적 모델은 출애굽의 지도자 모세다. 모세는 백성에게 가나안의 비전을 제시하고 애굽에서 끌어내어 약속의 땅으로 인도하였다.[39] 교사는 학생들에게 하나님 나라의 비전을 제시하고 그들을 인도할 수 있는 능력의 소유자가 되어야 한다. 이를 위해서는 영적 능력의 카리스마가 있어야 한다.

8) 혁명가(revolutionary)의 기능

혁명가 이미지와 교육자 이미지는 많은 차이가 있다. 교육은 전통을 전수하고, 그 시대 문화에서 재 전통화하는 작업이다.[40] 그러나 혁명가는 관습과 관념을 벗어나 변화를 다룬다. 혁명가로서의 교사에게 교육 목표는 변혁(transformation)이고, 그에 따른 교육적 기능은 재건(reconstruction)이다. 혁명가로서 교사는 학습자의 교육적 평등을 원하는데, 이 범주에 속하는 교육자가 파울러 프레이리(Paulo Freire)다.[41] 혁명가의 이미지에는 혁신가, 계획가, 선동가, 변화 주도체 차원이 있다.

첫째, 혁신가(innovator)다. 혁신이란 한 개인에 의해 새로운 것으로 받아들여진 하나의 아이디어와 그 실행이다. 혁신가는 새로운 아이디어와 실행, 목적들을 존재하도록 고안하고 불러일으킨다. 그러므로 혁신가는 자기의 가치를 정해 놓고 모험과 도전을 한다. 혁신가로서의 교사의 역할은 학습자가 새로운 생각을 하게 돕고 시도하게 격려하는 것이다. 어느 한 곳에 안주하지 않고 좋은 것으로 개량하려는 노력을 심어 준다.

둘째, 계획가(planner)다. 혁명가로서 계획가는 그 역할 면에서 모순되는 부분이 있다고 생각할 수 있다. 계획가는 바람직한 미래와 그 방식들을 설계하기를 원한다. 그러나 혁명가는 대립하는 기능을 한다. 계획가는 미래를 대비하고 기회를 창조한다. 혁명가로서 계획가는 가치와 제도를 변화시키려고 노력한다. 그리고 이 변화를 어느 한쪽으로 치우치거나 강압적이지 않은 방향으로 이끌기 위해 설계한다. 계획가로서의 교사는 학습자의 변화를 위해 자기 실현과 자기 통제를 하며 미래를 제시한다. 이러한 의미에서 교사는 학습자와 미래를 위해 상호 행동적인 역할을 한다.[42]

셋째, 선동가(agitator)다. 선동가의 이미지는 위협적이다. 선동가는 안정적인 사람들을 불안하게 만들지만 이 불안은 목적을 향한 것이다. 종교교육가가 선동가처럼 행동하는 것은 의도적인 불안으로 새로운 환경을 제공하려는 것이다. 안주하려는 모습을 버리고 상상력을 가지고 변화에 도전하게 한다. 학습에서의 선동가의 역할은 동기를 부여하고, 수동적인 자세에서 목적을 향하여 탈출하게 하는 것이다. 선동가의 범주는 혁명가에게는 필수불가결하다.[43]

넷째, 변화 주도체(change agent)다. 변화 주도체는 선동하는 것으로 만족하지 않고 선동하는 과정(process)에 전념한다. 마치 성냥을 켜는 것에 만족하지 않고 불꽃의 타오름에 주목하는 것과 같다. 변화 주도체는 혁명의 운영 과정에 참여한다. 이 과정에는 공허한 대화나 상징적인 행동을 취할 여유가 없다. 변화에 전념하고 헌신할 따름이다. 그러므로 변화 주도체로서의 교사는 장기간 그리고 멀리까지 학습자와 함께 변화를 추구한다.[44]

지속성과 헌신성은 변화 주도체로서의 교사의 주요 특징이다.

9) 치료자(therapist)의 기능

치료자로서의 교사가 추구하는 교육 목적은 학습자의 통전성(wholeness)이다. 그리고 교육 기능은 통합하고 융합하는 과정을 사용한다. 치료자로서의 교사의 이미지는 학습자의 내면 여행을 통해 학습자 스스로 자기를 찾고 성숙한 자아 통합을 하게 도와주는 사람이다. 치료자로서의 교사를 대표하는 인물은 성공회 사제인 멀톤 켈시(Morton Kelsey)와 칼 융(Carl Jung)이다.[45] 치료자의 세부적인 역할은 치유자, 촉매자, 촉진자, 여행자다.[46]

첫째, 치유자(healer)다. 교육목회의 관점에서 학습자들은 상처받은 사람이다. 그들의 상처는 이제까지 그들을 둘러쌌던 환경과 조건에 의해 형성되었다. 교사는 실제적인 치료가 아니라 치료를 위해 실행 가능한 역할을 하는 것이다. 치유자로서 교사는 학습자들의 상처와 함께 상처를 만든 환경과 조건들을 함께 치유한다.

둘째, 촉매자(catalyst)다. 촉매자의 역할은 학습자의 욕구와 관심을 충족시키는 것이다. 욕구와 관심은 학습자의 바탕에서 출발하기에 학습자는 교사와 관계성의 변화를 고려하지 않는다. 그러므로 교사는 연령별 심리적 욕구와 문화환경에 관심을 기울여야 한다.[47]

셋째, 촉진자(facilitator)다. 교회학교 교사의 주요한 기능 중 하나다. 촉진자의 역할은 독재나 자유방임형이 아닌 민주형 교사에게 나타나는 특징이다. 촉진자는 학습자 스스로 결정하고 참여할 수 있게 도와주는 기능이다. 학습자를 삶의 변화에 참여하게 돕는다. 비지시적 요법(indirective method)을 사용하는데, 이는 개인의 내면을 통찰하여 삶을 연관시키는 방법이다.[48]

넷째, 여행자(fellow traveler)다. 교육목회자는 학습자와 함께 순례의 길을 가는 사람이다. 학습자가 어둡고 고통스러운 길을 갈 때, 그 길을 함께 걸어 주는 사람이다. 옆에 있으면서 돌보아 주고 위로자가 된다. 물질적 도움과 외적 치료보다 함께 길을 가는 그 자체가 더 큰 치료다. '함께 길을 가는 것'은 성서에 나타난 임마누엘이며, 함께 있어 위로자가 되시는 성령의 역할이다(요 14:15~16). 제자들이 마음에 상처를 받고 힘들어할 때 함께 길을 가신 '엠마오 도상의 주님'의 모습에서 여행자로서의 교사의 이미지를 찾을 수 있다.[49]

10) 목회자(minister)의 기능

흔히 교회학교 교사는 작은 목회자라고 일컫는다. 목회자로서 교사의 교육 목적은 이타적인 사랑(altruism)과 희생(sacrifice)이다. 교육이 가르치는 행위라면 신앙양육은 교육을 넘어 돌봄이다. 이 돌봄과 양육은 사랑으로 희생하는 정신이다. 헨리 나웬은 "목회는 하나님을 찾으려고 하지만 그 방법을 몰라 찾지 못하는 사람들이 하나님을 찾는 시도를 계속할 수 있게 도우며, 그 과정에 있는 아픔, 기쁨, 슬픔, 희망의 순간들을 같이하는 것"이라고 말한다.[50] 이런 의미에서 교사는 학습자가 변화의 과정에 참여할 수 있게 함께 탐색하고, 시도하며, 총체적 창조 행위에 참여해야 한다.

목회자로서의 교사의 이미지는 사제(priest), 예배 집전자(celebrant), 옹호자(defender), 종(servant)의 역할이다. 사제는 하늘의 약속을 위해 복종하고 도움이 필요한 이들을 돌아본다. 예배 집전자는 종교의식을 이끌어 참여하게 한다. 옹호자는 어려운 사람을 지지하고 보호한다. 종은 순종과 섬김의 역할이다. 목회자로서의 교사는 사랑과 희생으로 그리스도의 모습을 보여 주는 작은 목자이며, 그를 통해 종교교육이 교육목회로 전환된다. 티모디 린이 캘커타의 테레사 수녀를 모델로 삼은 것을 볼 때, 목회자로서의 교사는 우리가 생각하는 교사상을 능가한다고 본다.[51]

1) Charles R. Foster, *The Ministry of the Volunteer Teacher* (Nashville: Abingdon Press, 1986), 14-19.

2) 참조. Charles R. Foster, 「신앙공동체를 위한 교육」, 고용수, 문전섭 역(서울: 한국장로교출판사, 1993), 133. 제4장, "교육은 신앙공동체의 책임" 이라는 내용에 성서적 근거로 고전 12:28을 사용한다.

3) Lewis Joseph Sherrill, *The Gift of Power* (New York: The Macmillan Company, 1968), 86-88.

4) Parker Palmer, 「가르칠 수 있는 용기」(서울: 한문화, 2000), 20.

5) 은준관, 「실천적 교회론」(서울: 대한기독교서회, 1999), 79.

6) *Ibid.,* 96-97, 113-116.

7) Stanley Aronowitz and Henry A. Giroux, *Education Still Under Siege,* 2d ed. (Westport: Bergin & Garvey, 1993), 12.

8) Clark Moustakas, *The Authentic Teacher* (Cambridge, MA: Howard A. Doyle Publishing Co., 1972).

9) Carmeron McCarthy and Michael Apple, *Class, Race, and Gender in American Education* (Albany: State University of New York Press, 1988), 9-39. 차별에는 계급과 성(性)이 있지만 종교와 민족, 피부색 차별 (racism)은 끝없는 민족 · 종교 전쟁으로 몰아간다.

10) Price. H. Gwynn, Jr., *Leadership Education in the Local Church* (Philadelphia: The Westminster Press, 1969); A. M. Adams, *Effective Leadership for Today' s Church* (Philadelphia: The Westminster Press, 1978).

11) 은준관, "교사 모집," 「교회학교 교사」(서울: 한국기독교교육연구원, 1980), 10-11.

12) 임영택, 「당신의 지도력을 개발하라」(서울: 도서출판 대림디자인, 1997), 85.

13) *Ibid.,* 88.

14) 은준관, 「교회학교 교사」, 11.

15) <조선일보>(서울), 1997년 2월 7일자.

16) 참고. www.president.go.kr. 청와대브리핑 170호(2003. 11. 4); <조선일보>(서울), 2005년 9월 9일자. 노무현 대통령은 서울대 학생의 60%가 서울 강남 출신이라며 문제를 지적하였다.

17) 참고. Jack L. Seymour & Donald E. Miller, ed. 「오늘의 기독교교육 연구」(서울: 대한예수교장로회총회교육부, 1982): "제3장 기독교교육의 지도적 모형으로서의 신앙공동체" (79-104).

18) 강천석의 칼럼 "유능한 대통령이란(<조선일보> 1997년 7월 4일자)"을 교육적으로 정리하였다.

19) Richard. E. Rusbuldt, *Basic Teacher Skill* (Valley Forge: Judson Press, 1981).

20) Timothy Arthur Linn, *Functional Images of Religious Educator* (Alabama: Religious Education Press, 1992), 38-39.

21) *Ibid.,* 53-55.

22) *Ibid.,* 60-61.

23) *Ibid.,* 100-101. 린은 훌륭한 코치의 아홉 가지의 원리를 제시한다. 이 원리로 지난 2002년 월드컵 축구 대회 당시 한국팀을 이끈 히딩크 감독의 훈련 방법도 점검할 수 있다.

24) *Ibid.,* 101-109.

25) John Dewey, 「경험과 교육」, 오천석 역(서울: 박영사, 1975), 157. 듀이는 교육 방법에서 흥미를 아동 중심으로 보고, 흥미는 경험교육에 동기를 부여한다고 믿었다.

26) Linn, *Functional Images of Religious Educator,* 144-152.

27) *Ibid.,* 187-195.

28) Sara Little, 「기독교교육 교수방법론」, 사미자 역(서울: 예수교장로회 출판국, 1988), 92.

29) Henry A. Giroux, *Living Dangerously: Multiculturalism and Politics of Difference* (New York: Perter Lang, 1993a), 28-29.

30) Jack Mezirow and associates, *Fostering Critical Reflection in Adulthood: A Guide to Transformative and Emancipatory Learning* (San Francisco: Jossey-Bass Publishers, 1990), 13.

31) Paul Tillich, *Dynamics of Faith* (New York: Harper and Row, 1958), 103.

32) Linn, *Functional Images of Religious Educator,* 229.

33) *Ibid.,* 230-237.

34) Donald E. Miller, 「기독교교육개론」, 고용수, 장종철 역(서울: 한국장로교출판사, 1997), 166-167.

35) Linn, *Functional Images of Religious Educator,* 273.

36) *Ibid.,* 277-279.

37) *Ibid.,* 339-348.

38) Sara Little, 「기독교교육 교수방법론」, 131-132.

39) Linn, *Functional Images of Religious Educator,* 326.

40) Jack L. Seymour and Donald E. Miller, ed. *Theological Approaches to Christian Education,* 김재은, 임영택 역, 「기독교교육과 신학의 대화」(서울: 성광문화사, 1990), 16.

41) Linn, *Functional Images of Religious Educator,* 373, 388. 전통적인 교육은 과업(quantity)을, 진보주의 교육은 교육의 질(quality)을 목표로 하는 반면, 혁명적 해방교육(급진주의 교육)은 평등(equality)을 교육 목표로 삼고 학습자를 주체자로 본다.

42) *Ibid.,* 361; Russell L. Ackoff, *Redesigning the Future: A Systems Approaches to Societal Problems* (New York: Wiley, 1974), 26.

43) *Ibid.,* 363.

44) *Ibid.,* 366.

45) Morton T. Kelsey, *Companions on the Inner Way: The Art of Spiritual Guidance* (New York: Crossroad, 1986).

46) Linn, *Functional Images of Religious Educator,* 408-416.

47) *Ibid.,* 413.

48) Sara Little, 「기독교교육 교수방법론」, 123-136.

49) John H. Westerhoff III, *Bringing Up Children in the Christian Faith* (Minneapolis: Winston Press, 1980), 59.

50) Henri J. M. Nouwen, *Creative Ministry* (Garden City, N. Y.: Doubleday, 1971), 111. 재인용.

51) Linn, *Functional Images of Religious Educator,* 484-486.

학습자 이해와 상담

10

I. 인생의 계절과 발달

1. 외면과 내면의 세계

인간의 삶은 크게 둘로 나눌 수 있다. 인생을 20년 단위로 나누어 40세 이전의 삶과 40세 이후의 삶이다. 인간의 내면성과 후반기의 삶을 강조한 분석심리학자 칼 융(C. G. Jung, 1875~1961)은 40세 이후가 진정한 자기 삶이라고 주장한다. 그 이유는 40세 이전에 부모에 의해 주어진 조건과 환경에서 터득한 몇 가지 삶을 추려서 40세 이후에 자기 삶의 여행을 떠나기 때문이라고 말한다. 그만큼 융은 인간의 외면보다는 내면의 세계를 중요시했다. 이 후반기가 내면의 삶이 강조되는 성인의 삶이다.

융은 인간의 세계를 의식과 무의식의 세계로 구분하였다. 그리고 35~40세는 외면의 세계를 향해 팽창하려는 의식적 자아가 크게 작용하는 시기라고 보았다. 이 때의 삶은 무척 바쁘다. 외부세계와 힘을 겨루는 데 시간을 많이 사용하고 외적 성장에 대한 관심도 매우 크다. 그러나 40세가 되면 인간의 삶이 내면의 세계로 들어선다. 의식보다는 무의식이 크게 작용하여 종교에 귀의하는 현상이 크게 나타난다. 목표를 정해 쌓아 올렸던 야망들이 하나씩 그 의미를 잃어가면서 인생이 무엇인지를 생각하게 된다. 이 때 자기 침체감과 위기를 느끼게 된다. 이 위기를 극복할 수 있게 도와주는 것이 종교이고, 내면세계로의 안내다.[1] 따라서 교육목회는 외면세계뿐만 아니라 내면의 세계를 안내하는 성인 이해와 성인교육을 다루어야 한다.

성인의 삶은 어린이, 청소년 시기와 연결하여야 한다. 한편 올바른 성인의 삶은 신앙공동체 안에서 외면세계의 올바른 역할 모형이 된다. 이렇듯 신앙공동체에서 외면과 내면세계의 학습은 매우 중요하다. 그러나 오늘의 교회교육은 외면세계의 시기만을 강조하여 성인교육을 등한시한다. 이러한 현상은 잘못이다. 한 사람의 전 생애를 연결하여 이해할 때 외면과 내면이 균형을 이루는 성숙을 기대할 수 있다. 신약성서 누가복음 2장 52절은 예수의 성장을 이렇게 표현한다. "예수는 키가 자라고 지혜가 자라 가며 하나님과 사람들에게 더욱 사랑을 받았다(눅 2:52)." 키가 자라는 것은 외적 성장이고, 지혜가 자라는 것은 내적 성장이다. 외적 성장과 내적 성장이 조화롭게 잘 이루어질 때 성숙한 사람이 된다. 외적 성장은 20세 전후에 이루어진다. 반면 내적 성장은 20세 이후 40세 전후에 나타난다. 이렇게 인간의 성숙한 삶은 40세 이후다. 그러므로 신앙공동체에서 외면세계와 내면세계를 아우르는 학습자 이해와 그에 따른 교육목회가 이루어져야 한다.

2. 인생의 사계절

인간의 삶의 주기를 4계절로 표현한 사람은 다니엘 레빈슨(Daniel J. Levinson)이다. 레빈슨과 그의 동료들이 출판한 「남성이 겪는 인생의 사계절」(The Seasons of Man's Life)이라는 책은 미국에서 베스트셀러가 되었다. 또한 레빈슨은 부인 주디 레빈슨(Judy D. Levinson)과 함께 「여자가 겪는 인생의 사계절」(The Seasons of a Woman's Life)을 펴내어 중년기의 여성과 남성의 의미를 찾는 일에 공헌하였다.[2] 제목에서 알 수 있듯이 레빈슨은 인생을 네 계절로 구분하여 각각의 특성을 묘사하였다. 계절에는 몇 가지 특징이 있다.

첫째, 계절은 일련의 변화와 독특한 특징이 있다. 농부가 좋은 열매를 얻기 위해서는 시기에 적절한 돌봄이 필요하다. 따라서 계절의 변화를 아는 것이 중요하다. 그런데 요즘의 계절과 날씨는 너무나 변화무쌍하다. 이와 비슷하게 자라나는 세대의 외면세계와 문화도 예측할 수 없을 정도로 빠르게 변화하고 매우 다양하다.

둘째, 반드시 전 계절을 거쳐야 다음 계절로 옮겨갈 수 있다. 봄 없이 여름이 있을 수 없고, 여름 없이 가을이 있을 수 없다. 간혹 자기 자녀들이 사춘기 없이 성장했다는 부모들의 이야기를 듣는다. 하지만 아니다. 너무 공부에 찌들어 사춘기에 접할 문화가 통제되고 있는 것뿐이다. 대학 입시에 대한 스트레스와 문화적 환경이 사춘기의 특성을 가두어 나타나지 않게 한다. 사춘기는 아직 경험되지 않은 채 기다리고 있는 것이다. 이렇듯 한 계절은 반드시 전 단계의 통과의례를 거쳐야 한다.

셋째, 한 계절에서 다음 계절로 옮겨갈 때는 과도기가 있다. 환절기다. 환절기에는 주부들이 식탁을 걱정한다. 외출할 때 마땅한 옷 고르기에 시간을 많이 쓴다. 실내와 바깥의 온도차로 감기 환자가 많아진다. 환절기의 특징은 인생에서도 마찬가지다. 인간 삶의 과도기에도 환절기처럼 위기가 도사리고 있다. 각 계절이 과거와 미래를 연결하듯이 인간 삶의 주기에도 연결되는 특성들이 있다. 이 특성의 변화를 살리는 것이 성장과 발달이다.[3]

3. 인생과 발달

인간 삶의 네 계절은 각각 20년 정도의 기간이다. 첫 번째 20년은 봄의 시기로 아동기와 사춘기(0~17세)다. 두 번째는 여름으로 성인 초기(17~40세)이며, 세 번째는 가을로 성인 중기(40~60세), 네 번째는 20년을 다 채우지 못할 수도 있지만 겨울에 해당하는 성인 말기(60세 이후)다. 각 단계 사이에는 약 5년간의 과도기가 있는데, 연령으로 보면 0~3세, 17~22세, 40~45세, 60~65세다. 환절기라고도 부르는 이 시기는 다음 계절로 옮겨가는 중간 단계로, 두 계절이 겹치기도 한다. 또한 각 계절은 도입기, 수정기, 전성기의 세 단계로 나뉜다. 도입기는 그 계절에 적응하기 위해 자리를 찾는 시기로, 나이에 걸맞은 삶의 형태를 구성하느라 애쓰는 기간이다. 수정기는 새롭게 형성된 삶의 모습들을 검증하고 수정하는 세대간 과도기라고 볼 수 있다. 마지막으로 전성기는 자신의 삶에 의미를 부여하고 결실을 맺는 안정기다. 이렇게 볼 때, 각 계절의 전성기는 5~6년에 불과하다.

인생의 각 단계를 발달이론으로 연구한 학자들이 있다. 이들의 이론은 학습자를 계절로 이해하는 교육목회에 큰 도움을 준다. 에릭슨(Erick Erickson)은 정서 발달을, 삐아제(Piaget)는 인지사고의 발달을, 콜버그(Kohlberg)는 도덕 발달을, 골드만(Goldmann)은 종교 발달을 연구였다. 또한 이러한 심리 발달 이론과 레빈슨의 인생주기와 신앙의 의미를 단계별로 연합하여 보여 준 파울러(James Fowler)의 신앙 발달 이론이 있다. 파울러가 6단계로 제시한 신앙을 존 웨스터호프(John H. Westerhoff)는 신앙공동체 안에서 4단계 신앙으로 소개한다. 학습자의 신앙과 삶을 이해하는 데 발달심리학의 공헌은 매우 크다고 본다.[4]

다음 표는 발달이론에 근거하여 외면세계가 강한 시기의 성장을 요약한 것이다. 다양한 분류와 발달이론적 특징은 학습자 이해에 도움이 된다.[5]

나이	신체적 발달	활동	감정 상태	욕구	사회적 발달	환경과 세상을 보는 시각
0 1	구강기	강력하게 제어되지 않음	자기 자신의 욕구에 민감함	애정의 욕구 안정감의 욕구 신체적인 욕구	부모의 강한 영향	자기중심적 1인칭 초점 구체적 감각적
2 3	항문기	근육 조정의 시작				
4	생식기 발달 시작	보다 잘 제어함				
5 6	골격 형성에 따른 신체적 행동 둥글둥글한 아기의 모습을 벗음	강력하면서도 제어됨	아주 강렬한 정서와 감정의 투사와 투입	개인적 안정의 욕구 사랑받고자 하는 욕구와 애정을 주고자 하는 욕구 성장하려는 욕구 동일시하려는 욕구	성인의 강한 영향, 성인들과의 동일시 과정을 통해 성장	자기중심적, 집, 이웃, 교회와 같은 인접한 환경에서 출발
7 8	보다 나은 신체적 안정성을 향해 완만히 진행됨	강력하게 보다 잘 제어됨	강렬한 정서적 생활이 보다 잘 제어됨, 타인을 보다 많이 의식		현실적, 사회적인 인식이 시작되나 아직은 자기중심적 '나'와 '너'의 시기	외부환경을 인식하기 시작
9 10 11	안정성 사춘기 최초의 징후들(소녀들)	강력하게 제어됨 집단 활동	이성적인 사고를 통해 얻은 이득으로 인해 좀더 안정됨	집단에서 인정받고자 하는 욕구 주위의 시선을 끌고자 하는 욕구 경쟁, 협동, 책임감의 욕구	집단 시기로서, 집단에 강한 영향을 받음 부모와 교사의 영향은 약화	시공간의 개념은 어린이가 세계, 우주, 완전한 질서체제로 완전한 보다 많은 발견을 하게 준비시킨다.
12 13	사춘기 최초의 징후들(소년들)	줄어든 피로감 꿈틀	매우 격하게 감정적, 침울함, 자기중심적, 자기 비판적	이해하려는 욕구, 자율의 욕구, 영웅이 되고자 하는 욕구, 동일시하려는 욕구, 영적인 욕구	집단 영향 약화, 소규모의 선택적 집단 선호, 부모와 다른 성숙한 성인과의 우정	자기중심적, 과학과 역사가 자신과 어떤 관계가 있는지에 관심
14 15 16	신체의 부조화 지연된 후 급성장	지나치게 활동적이며 종종 충동적인 행동을 함	다소 제어되나 아직 불안정함	명확하고 객관적인 신분을 가지고 일하려는 욕구, 새로운 인격으로 개조하고자 하는 욕구	보다 능숙한 사교성, 집단행동과 지도력에 대한 준비, 동료집단의 강한 영향	세계의 일시적인 유행이나 풍조에 흥미를 느낀다.
17 18 19	향상된 성장 조절력과 안정성	강인하고 생기에 넘치는 추진력	자기를 좋아하며 자신의 성격을 이상적으로 생각함	이상주의적인 욕구, 강력하며 꾸밈없고 도덕적인 추진력을 원함, 자기 개선 자기 완전을 추구하고자 함	사회적인 요청을 절대시 동료집단의 영향	왜곡된 시간감각, 즉각적으로 충족되기를 원하는 성급하고 거센 욕망
20 ↓ 29	완전한 성장	강렬하면서도 제어됨	자존심, 허영심, 이기심에 대한 지각	행복에 대한 벅찬 갈망 인생을 제대로 정돈해 가려는 긴박감	보다 훌륭한 사회적 능력	보다 이타적인 시각
30+	성숙	활동적이면서도 제어됨	정서적 안정	애정의 욕구 책임감의 욕구	안정된 사회적 관계들	보다 통합된 시각

나이	도덕적 양심	기억	사고 (구체적, 귀납적/추상적, 연역적)		종교적인 능력 신성한 것에 대한 감각	종교적인 태도와 기독교인의 형성
0 1 2 3 4	도덕과 무관한 것 같으나 실제로는 존재함	휴지기	전 조작적 자기중심적 변경 불가의 1인칭 초점	존재하지 않음	종교 전	존재하지 않음
5 6	자기중심적, 무종교적(특히 비기독교적), 타성적, 독재적	몸짓과 선율에 맞춰 구체적인 운을 기억하는 데 탁월함	구체적으로 반복된 경험에 강력히 의존함, 행하고, 보고, 경험한 것을 통해 배움	존재하지 않음	매우 강한 물질론적 사고, 마술적 사고, 놀이	애호자의 시기로서 혼합되기 쉬운 하나님, 국민, 동물 등을 사랑한다.
7 8	도덕 전 단계, 독재적, 자아 이상적, 자기 행동의 좋고 나쁨을 서서히 인식	구체적인 시문, 연극과 노래, 되풀이하여 이야기하는 것, 기도 등을 기억하는 데 탁월함	특수하면서도 구체적인 사고, 은연중에 경험했던 것을 확실히 이해		강한 상징적 사고와 행동	믿기 쉬운 시기로서 믿음의 감각을 개발하기 위해 개방되어 있는 상태
9 10 11	사회적-상반되는 의향 대 도덕적 행위의 유형화 위험: 집단의 법을 최고로 생각, 율법주의	개인적인 정보, 사실들, 날짜, 장소, 사람, 규칙, 규정과 정의를 기억하는 데 탁월함	다수의 구체적인 개념들과 시, 공간의 개념들이 발전함 실제적인 경험에 덜 의존함	매우 천천히 나타나서 서서히 발전됨	종교적 실제에 대한 상징적 개성적인 인식이 약화되어감, 종교적 독단주의자, 지식, 율법주의	행위자의 시기로서 옳고 그름에 대한 사회적 인식을 지향하는 행동
12 13	도덕적인 습성 확립, 자유와 사랑을 원함 위험 : 주관주의	시나 노래를 기억하는 데 탁월하며 추상적인 정의에 반감을 가짐	불쾌한 감정과 심사숙고의 결과 붕괴된 구체적이고 추상적인 논리를 모두 사용	추상적인 개념들과 연역적인 논리를 숙달함. 이에 대한 경험이 부족	매우 이기주의적 자기중심적	탐구의 시기로서 종교적인 인물과 환경에 대한 객관적인 정보를 필요로 함 신앙적인 깊이는 부족
14 15 16	개인적, 자율적, 독립적 위험 : 체제 순응	개인적인 정보 기억에 탁월함	구체적인 사고와 추상적인 사고 모두를 잘 처리할 수 있음		성장을 위해 개방되어 있는 상태, 의심이 생기고 기본적인 사고에 의문을 가짐으로 다양한 종교를 알고 싶어 함	개인적인 믿음과 종교적인 행위를 추구
17 18 19	각각의 환경은 자체의 도덕적인 기준을 갖는다.	추상적인 관념들이 점점 보편화함	구체적인 것보다 좀더 철학적임	보다 지적이며 사려 깊음	받아들여지거나 거부되기보다는 무시됨	금욕주의적
20 ↓ 29	확실한 도덕적 안정성	구체적인 정보와 추상적인 정보가 점점 통합됨	보다 안정됨	진리보다 선에 이끌림	사춘기 때만큼 강하지 않음	개종의 위기
30+	건전한 도덕적 가치체계	구체적, 추상적 정보가 완전히 공식적 정보가 됨	구체적, 추상적 사고 모두를 완전히 공식적으로 사용할 수 있음		현실주의적이며 안정적	선택의 재개(시인)

나이	공식적 종교 접근법		Erikson		기본집단	학년
	내용	방법				
0	기독교적인 환경을 제공함	정상적인 신체적, 정서적 성장을 발현시킴	신뢰감 대 불신감	구강기, 감각적	육아실	육아기
1						
2			자율성 대 수치감/ 회의감	항문기, 근육 수축		
3						
4						
5	형식적인 가르침보다 종교적인 영향력	놀이, 융통성	주도성 대 죄책감	생식기, 왕성한 운동력	학령 전	학령 전
6						1
7	예배를 드릴 수 있는 시기, 성만찬	형식적인 것보다 환경적인 것, 휴가나 축제일을 이용	근면성 대 열등감	잠복기	초등학교 저학년	2
8						3
9						
10	예배의식 생활주제, 사죄의 성례예식	설교를 시행함, 행동 접근법의 폭넓은 사용			초등학교 고학년	4
11						5
12	성서 중심 인물들에 대한 기원, 예수의 생애	보다 조직적인 연출, 상징을 이용	12~18 정체감 대 역할 혼미	12~18 사춘기 및 청년기		6
13						7
14	종교들, 종교에 대한 선한 태도를 발달시키는 능력	문제 중심 접근법, 대화, 연구 여행			중학교	8
15						9
16						10
17	근본적인 종교 논쟁점들 확증	소그룹 토의	18~30 친밀감 대 고립감	18~30 초기 성인기	고등학교	11
18						12
19						
20 ↓ 29	심오한 원칙	예배, 공식, 비공식 접근법	30~50 생산성 대 침체성	30~50 성인기	대학교	대학교육
						공식교육 종료
30+			50+ 자아통전 대 절망감	50+ 완숙기	성인	취업

Ⅱ. 어린이와 청소년 이해

1. 어린이와 어른의 차이

어린이와 어른은 차이가 있다. 또 어린이에 대한 이해에도 차이가 있다. 삐아제는 어린이는 어린이로서 이해하여야 하며, 어른이 말하는 어린이는 진정한 어린이가 아니라고 주장한다. 어른들은 "어린이의 이름은 내일"라고 말한다. 이러한 어른들의 생각은 오늘의 공부가 내일을 보장한다고 믿게 한다. 그래서 어린 시절인 오늘은 어른인 내일을 준비하는 시기라고 한다. 그러나 "어린이의 이름은 오늘"이다.[6] 어린이의 오늘 경험이 내일을 결정한다. 어린이가 오늘 한 경험이 어른이 된 내일의 배경이 된다. 어른들이 겪는 여러 가지 사회 심리적 갈등은 어린 시절에 받은 상처에 기인한다.

어린이를 이해하고 상처를 주지 않으며 발달을 돕는 것이 교육목회의 할 일이다. 어른보다 어린이가 중요하기에 어린이 중심의 교육(child-centered education)을 강조한 사람이 실용주의 교육학자 존 듀이(John Dewey)다. 듀이는 교사인 어른보다 학습자인 어린이를 중요시했다. 교사 중심의 교과과정이 아닌 어린이가 참여하는 흥미 중심의 교과과정을 개발하였다. 어린이를 주체자, 자율성이 있는 한 인간으로 본 것은 어린이와 어른이 다르기 때문이다.[7]

그러면 어린이와 어른은 무엇이 어떻게 다른가? 생떽쥐베리는 어린왕자의 입을 빌려 어른과 어린이를 구별한다. 어른들은 어린이에 비해 숫자를 좋아한다. 어른들에게 새로 사귄 친구 이야기를 하면 그들은 제일 중요한 것은 도무지 묻지를 않는다. 그들은 "그 친구의 목소리가 어떠냐, 무슨 놀이를 좋아하느냐, 나비를 수집하느냐?"라고 말하는 일은 절대로 없다. "나이가 몇이냐, 형제가 몇이냐, 몸무게가 얼마냐, 그 아이 아버지는 얼마나 버느냐?" 이런 것들이 그들이 묻는 것이다. 그렇게 해야 그 친구를 아는 걸로 생각한다. 만일 어른들에게 "창틀에는 제라늄이 피어 있고, 지붕에는 비둘기들이 노는 아름답고 붉은 벽돌집을 보았다."라고 말하면 그 집이 어떻게 생겼는지 생각을 못 한다. "아빠, 오늘 오다가 멋있는 집을 봤어요. 7단지의 전원주택인데 50평에 2층이고, 넓은 앞뜰에 잔디가 깔려 있고, 과일나무와 20평 정도 되는 풀장도 있어요. 한 15억 정도 할걸요?" 그래야

"야, 참 훌륭하구나!" 하고 감탄을 한다. 어른들은 그렇게 되어먹었다. 그러니 어른들을 나쁘게 생각하지 말고 너그러워야 한다.[8] 어른들은 숫자가 들어가고 경제적이며 현실적인 언어를 사용하여야 이해할 수 있다. 또한 그들은 어린이와 달라 늘 굳어 있다. 유연하지가 않아 목이 굳고 뼈가 잘 부러진다. 성인병은 피가 맑지 않고 뻑뻑해지는 현상이다.

어린이와 어른의 특징도 다르다. 어린이는 의존적이나 어른은 독립적이다. 어린이는 상상력이 풍부하지만 어른은 구체적이다. 어린이는 단순하지만 어른은 복잡하다. 어린이는 비 현실적이나 어른은 현실에 밝다. 어린이는 성장 가능성이 있지만 어른은 이미 멈추었다. 어린이는 미래 지향적이지만 어른은 과거 지향적이다. 이 특징들은 장단점이 있다. 어린이라고 모든 것이 어른보다 나은 것은 아니다. 어린이는 자라는 과정에서 환경과 문화에 접촉하면서 성장하기도 하고 퇴색되기도 한다. 자연스러운 발달 과정이다. 그렇지만 어린이의 맑고 단순하고 풍부한 상상력이 어른 시기에도 지속되면 얼마나 좋을까? 따라서 어린이성의 순수함을 무너뜨리지 않고 상처를 주지 않는 차원에서의 돌봄이 필요하다.

어린이의 성장 발달과 문화는 동화(assimilation)의 관계다. 어린이성이 망가지면서 성인화하면 올바른 어른이 될 수 없다. 문제는 오늘 한국의 교육문화가 어린이성 파괴를 넘어 그들에게 어른의 과정을 요구한다는 것이다. 어른들이 요구하는 어린이와 어른의 과정을 학습하고 있다. 어린이와 청소년은 그들의 문화에서 이해해야 한다.

2. 어린이 이해의 관점

어린이를 보는 데는 두 가지 관점이 있다. 하나는 어린이의 미래를 위해 오늘 준비해야 한다는 것이고, 다른 하나는 이미 주어진 재능의 가능성을 파악하고 개발해야 한다는 것이다. 전자는 존 로크(John Locke)의 교육이론이고, 후자는 장자크 루소(Jan Jacques Rousseu)의 주장이다. 로크는 어린이들의 마음은 백지 상태이기에 무엇을 주입하느냐에 따라 가능성이 달리 전개된다고 한다. 이것이 유명한 백지 상태(Tabula Rasa) 이론이다.[9] 이 이론에서 나온 것이 어릴 때 다양하고 많은 지식을 주입시키는 조기교육이다. 이것은 어학과 훈련에 치중하며, 교육을 받은 대로 실행할 수 있다는 생각을 기초로 어릴 때 부모의 지도 아래 주입식으로 엘리트 교육을 하는 것이다. 물론 어릴 때 획득하는 경험과 지식은 중요하다. 그러나 이러한 방법은 어린이를 부모에 의해 준비된 학습자로 조형화 시키는 교육이다. 이러한 관점은 한국 부모들이 자녀들을 조기교육, 경쟁교육으로 몰아 가는 데 큰 영향을 주었다.

그러나 루소의 교육은 다르다. 「에밀」(Emile)이라는 책으로 유명한 루소는 어린이를 무한한 잠재력이 있는 가능성의 존재로 보았다. 어린 시절의 교육은 그 가능성을 탐구하는 과정이다. 마치 광부가 광맥을 찾아가듯이 교육은 잠재된 재능을 찾아 개발하는 것이다. 인간은 누구나 가능성의 존재다.[10] 그러나 그것이 무엇인지 모르기에 학습을 통해 스스로 찾아가는 것이다. 이 과정에서 부모와 교사는 어린이를 관찰함으로써 무한한 가능성으로 연결시키는 촉진자의 역할을 한다. 어떤 어린이는 문학가의 소질을 글짓기 연습을 통해 발굴한다. 또 다른 어린이는 훌륭한 운동선수로 발굴된다. 창의성은 잠재된 재능이 촉발되는 과정이다. 이 때 교사는 칭찬을 하고 더 나은 학습으로 안내하고 지도해야 한다. 루소의 교육 태도를 수용한다면 부모는 자녀에게 재능 개발을 위한 다양한 교육 프로그램을 경험하게 한다. 이것은 그 재능으로 승부를 걸겠다는 의도가 아니라 어린이의 재능과 미래를 탐구하는 과정이다. 그런데 모든 부모가 자녀에게 피아노를 가르치며 모두 훌륭한 피아니스트를 꿈꾼다면 얼마나 어리석은 일인가? 또 어린이는 얼마나 힘든 과정을 거쳐야 하는가? 정말 어린이를 이해한다면 존 로크와 루소의 방법을 잘 결합하여 학습을 이끌어야 한다.

위의 두 관점은 신앙교육에서도 나타난다. 하나는 미래의 훌륭한 그리스도인을 위해 어릴 때 성서 지식과 교리를 주입시키는 것이다. 어릴 때의 규칙적인 종교 훈련은 매우 중요하다. 웨슬리와 그 형제들도 가정에서 철저한 교육을 받았다. 이러한 관점의 영향으로 19세기 대 각성 운동의 부흥시기에는 어린이들의 참여를 인정하지 않았다. 그 당시 대 각성 운동(The Great Awaking)은 회심 일변도의 경험을 강조하였다.[11] 하지만 어린이들의 회심은 인정하지 않았다. 어린이들은 회심의 경험을 스스로 할 수 없고, 도덕적 책임을 질 수 있는 분별 연령이 아니기에 구원을 받을 수 없다고 생각하였다. 그래서 어린이에게 세례를 주지 않았다.

그러나 이와는 달리 어린이들의 종교적 가능성을 인정한 관점도 있었다. 부쉬넬

(Horace Bushnell)은 비록 어린이들이 이성적 판단으로 교리를 인식하지는 못하지만 어른보다 깨끗하고 맑은 마음을 가졌다고 믿었다. 그는 어린이가 완전히 선하다는 낙관주의 견해도, 어린이는 본질상 죄인이라는 비관주의 견해도 거부하였다. 어린이는 다만 그들의 삶의 과정에서 그 가능성을 찾아가는 영적 가능성의 존재라고 이해하였다.[12] 따라서 어린이들의 삶의 터에서 언제든지 회심의 경험이 가능하기에 유아세례를 인정하였다. 어린이의 세례를 인정하는 것은 잠재적 가능성의 그리스도인으로 키우는 부모들의 교육적 사명도 다짐하는 근거가 된다.

그러므로 성장과 양육의 차원에서 오늘의 교육목회가 어느 한 관점에 치중하지는 않는지, 또한 어떻게 상호 관련성을 이루어야 하는지를 물어야 한다. 또한 그리스도인 됨을 위해 일회적이며 극적인 회심 사건이 아니더라도 양육의 과정을 통하여 영적으로 새로워지며 한 인격으로 성장할 수 있다는 사실에 관심해야 한다. 교육목회는 어린이들이 기독교적 삶의 스타일로 자랄 수 있게 지원하고 북돋워 주는 창조적 분위기와 그 분위기에 참여하는 과정을 의미한다.

3. 어린이와 청소년의 발달 단계

인생의 봄이라는 어린이와 청소년의 시기는 0~17/18세다. 인생을 8단계로 나눈 에릭슨에 따르면 어린이와 청소년 시기가 다섯 단계에 걸쳐 있다. 에릭슨의 인간 발달 단계를 수용하면서 이야기 심리학을 이끄는 미국 노스웨스턴 대학(Northwestern University)의 맥아담스(Dan McAdams) 교수는 "인간은 모두 자기의 이야기를 하는 이야기꾼"이라고 하였다. 이야기를 통하여 자신을 표현하고, 발견하며, 새로이 만들어 간다고 주장한다. 이 말은 자기 자신을 알려면 먼저 자기의 이야기를 알아야 한다는 뜻이다.[13]

맥아담스가 말하는 자기 자신의 이야기는 사춘기를 지나면서 비로소 형성된다. '나는 누구인가?' 라는 질문에 자신만의 독특한 답변의 이야기를 형성하게 된다. 인간은 사춘기 이전까지는 엄밀한 의미에서 자신의 삶의 이야기를 구축하지 않는다는 것이 에릭슨과 맥아담스의 기본 주장이다. 사춘기 이전은 '나는 누구인가?' 라는 물음에 대답할 수 있는 자기 삶의 이야기 자료들을 수집하는 시기다. 심리학적으로 볼 때 인간이 태어나서 사춘기에 이르기까지가 가장 중요한 이야기 형성의 준비 기간이다. 자료를 수집하고 기억이라는 창고에 배열하는 시기이기 때문이다. 이 기간은 한 인간의 성격과 삶의 방향을 설정하는 데 매우 중요하다. 그리고 사춘기 이후의 '내 삶의 이야기'를 만들어 가는 데 결정적인 영향을 미치는 시간들이다.

1) 이야기 음조(narrative tone)의 시기 : 0~2세

어린이 성격 형성에서 가장 중요한 시기는 태어나서 처음 1년이다. 이 시기에 보호자와 어떻게 지냈는지가 그의 전체적 성격 구조를 파악하는 데 중요한 요소가 된다. 이 시기에는 가장 중요한 기본적 신뢰감(basic trust)을 형성하여야 한다. 만일 이것을 형성하지 못하면 자신이 타인과 세상에 받아들여지고 있다는 믿음이 부족해진다. 이것은 곧 '자아에 대한 믿음의 부족'으로 연결되어 아주 취약한 성격 구조를 형성하게 된다. 그래서 자신과 타인, 그리고 세상에 대한 부정적 시각을 형성하게 된다.

이처럼 2년 동안 유아는 무의식과 비언어적 태도로 자아에 대해, 그리고 타인과 세상에 대해 일정한 태도를 형성하게 된다. 이것은 마치 음악의 음률과도 같다. 한 인간의 삶의 태도를 암시하는 전체적 분위기와도 같고, 한 인간의 삶의 이야기의 노래에 기본적 음조를 형성하는 음률과도 같다. 그래서 맥아담스는 이것을 이야기 음조(narrative tone)라고 부른다. 음악에는 장조와 단조의 음률이 있다. 단조(minor)의 음률이 인간 감정의 슬프고 어두운 면을 노래한다면, 장조(major)는 밝고 명랑한 면들을 표현해 낸다. 한 인간의 이야기 구조에도 그 이야기의 전체 분위기를 형성하는 이야기 음조가 있다. 이 음조는 의식 수준이 아니라 이미 무의식(유아기 경험의 질을 반영하는 깊은 무의식의 기억창고에 저장된 자료들의 형태)에 형성된 삶에 대한 태도다.[14]

모든 어린이의 성장 배경과 환경이 다르듯 이야기 음조도 사람마다 다르다. 맥아담스는 이러한 이야기 음조가 문학의 형태로도 잘 드러난다고 말한다. 문학은 이야기 전개 과정에 따라 희극적 이야기(comedy), 낭만적 이야기(romance), 비극적 이야기(tragedy), 역설적 이야기(irony)로 구분할 수 있다. 이야기 음조도 이 네 가지 큰 형태로 분류가 가능하다.[15] 맥아담스의 분석에 따르면 사람들은 이 네 가지 이야기 음조들을 바탕으로 삶의 이야기를 만들어 간다. 중요한 것은 이 이야기 음조가 이미 '유아기 때의 경험의 질'에 의해 형성된다는 사실이다. 그러므로 이야기 음조는 좀처럼 바꾸거나 고치기가 어렵다. 교육목회는 한 인간의 이야기를 듣고 그를 이해하는 첫 번째 요소로서 이야기 음조를 이해하는 것이 필수적이다. 이것은 어린 시절 경험했던 그의 이야기를 표현함으로 가능하다.

2) 이야기 형상(narrative imagery)의 시기 : 3~6세

세 살짜리 어린이는 이미지를 통해 이 세상을 인식한다. 각각의 이미지들은 개인의 독특한 삶의 경험들을 바탕으로 의미 있는 경험들과 관련되어 마음이라는 기억창고에 저장된다. 이 이미지 구성의 외부적 요소는 어린이들이 경험하는 가정과 교회, 학교, 그리고 문화적 환경들이다. 이러한 경험들은 어린이들에게 내면화하여 마음의 심상들(internalized images)로 그려진다.[16] 이미지 형성에는 이야기 음조와 함께 '중요한 타자(significant others)'의 영향이 매우 크다. 이렇게 형성된 마음의 형상들은 성인이 된 이후에도 성인 정체성 형성에 영향을 끼치는 중요한 인자가 된다. 이 시기를 존 웨스터호프는 경험된 신앙(experienced faith)의 시기라고 부른다.[17]

3) 이야기의 주제와 주인공들(narrative theme and characters)의 시기 : 7~12세

학령기 아이들에게 형성되는 이야기 발달의 핵심은 힘과 사랑(power and love)과 관련된 주제다. 이시기의 어린이들은 '자신을 힘 있게 주장하느냐'(Power의 주제) 또는 '다른 사람과 사랑, 우정, 친밀감으로 결합하느냐'(Love의 주제)를 이야기 동기의 주제(narrative motivational themes)로 선택하게 된다. 물론 이 둘을 종합하는 선택을 하게도 되지만, 대체로 어느 한쪽 이야기 주제가 우세하게 형성된다. 주제 선택은 행동의 한 패턴으로 자리잡는다. 동시에 이야기 주제의 동기들은 개인의 삶에 에너지와 방향과 목적 등을 형성하게 한다. 그러므로 만일 교사가 학습자의 힘과 사랑에 얽힌 경험들을 간과하면 그들의 삶의 이야기를 이해할 수 없게 된다. 베캔(David Bakaen)은 이를 성취 지향적 이야기 주제(agency)와 관계 지향적 이야기 주제(communion)라는 용어로서 설명한다.[18] 전자는 남과 자신을 구별하는 본능이고, 후자는 자신을 해체하고 다른 것과 합일하려는 본능이다. 사실 우리 사회와 개인의 이야기, 신화들의 주제에는 성취 지향과 관계 지향의 주제가 포함되어 있다. 이러한 이야기 주제와 관련하여 이 시기에는 이야기의 주인공들을 만든다. 개인의 삶의 이야기에는 그가 선택한 이야기 주제에 맞는 이야기 주인공이 자리 잡게 된다. 성취 지향적 이야기 주제를 선택하는 어린이의 주인공들은 전사(Warrior), 현인(Sage), 제조업자(Maker) 등의 이미지가 있고, 관계 지향적 이야기 주제를 선택하는 어린이의 주인공들은 사랑하는 연인(Lover), 돌보는 사람(Care-giver), 친구(Friend), 의식주의자(Ritualist) 등이다. 또한 성취와 관계 지향의 균형적 동기(agency and communion)의 이야기를 선택하는 어린이의 주인공들로는 치료자(Healer), 교사(Teacher), 상담가(Counselor), 박애가(Humanist), 중재인(Arbiter) 등이 있다. 한편 이야기의 주제가 약한 어린이들이 선택하는 이야기 주인공들 중에는 도피주의자(Escapist)와 생존자(Survivor) 등의 형태가 있다.

4) 이야기의 뼈대가 형성(narrative ideological setting)되는 시기 : 13~17/18세

사춘기에 접어들면서 인간은 비로소 자신의 정체성에 관한 질문을 한다. "나는 누구인가?" "나는 어떻게 어른들의 세계에 진입할 수 있는가?"와 같은 질문을 하면서 이를 자신의 이야기로 구축하려 한다.[19] 이 시기에는 자신의 삶의 이야기에 일관된 체제를 확립하기 위하여 신조나 체제(creed and system) 등의 뼈대를 성립하려 한다. 나와 세상을 알기 위해 방황하기도 하며, 하나님의 형이상학적 주제들과 씨름하는 탐구의 시기로, 탐구적 신앙을 갖는다.[20] 이 시기에는 삶의 참된 가치관과 신념 체계들을 내면화하여 이야기의 정체성(identity)을 형성한다. 비로소 한 개인의 삶의 이야기가 구축되기 시작하는 것이다. 만일 이 시기에 자기의 이야기가 신념 체계들로 뼈대를 이루지 못하면 정체성의 위기(identity crisis)를 맞게 된다.[21]

Ⅲ. 성인 이해

이야기 심리학의 시각에서 보면 성인기는 '자신의 이야기의 주인이 되는 시기'를 말한다. 자신만의 독특한 '삶의 신화'(personal myth)를 만들어 가는 시기다. 이 과정에서 자신을 보는 눈이 변함에 따라 세상을 보는 눈도 변한다. 끊임없이 '나의 이야기'를 재편집하며, 과거 사건들에 대한 선택적 재구성 작업을 통해 자신의 이야기를 만들어 간다. 이 과정에서 인간은 스스로를 발견하며, 밖에서 주어지는 자신이 아닌 자신이 정의내린 자신으로 형성되어져 간다. 따라서 성인기의 성숙이란 어린이와 청소년 시기를 의미 있게 재구성하는 작업이다. 이러한 성인기에 대하여, 특히 중년기의 위기를 심도 있게 연구한 사람은 레빈슨(Daniel J. Levinson)이다. 레빈슨은 성인기의 주기를 계절 감각으로 구분하여 단계별로 자세히 다룬다.[22]

1. 성인 초기(17~40세)

여름이라는 성인 초기는 17~40세의 시기다. 네 계절 중 가장 역동적인 시기로, 성인으로서 자기 정체성의 초석을 다지는 때다. 생리적으로도 최고봉에 달하기에 변화와 팽창이 가장 크게 나타나는 시기다. 청장년 시기가 이 여름에 해당한다. 여름은 봄으로 표현되는 아동기와 사춘기의 영향을 받는다.

1) 과도기 : 17~22세
성인 초기의 첫 번째 단계는 과도기(17~22세)다. 이 기간은 사춘기의 종결과 성인기의 시작 중간에 위치한다. 종결과 시작은 포기와 모험이라는 갈등을 겪게 한다. 종결은 부모와 가정에서의 분리를 의미한다. 이 기간에는 부모의 간섭에서 벗어나기를 원한다. 성인 세계로의 첫걸음을 떼면서 독립이 요구되는 것이다. 미국에서는 만 16세가 되는 달에 운전면허를 취득할 수 있다. 어디든지 남의 도움을 받지 않고 갈 수가 있다. 집에서는 개인 전화기를 선물로 받기도 한다. 열심히 아르바이트를 하여 자신의 차를 사고 싶어 한다. 집에서 멀리 떨어진 다른 주에 있는 대학에 다니기를 원한다. 또한 친근하게 지내며 서로를 이해할 수 있는 타인을 찾고 융합하기를 원한다. 한 마디로 분리와 독립을 요구하는 시기다. 그러나 성인세계에서는 아직 첫걸음일 뿐이다.

2) 도입기 : 22~28세
두 번째 단계는 성인세계의 도입기(22~28세)다. 아직은 불안정하지만 성인세계에 돌입

한다. 성인으로 대접받는 만큼 의무와 책임이 뒤따른다. 성인이 되기 위해 동반자를 만나고 직업도 찾아야 한다. 남자들은 대학을 졸업하고, 군대에 다녀오고, 배우자와 직업을 선택하는 기간이다. 책임적인 성인이 되기 위해 직업을 택하여야 한다. 직업은 꿈이 아니라 생업이라는 현실로 다가온다. 꿈은 물리적인 환경을 통하여 현실감과 사회문화적 환경과의 상호작용으로 책임감을 갖게 한다.

　이 기간에 성인세계와 직업은 밀접한 관계를 형성하기에 직장을 얻지 못하고 만족하지 못하는 사람은 고통을 받는다. 직업 없이 이 기간에 결혼한 남성은 어떠할지 생각해 보자. 반면 이 기간의 여성은 결혼과 직업 둘 중에 하나를 선택하여야 한다. 성인 초기의 여성은 남편의 꿈을 실현하기 위해 자신의 꿈을 포기하는 어려움을 겪는다. 결혼 때문에 좋은 직장(꿈을 형성하는 환경)을 포기하는 여성과 결혼과 직업(생계이건 꿈이건 간에)을 병행하는 여성의 짐은 너무 무겁다. 특히 한국사회의 환경과 조건에서는 더욱 그렇다.

3) 과도기 : 28~33세

　세 번째 단계는 30세 과도기(28~33세)다. 성인기에 들어선 삶을 검증하고 수정하는 기간이다. 책임감을 가지고 성인의 현실을 살다 보면 자신의 한계를 느끼게 된다. 자신의 생과 연관된 일을 돌아보며 기초를 다지게 된다. 이 때 제기되는 물음은 "내가 하고 싶은 것 중에서 하지 못하는 것은 무엇인가? 내 삶에서 제외시키고 싶은 것은 무엇인가?" 같은 것이다. 30세의 위기다. 이 기간에 성인으로서 새로운 선택을 할 수도 있고, 또 지금까지 살아온 삶의 선택을 재확인할 수도 있다. 새로운 선택(꿈, 직업, 가정 등)은 그에 따른 또 다른 노력을 요구하지만 수용할 수 없는 삶을 계속 사는 것은 그만큼 불안과 고통이 뒤따르는 일이다. 30세의 위기는 다음 단계인 안정기에 들어서는 데 결정적인 디딤돌이 된다.

4) 정착기 : 33~40세

　네 번째 단계는 정착기(33~40세)다. 이 기간은 성인 초기의 전성기다. 지금까지의 삶(17~33세)은 시행착오의 연속이었지만 이제는 성인으로서 정착을 한다. 사회에 정착하기 위해 이 기간에는 두 가지 노력을 한다. 하나는 사회에서 인정받기 위한 노력이고, 다른 하나는 진보하기 위한 노력이다. 경제적으로도 넉넉하고, 지위도 있고, 다른 사람에게 인정받기를 원하며, 성취감과 안정된 가정생활과 좋은 인간관계를 목표로 한다. 안정기는 나름대로 꿈을 실현하여 성인 초기라는 자기 무대에 주인공으로 등장하는 기간이다. 레빈슨에 따르면 정착기 말기(36~40세)에는 유능한 권위자가 되려는 욕망이 있다고 한다.

그렇다고 모든 사람이 정착기에 순탄하게 자기 목표를 향하여 진보하는 것은 아니다. 어떤 이는 외형적으로 성공하였으나 꿈을 실현한 것이 아니기에 패배감과 갈등하기도 한다. 또 새로운 삶의 구조로 과감히 바꾸어 진보하는 이도 있다. 그러나 삶의 구조가 전혀 정착되지 않는 이들도 있다. 이 기간의 여성은 어떠할까? 20대에는 결혼을 선택함으로 꿈이 깨지는 아픔을 경험했고, 30대에는 엎질러진 물처럼 소녀시절의 꿈이 되돌아오지 않는다는 상실감과 함께 타인의 삶을 사는 것 같은 소외감이 찾아온다. 그래서 남성의 경우 성인 초기 정착기에 찾아오는 꿈의 실현 문제가 여자의 경우에는 이 시기에 서서히 머리를 들기 시작한다. 다시 말하면 여성의 성인세계 중반기는 남성의 정착기까지 연기되는 셈이다.

따라서 교육목회는 성인 초기에 있는 사람들의 꿈의 실현, 직업 선택, 결혼과 가족 형성, 정착하기까지의 삶을 도와주고 안내하는 교육적 노력을 해야 한다. 청장년의 활동과 모임은 이 모든 일의 수행과 그 과정을 의미한다.

2. 성인 중기(40~60세)

가을이라고 불리는 중년기(40~60세)는 열매가 무르익는 시기다. 이 시기를 에릭슨은 생산성의 시기라고 한다. 그 동안 성취한 일의 성과를 통하여 생산성을 충족한다. 그러나 이 시기에 여전히 직업 문제, 자녀 양육 문제로 성취감을 이루지 못하면 자신의 내부뿐만 아니라 타인과의 관계에서도 침체감을 경험한다. 이러한 현상이 중년의 위기다. 한국사회에서 중년의 위기는 명예퇴직과 조기은퇴라는 사회적 조류에서 비롯한다. 맡겨진 책임과 과업은 산더미 같은데 이루지 못하고 쫓겨나게 됨으로 삶 전체에 대한 실패감에 빠지는 것이다. 이것은 중년의 위기를 맞이하지 않고서는 공감할 수 없는 이야기다. 교회공동체는 이들이 중년의 위기에서 부딪칠 일들에 대비하고 미래와 새로운 삶을 준비할 수 있게 함께 애써야 한다.

성인 중기는 중년 과도기(40~45세)로 시작된다. 이 기간은 성인 중기에서 가장 중요하다. 중년 과도기는 성인 초기와 중기를 잇는 교량 역할을 하는데, 그 동안의 삶과 화해하고 미래의 삶을 준비하는 기간이다. 레빈슨은 여름에서 가을로 넘어가는 이 때에 해야 할 매우 중요한 일거리를 일러주었다.[23]

1) 과거 재평가

첫째, 과거를 재평가하는 일이다. 지금까지의 삶을 되돌아보고 평가하는 것은 지극히 어려운 일이다. 이 기간에는 지금까지의 삶을 의식적이든 무의식적이든 심각하게 묻게 된다. "나는 어떻게 살아왔는가? 가족관계에서 나의 역할은 진정으로 무엇이었는가? 나의 인생에서 가치 있는 일은 무엇인가? 하나님은 나에게 어떤 재능을 주셨고, 나는 그것을 어떻게 사용했는가? 나의 꿈은 무엇이었고, 그 꿈을 이루기 위해 무엇을 하였는가? 나는 그 동안 만족할 만한 삶을 살아왔는가? 미래의 삶을 위해 무엇이 필요한가?" 등이다. 이러한 물음이 생기면 얼마나 자신의 삶이 환상에 사로잡혔는지 알게 된다. 때로는 삶의 재평가 때문에 부정적인 실패감이 올 수도 있다. 그러나 재평가는 성공과 실패를 가르는 게임이 아니라 다음 세계를 위한 정직한 물음이다. 이러한 삶의 재평가는 삶의 구조를 수정하는 동기가 된다.

2) 삶의 구조 수정

둘째, 삶의 구조를 수정하는 일이다. 이 기간에는 그 동안 가져왔던 꿈을 수정하는 일이 필요하다. 이제까지 꿈의 실현을 위해 애써 왔다. 그런데 아직도 성취하지 못한 꿈을 이루려고 애쓴다면 자신뿐만 아니라 다른 사람까지 괴로워진다. 다시 말하면 이르지 못한 꿈에서 깨어나라는 뜻이다. 삶의 구조 수정은 가족관계에서도 마찬가지다. 함께 살아온 배우자에 대해서도 종속의 관계가 아닌 독립적이며 협력적인 인격체로 수정되어야 한다. 이제 자녀들은 자신의 정체성을 형성하는 시기에 왔기에 후견인의 도움이 필요하다. 명령하고 복종을 요구하는 군주형 아버지에서 자녀를 이해하고 그들에게 본이 되는 좋은 아버지로 바뀌어야 한다.

3) 삶의 양극성 합일

셋째, 삶의 양극성 합일을 이루기 위해 노력하는 일이다. 양극성 합일을 융은 개체화의 과정이라고 한다. 이는 무의식에 귀를 기울이며, 자신의 그림자를 긍정적으로 끌어안는 일이다. 양극성의 합일을 이루려는 노력 중 하나는 젊음과 늙음 사이에서 늙음을 인정하는 것이다. 이제 눈도 어두워지기 시작한다. 조금만 슬픈 이야기를 하면 눈물이 어른거린다. 밝은 색상의 넥타이를 자주 고르게 된다. 늙어 간다는 것이다. 이것을 받아들일 때 삶의 균형이 이루어진다. 또한 죽음을 받아들여야 한다. 이제는 친구들과 주위 사람들이 하나둘 사라진다. 죽음은 인간 삶에서 파괴성을 의미하는데, 이 파괴성을 심각하게 받아들일 때 창의성이 강화된다. 분노와 파괴적인 정력을 버리고, 그 힘들을 창의적인 방향으로 옮길 때 삶의 균형을 이루게 된다. 남성과 여성을 구분하는 가부장적인 사회제도에서 남성과 여성의 조화를 이루는 것도 이 시기에 할 일이다. 가정이나 신앙공동체에서 남성과 여성의 역할 모델을 균형 있게 보여 준다면 다음 세대를 훌륭하게 양육할 수 있다. 남성성과 여성성의 균형이 이 기간에 시작된다. 마지막으로 내면세계에 관심하는 일이다. 이 기간에는 자연스럽게 외부세계에 대한 욕구보다는 내면세계로 향하게 된다. 지금까지 외부세계와 접촉한 삶을 내면성의 세계와 병합하면 삶의 세계가 균형을 이루게 된다.

그러면 여성의 중년 과도기는 어떠한가? 동창회 모임에 가면 추억들을 떠올리며 이야기를 시작한다. 그런데 시간이 흐를수록 남편 자랑, 자식 자랑으로 이어지다가 끝을 맺는다. 돌아오는 길에 허탈한 생각이 든다. '나는 어디에 있는가?' 자식과 남편, 재산 등을 빼 놓으면 아무것도 없다. 자신을 상실한 아픔을 경험한다. 그러므로 이 기간에는 여성들도 자신의 인생을 찾는 개체화의 과정이 필요하다. 의존성을 털어버리고, 나 아닌 허구적인 나를 깨치고, 외형적인 늙음도 수용하면서 자기를 찾는 과정이 필요하다. 성인 중기 과도기에 정직하게 과거의 삶을 재평가하고 양극성의 합일을 위해 노력하면 과도기는 자아 갱신 기간이 된다. 이로써 성인 초기를 이어 중년 이후의 삶이 건강하고 풍성한 조화를 이루게 된다.

3. 성인 후기(60세 이상)

성인 후기는 인생을 통합하는 완성의 시기다. 신체적, 사회적으로 상실을 경험한다. 체력, 건강, 수입, 배우자, 친구들까지 잃게 된다. 늙고 비활동적이기에 '쓸모없는 인간'으로 치부되어 감에 따라 어쩔 수 없는 지위 상실로 상처를 입게 된다. 이 시기에 대하여 에릭슨은 노인들이 외적인 적응이 아니라 내적인 투쟁에 몰두하기를 바란다. 그것은 성숙과 잠재된 지혜에 대한 것이다. 이 내적 투쟁을 자아통합이라고 한다. 이 투쟁에 나서지 않거나 투쟁에서 실패하면 절망에 이르게 된다.[24]

노인이 되어 죽음이 다가오면 자기 생을 재음미하게 된다. "과연 나는 가치 있는 삶을 살았는가?" 이러한 질문을 스스로 던지며 절망한다. 자신의 생애가 후회스럽고 그 동안 아무것도 한 것이 없다고 느낀다. 어떤 이는 자기 삶을 혐오하여 자살에까지 이르기도 한다. 그러나 다른 한편 절망은 자아통합을 찾으려는 관문이 되기도 한다. "나는 실수를 하였다. 이루지 못한 일도 많다. 그 당시 그 상황에서는 어쩔 수 없었다. 그러나 나는 내 생애를 지금까지 이루어 놓은 일들과 함께 받아들이겠다." 자아통합은 이러한 결단에서 시작한다. 통합은 자기를 넘어 초월의 느낌이다.[25]

교육목회는 노인들이 과거의 꿈과 기억들을 되살려 현실에서 통합할 수 있게 도와야 한다. 생을 회고하면서 궁극적인 절망으로 이끌지 않고, 새로운 지혜로 과거를 받아들이게 하는 것이다. 중요한 사실은 자아통합이 과거 생애에 대한 실존적 절망을 해결함으로 의미 있는 통전성을 얻게 한다는 것이다. 그러므로 교육목회는 할 수만 있다면 삶의 회상과 절망의 과정에서 의미를 찾는 노인들의 내적 투쟁을 도와야 한다. 그리고 자기 생애를 긍정적으로 받아들임으로 하나님의 이야기와 비전을 되찾게 해야 한다.[26]

Ⅳ. 이야기와 상담

1. 상담의 여러 접근들

상담에는 네 가지 방법론적 접근이 있다. 인간 혹은 학습자를 어떻게 보느냐에 따라 접근 방법이 다르다.[27] 첫째, 인간을 '심리 내부의 신비한 역동에 의해 행동하는 존재' (intra‑psychic mysteries)로 보는 시각이다. 대표적 학자는 프로이드와 융(Freud & Jung)이다. 이들은 인간이 한 마디로 알 수 없는 '수수께끼의 존재'이며, 모든 인간의 내부 깊숙한 곳에 신비스러운 비밀이 자리 잡고 있다고 한다. 이 신비한 인간 내면의 비밀은 때로는 통제할 수 없는 힘으로, 혹은 고뇌와 갈등, 예측하지 못한 육체적 증상으로 나타난다. 이 신비스러운 내면의 역동성을 파악하고, 그 알 수 없는 힘에 이름을 붙여 줄 때 비로소 인간을 이해할 수 있다. 우리는 이것을 무의식의 의식화 작업이라고 한다.

둘째, 인간을 '상호 교류하는 행동의 존재'(interactive episodes)로 보는 시각이다. 스키너(Skinner), 미드(Mead), 에이젠크(Eysenk) 등이 대표적 심리학자들이다. 이 접근은 인간을 예측하지 못할 신비스러운 존재라기보다는 자신을 둘러싼 환경과 끊임없이 상호 교류하며 행동하는 예측 가능하고 '행동 가능한 동물'로 본다. 따라서 인간 연구의 자료는 신비스러운 인간의 무의식이 아니라 과학적 관찰과 측정이 가능한 인간의 행동이라고 본다.

셋째, 인간을 '해석하는 존재'(interpretive structure)로 보는 관점으로, 대표되는 학자는 삐아제(Piaget), 켈리(Kelly), 매슬로우(Maslow) 등이다. 이들의 주장에 따르면 인간은 두뇌와 인지능력으로 각각의 발달 단계에 따라 환경과 조건들에 적절히 대응하며 살아간다. 그리고 그 과정에서 해석적 구조(interpretive structure), 틀(framework), 양태(patterns) 등을 만들어 가는 존재다. 따라서 발달 단계에 따른 인식의 구조를 이해하는 것이 인간 이해의 첩경이다.

넷째, 인간을 '이야기하는 존재'(interpersonal stories)로 보는 시각이다. 대표적인 이야기 심리학자는 머레이(Murray), 에릭슨(Erickson), 톰킨스(Tomkins), 사빈(Sarbin), 부르너(Bruner), 맥아담스(McAdams) 등이다. 이들의 공통점은 이야기의 구조와 마찬가지로 인간 삶의 심리학적 구조도 역시 '연속성'이 있다는 데서 출발한다는 것이다. 이야기 심리학자들은 인간의 삶과 심리적 역동성을 어느 한순간, 혹은 한 단계에 가두거나 어느 특정한 영역에 묶어서 보려는 시각을 배제한다. 오히려 과거, 현재, 미래로 연속되는 시간 속에서 한 인간의 삶의 이야기가 어떻게, 어떠한 주제로, 어떠한 이야기 음조를 띠며 전개되는지에 관심한다. 이들은 이야기 전개 과정에서 이야기 주체의 욕구, 관심, 관계성, 성장과 쇠퇴, 불안과 희망 등을 읽을 수 있다고 믿는다.

그러면 이야기 심리학이 말하는 삶의 읽기를 통해 인간에 대해 무엇을 배울 수 있는가? 이야기 심리학자들은 연속되는 이야기 형식의 삶의 모습에서 인간의 심리 구조를 읽을 수 있고, 그것으로 한 인간의 통전성(integration)과 치유(healing)에 대한 통찰을 얻을 수 있다고 말한다. 현대인은 급변하는 환경과 문화에서 자신의 삶에 대한 연속성과 통전성을 잃고 있다. 이렇게 정체성을 찾지 못할 때, 이야기의 통찰과 재조명을 통해 삶의 통전과 치유, 성숙을 향한 노력이 보다 총체적으로 가능하다. 따라서 이 접근 방법은 이야기하는 인간의 전인성에 관심한다. 자연히 한 인간이 '살아온 이야기'(biography)가 인간 연구의 자료가 된다. 이야기 심리학에서의 강조점은 전체로서의 인간(whole person), 살아온 이야기(biography), 그리고 그 이야기를 만들어 온 이야기의 동기(motivation)다.

2. 이야기 치료

인간은 자신의 이야기가 더 이상 진전되지 않는다고 느낄 때 허무해진다. 더 이상 자기 자신의 의미 있는 이야기를 만들어 갈 수 없다고 느낄 때 삶이 병든다. 이 때 이야기는 한 인간의 삶에서 폐쇄된 자신의 모습을 발견하고 객관화할 수 있는 중요한 매체가 된다. 이야기는 새로운 통찰과 방향감각, 목적의식을 가지고 새롭게 삶에 복귀하게 하는 기능을 한다. 즉 흩어지고 의미 없던 삶에 새로운 의미와 통전성을 부여해 줄 수 있는 힘이다. 이야기를 통한 목회상담은 '일관성이 없는 삶의 이야기' '적절하지 못한 나의 이야기'에서 중요한 삶의 이야기들을 회고하게 함으로써 삶을 해석하는 눈을 새롭게 뜨고, 자기 삶의 이야기에 새로운 의미를 주게 한다. 자기 이야기 속에서 통전성과 희망을 발견하게 하는 것이다. 이 때 치료자는 내담자의 이야기를 재편집할 수 있는 치료적 관계를 형성한다. 내담자의 이야기가 '일관성과 의미와 목적' 등을 회복하게 하는 역할을 담당하는 것이다. 엠마오 도상의 제자들이 예수와의 이야기를 통하여 새로운 눈이 뜨이고 변화의 삶(reforming)으로 바뀌는 과정을 상상하여 보라. 상담자(교사)는 내담자(학습자)와 친구가 되어(companionship) 그들의 이야기 자료들을 기억하게 함으로써(remembering), 이야기를 재편집(renewing)할 수 있게 이끌어 준다. 이렇게 볼 때 상담은 새로운 삶의 소명으로의 초대다.

3. 이야기 상담의 방법

인생의 중년기에 접어들면서 그 동안 쌓아 두었던 이야기를 하면 마치 엉켰던 실타래
가 풀리듯이 자신의 모습이 드러난다. 그리고 그 속에서 자기를 발견한다. 이야기 속에서
기쁨과 슬픔, 좌절과 분노가 언어의 옷을 입고 표현된다. 그 동안 감추었던 자기의 세계
가 열린다. 한 맺힌 사람이 자기 넋두리를 할 때 그 이야기를 통해 지난날의 아픈 상처가
치유되는 것을 본다. 그리고 자기 이야기 안에서 자기가 주인공으로 살고 있음을 발견한
다.

옛말에 "구슬도 꿰어야 보배"라고 했다. 이야기를 통해 그 동안 흩어져 있던 나이라는
구슬, 수많은 사건의 구슬들이 보배로 다듬어진다. TV 드라마를 보고 웃기도 하고 울기
도 하면서 "저게 내 이야기지." 하는 것은 마치 남의 진주 목걸이를 보고 부러워하는 것
과 같다. 남의 것이 아닌 나의 목걸이가 바로 나의 이야기다.

이야기를 할 때 몇 가지 유의할 점이 있다.[28] 첫째, 이야기를 하는 사람과 듣는 사람이
신뢰의 관계에 있어야 한다. 어떤 사람이 나에게 자기 이야기를 한다는 것은 나를 존중하
고 신뢰한다는 표시다. 시간을 묻거나 길을 물을 때 알려 주는 사람과의 사이에는 신뢰가
존재할 따름이다.

둘째, 듣는 사람은 이야기를 잘 이해하기 위해 노력하여야 한다. 아픈 경험에 대해 이
야기를 하면서 그 아픈 마음을 직접 보여 줄 수는 없다. 그러기에 어렸을 적에 받은 상처
가 현재에 어떠한 영향을 주는지 알 길이 없다. 잘 들어주고 이해할 따름이다. 이해하지
못하는 것은 무감동(apathy)이다. 그 사람과 '똑같이 느끼는 것'(sympathy)이 이해가 아니
다. 이해는 그저 '공감'(empathy)하는 것이다. '얼마나 가슴이 아플까?' 하고 이해하기 위
해 노력하는 것이다.

셋째, 이야기하는 사람이 편안히 이야기할 수 있게 가장 좋은 분위기를 마련해야 한다.
좋은 분위기는 듣는 사람의 태도에 따라 좌우된다. 재촉하지 말고 기다리는 것이 중요하
다. 어떤 이야기를 하든지 자르거나 끼어들어 판단하지 말아야 한다. 설명할 것이 있으면

본인에게 하게 하고, 잘한 일을 이야기하면 칭찬하고 격려한다. 그것이 함께 이야기를 하는 것이다. 이야기를 하는 것은 인생을 재편집하는 것이고, 상담은 이야기를 함께 저술하는 공동저자(co-author)가 되는 것이다.

주

---

1) 김재은, 「성인 교육론」(서울: 성광문화사, 1990), 82.

2) Daniel J. Levinson, et al., *The Seasons of Man's Life* (New York: Ballantine Books, 1978); 다니엘 레빈슨 외, 「남자가 겪는 인생의 사계절」, 김애순 역(서울: 이화여자대학교출판부, 1998); 다니엘 레빈슨 외, 「여자가 겪는 인생의 사계절」, 김애순 역(서울: 세종연구원, 2000).

3) 임영택, 「당신의 지도력을 개발하라」(서울: 도서출판 대림디자인, 1977), 24.

4) 참고. Erik Erikson, *Child and Society (San Francisco: Haper& Row, 1981);* R. Goldman, *Religious Thinking from childhood to Adolescence* (London: Roultedge and Kegan Paul, 1964); James W. Fowler, *Stages of Faith* (San Francisco: Haper & Row, 1981); John H. Westerhoff III, *Will Our Children Have Faith?* (New York: The Seabury Press, 1976); William C. Crain, 「발달의 이론」(서울: 중앙적성출판사, 1988).

5) Richard Reichert, *A Learning Process for Religious Education* (Ohio: Pflaum Press, 1968), 149 이하. 부록 II, Human Development Chart.

6) 김재은, 「어린이: 그의 이름은 오늘」(서울: 태양문화사, 1977). 이화여대 교육심리학과 김재은 교수는 "어린이의 오늘의 경험은 내일이다."라고 표현하며 유아기 교육을 강조한다.

7) John Dewey, 「경험과 교육」, 오천석 역(서울: 박영사, 1975), 157.

8) 생떽쥐베리, 「인간의 대지 어린왕자」, 안응렬 역(서울: 동서문화사, 1975).

9) 김재만, 「교육사상사」(서울: 교육과학사, 1981), 136.

10) *Ibid.,* 155; Jean J. Rousseau, 「에밀」(서울: 청운출판사, 1967).

11) Wayne R. Rood, 「기독교교육」(서울: 한국신학연구소, 1982), 13.

12) Wayne R. Rood, *Understanding Christian Education* (Nashville: Abingdon Press, 1970), 25.

13) Dan P. McAdams, *The Stories We Live By: Person Myth and the Making of the Self* (New York: Williams Morrow & Company, 1993), 11.

14) *Ibid.,* 47; 감리교 교육문화연구원 강의(1998. 4. 24): 정석환, "교육목회상담의 제 이론"(자료 56)을 참조.

15) *Ibid.,* 50.

16) *Ibid.,* 58-59.

17) John H. Westerhoff, *Will Our Children Have Faith?* (New York: The Seabury Press, 1976), 91-93.

18) McAdams, *The Stories We Live By,* 71.

19) *Ibid.,* 80-81.

20) John H. Westerhoff, *Will Our Children Have Faith?,* 96-97.

21) William C. Crain, 「발달의 이론」, 261.

22) 임영택, 「당신의 지도력을 개발하라」, 26-33.

23) *Ibid.,* 31-33.

24) William C. Crain, 「발달의 이론」, 265.

25) *Ibid.,* 266.

26) Melvin G. Williams, *Where Faith Seeks Understanding: Planning for Adult Education in the Church* (Nashville: Abingdon Press, 1987), 25-26; Sheldon S. Tobin, James W. Ellor and Susan M. Anderson-Ray, *Enabling the Elderly: Religious Institutions within the Community Service System* (Albany: State University of New York Press, 1986), 18-25.

27) 정석환, "교육목회 상담의 제 이론."

28) 임영택, 「당신의 지도력을 개발하라」, 42.

커리큘럼의 구조와
교재 개발

11

I. 커리큘럼의 설계

교육 과정을 이루는 세 가지 요소는 교사-학생-교재다. 교육은 학생의 변화를 위하여 교사로 하여금 교재를 통하여 조건을 형성한다. 이 학습을 극대화하기 위하여 연속적으로 통합적 균형을 조직하는 것이 커리큘럼 개발이다.[1] 커리큘럼(curriculum) 혹은 교육 과정은 넓은 의미에서 학생의 변화를 위한 조건과 환경을 의미하고, 좁은 의미로는 학습의 목표와 경험을 이루기 위해 체계화된 교재(curriculum material)를 말한다.[2] 이러한 교육 과정의 관계에서 교사가 교재를 어떻게 다루느냐에 따라 학습의 유형이 세 가지로 나누어진다. 첫째는 교사를 중심으로 학생에게 지식을 전수하는 교과 중심(content oriented) 유형이고, 둘째는 학습자의 요구가 강조되어 체계적인 교재보다는 교사와 학생의 관계를 중요시하는 과정 중심(process oriented) 유형이며, 셋째는 교과 중심과 과정 중심을 통합한 만남의 학습(encounter learning) 유형이다.[3]

좁은 의미에서 커리큘럼은 '경주자가 시합할 때 달리는 정해진 길' 이라는 말에서 유래되었다. 커리큘럼은 교육 과정(process)을 이루기 위해 제안된 계획으로, 신학적 기초와 교육학적 범위에 따라 개발된다. 커리큘럼을 개발하는 데는 몇 가지 요소가 필요하다.

1. 교육 목표 설정

올바른 교육을 위해 우리는 무엇을 가르칠지를 생각하기 전에 왜 가르치는지를 먼저 물어야 한다. 어떤 인간이 되기를 기대하는가? 기독교교육의 목표는 무엇인가? 우리는 어떤 인간을 양육하고자 하는가? 교회에 열심히 다니는 사람? 이렇게 단편적인 목표는 바람직하다고 볼 수 없다. 우리는 예수 그리스도를 닮은 기독교적 민주시민을 양육하고자 한다. 이러한 목표는 각 교단의 신학적인 기초와 교육 목적에 따른다. 그러므로 교재를 개발하거나 선정할 때에는 '우리는 무엇을 믿는가?' '우리가 양육하려는 사람은 어떠한 사람인가?' 를 제시하는 신학적 진술과 교육 목표의 의미를 파악하여야 한다.

2. 커리큘럼의 범위

교육의 통로는 교육적 경험들이다. 커리큘럼은 목표 달성을 위하여 무엇을 가르칠지의 과제이며, 커리큘럼의 범위는 이 '무엇' 에 한계를 긋는 일이다. 그리스도의 삶을 닮고 형성하게 돕는 것이 기독교교육의 목표라면 기독교가 무엇이며 기독교가 바라는 삶이 무엇인지를 정하는 것이 곧 커리큘럼의 범위다. 또한 교리를 뒷받침해 주는 성서 주제들이 커리큘럼의 범위가 되기도 한다. 그래서 교단의 교리를 그대로 교육과정의 범위, 커리큘럼의 주기(cycle)로 삼는 경우도 있다.

랜돌프 밀러(Randolf C. Miller)는 성서의 주제를 따라 5C로 커리큘럼의 범위를 정하였다. 5C는 창조(Creation), 계약(Covenant), 그리스도(Christ), 교회(Church), 종말/완성(Consummation)을 의미한다.[4] 1960년대 미국의 16개 교파가 공동으로 개발한 '협동 교육

과정 계획안'(CCP)은 커리큘럼의 범위를 크게 '인간과 하나님의 관계', '인간과 이웃의 관계', '인간과 세계의 관계'로 나누었다. 그리고 이 범위를 다시 다섯 영역으로 나누어 ① 삶과 그 정황 – 실존의 의미와 경험, ② 계시 – 하나님의 자기 계시의 의미와 경험, ③ 아들 됨 – 구속의 의미와 경험, ④ 소명 – 제자직의 의미와 경험, ⑤ 교회 – 기독교공동체의 의미와 경험으로 정했다. 한편 1970년대에 실시한 미국의 '공동교육개발(JED)'에서는 교육과정의 범위를 ① 말씀의 앎, ② 말씀의 해석, ③ 말씀의 생활화, ④ 말씀의 행동화로 나누었다.[5]

1975년에 개발된 한국 감리교 커리큘럼의 범위는 하나님 – 세계, 하나님 – 교회, 교회 – 세계이며, 3년 주기의 구조로 만들어졌다. 1차년도는 '하나님과 세계'의 신학적 의미로 ① 예수 그리스도의 시절, ② 역사 이해/종말론, ③ 삶의 존재이유, ④ 인간화를 그 범위로 한다. 2차년도는 '하나님과 교회'의 신학적 의미로 ① 이스라엘, ② 선교적 교회, ③ 소망, ④ 이웃을, 3차년도는 '교회와 세계'의 신학적 의미로 ① 국가의 의미, ② 교회의 본질과 선교, ③ 가정, ④ 사회를 그 범위로 한다.[6] 그러나 새로운 범위의 커리큘럼 요청에 따라 1996년부터 개발한 것이 '말씀과 삶'이다. 이 커리큘럼은 성서 66권의 내용과 감리교 신학의 주제를 범위로 6년에 걸쳐 배우는 수직적 구조다. 성서와 신학적 주제는 모든 학년이 같지만 교육적 경험의 내용은 다르다. 그래서 주제의 범위는 같으나 연령층에 따라 성서와 신학의 범위가 다르게 나타난다. 이것은 앞서 개발된 선교신학의 범위에서 성서 중심과 교리 중심의 커리큘럼으로 전환된 것이라고 해석할 수 있다.

3. 커리큘럼의 조직

커리큘럼의 범위가 정해지고 나면 교육의 효율성을 위한 조직이 필요하다. 커리큘럼 조직은 학습자의 연령층별 발달 과제를 전제로 하며, 연습의 법칙과 효과의 법칙을 적용해야 한다. 커리큘럼 조직에는 세 가지 기본 원리가 있다.[7]

첫째는 지속성과 계열성의 원리다. 교육은 인간 형태 변화를 목표로 한다. 이는 단번에 되는 것이 아니라 학습 경험의 깊이를 확장한다는 계열성을 의미한다. 계열성은 단순한 것에서 복잡한 것으로, 부분에서 전체로, 혹은 전체에서 부분으로, 역사적 순서로(현재에서 과거로, 또는 과거에서 현재로), 친숙한 경험에서 미지의 경험으로 등의 원칙에 따른다. 지속성과 계열성의 원리에 따라 커리큘럼의 주기, 연령에 맞는 정도와 범위의 반복과 확장을 정한다.

둘째는 범위와 통합성의 원리다. 이 원리는 교육과정 범위의 깊이와 넓이를 정하는 것을 의미한다. 한 범위를 깊이 다루다 보면 여러 범위를 다 다루지 못할 것이고, 여러 범위를 다 다루려고 하면 깊이 있게 다루지 못할 것이다. 그러므로 커리큘럼 범위 선택, 기간, 그리고 범위간의 계열별 통합 등이 필요하다.

셋째로 균형의 원리다. 커리큘럼은 위에서 말한 지속성과 계열성의 균형, 범위간의 균형이 잘 이루어지게 조직되어야 한다. 그래야 학습 기간, 학습 내용의 깊이와 넓이, 학습 간의 연결성, 이론과 실천의 균형, 학습자의 준비도에 따른 적합성 등이 신중하게 고려된다.

커리큘럼 개발 시 목표 설정과 범위 설정이 잘 되었다 해도, 조직이 잘 되지 않으면 아무런 효과를 거두지 못한다. 이 조직에 따라 프로그램이 나오고, 학습 활동이 창출되며, 사용할 교구 또는 교재가 정해지게 된다. 교육과정의 조직과 성격에 따라 커리큘럼의 유형을 나누기도 한다. 즉 교과 중심의 유형(지식 전수 위주), 경험 중심의 유형(학습자의 요구 강조), 구조 중심의 유형(방법론 중심), 과정 중심의 유형(학습의 과정 자체에서 가치를 습득하므로 과정에 내용과 동일한 비중을 둠), 그리고 만남 중심의 유형(교과 중심과 과정 중심의 통합)으로 구분한다.

Ⅱ. 교육신학의 기초

교육목회에서의 커리큘럼 개발은 기독교적 소망에 근거하여 인간을 변화시키려는 합리적이며 설득력 있는 노력을 요구한다. 그런데 시대와 역사적 배경에 따라 신앙에 대한 교파적 교리는 교육과정에 많은 영향을 끼쳐 왔다. 즉 커리큘럼은 교리를 전달하는 시녀의 역할을 감당하였다. 감리교회도 감리교라는 자기 신앙의 이해 때문에 그럴 수밖에 없는 길을 걸어왔다. 그럼에도 감리교 커리큘럼을 위한 신학적인 작업은 충실한 자기이해와 교리 전달과 교파주의를 벗어나기 위한 적극적인 시도다. 그러므로 한국 감리교회는 교조적 종파로 남기 위한 교육적 노력보다는 21세기 변화시대에서의 신앙 정착과 그에 따른 인재 배출을 과제로 삼는다.

이를 위해 커리큘럼의 근거가 되는 감리교 신학에 대한 올바른 이해와 신앙 진술을 마련하는 일은 존 웨슬리의 신학을 올바르게 기초하는 일이다. 또 성서에 기초를 둔 신앙 전통의 해석과 그것을 이성과 함께 체험하는 커리큘럼의 범위와 구조가 필요하다. 존 웨슬리의 신학은 선행은총을 중심으로 하는 구원의 과정과 성화를 이루는 학습자의 변화를 모색한다. 즉 하나님의 은총을 신뢰하면서도 이 분단된 한국 상황에서 선한 열매를 맺기 위한 경건의 연습이 필요하다. 이를 위해 바른 실천의 커리큘럼이 뒷받침되어야 한다. 따라서 감리교의 커리큘럼은 '말씀과 성화의 만남을 이루고, 학습자의 경험에서 성화의 삶 (the life of sanctification)을 이루는 교재' 가 되어야 한다고 본다.

그 동안 한국 감리교 커리큘럼은 만남의 유형을 강조하며 "하나님 – 세계 – 교회"라는 교재를 사용하였다. 이 커리큘럼은 하나님의 선교(Missio Dei) 신학을 기초로 하여 한국 역사 속에서 기독자로서의 선택과 책임의식을 강조한다. 커리큘럼의 목적은 "세계의 문화 속에서 하나님과 만날 수 있는 응답적인 면과 아울러 새로운 역사를 창조하기 위한 참여를 성취할 수 있어야 한다."고 기술한다.[8] 그런데 이 교재가 20년간이나 사용되었을 뿐만 아니라 교사의 훈련과 교육 환경에 따른 어려움으로 새로운 교재 개발이 시급하게 되었다. 이에 감리교 본부 교육국은 '감리교 새 교육과정 연구전문위원회' 를 설치하고 그 첫 번째 작업으로 감리교회의 커리큘럼을 위한 신학적 기초와 그에 따른 교육학적 진술, 커리큘럼의 내용을 위한 신학적 요소와 연령층별 교육적 의미를 설정하였다. 이것은 커리큘럼 개발의 기초이며 또한 교육 목표, 커리큘럼의 구조, 그리고 학습 방향을 제시하는 창의적인 일이다.[9]

1. 감리교 신학의 체계

1) 감리교 신앙은 선행은총에서 출발한다.

선행은총은 감리교 신앙의 핵심이며 출발점이다. 인간의 구원이 선행은총에서 비롯되기 때문이다. 인간은 자연적 상태에 머물러 있지 않고, 또 하나님의 은총 밖에 홀로 서 있는 사람도 없다. 주님을 알든 모르든 인간이면 누구에게나 양심이 있다. 양심은 선행적 능력이다. 사람이 죄를 짓는 것은 그에게 하나님의 은총이 없어서가 아니라 가지고 있는 은총을 사용하지 않기 때문이다. 따라서 선행은총은 인간이 하나님의 사랑과 구원에 응답하게 이끈다.[10]

2) 감리교 신앙은 사랑이신 하나님을 증거한다.

감리교인이 고백하는 하나님은 사랑의 하나님이다. 하나님은 만인을 위하여 값없이 보편적 은총을 주시는 분이다. 세상을 심판하는 하나님의 공의도 이 사랑에 부합되지 않으면 안 된다. 하나님은 하나님 형상 회복을 위한 인간의 응답을 인내로 기다리신다.[11] 감리교 신앙은 의로운 자에게도 불의한 자에게도 햇빛과 비를 똑같이 내리시고, 마지막까지 기다리시는 사랑의 하나님(마 5:35)을 믿는다.

3) 감리교 신앙은 구속자이신 예수 그리스도를 믿는다.

선행은총을 베푸신 하나님의 사랑은 죄를 구속하시는 그리스도의 죽음에서 밝히 나타난다. "만일 그리스도의 속죄론에서 벗어나면 이교주의를 수용하는 것과 같다."고 웨슬리는 강조한다. "그리스도의 죽음과 고난은 믿는 사람은 물론 믿지 않는 사람에게도 베풀어진다. 만일 그리스도의 은총을 마음 깊이 받아들인다면 그리스도의 역사를 알지 못한다 하여도 그의 구속하시는 은총에 참여할 수 있다."[12] 이것은 감리교 신앙이 하나님의 보편적 사랑과 만인을 위해 돌아가신 구속자이신 예수 그리스도를 확신하는 증거다. 그리스도의 속죄는 모든 인간을 구원에 이르게 하는 유일한 길이다(요 14:6).

4) 감리교 신앙은 성령의 성화시키는 능력을 믿는다.

성령은 인간 삶의 전 과정을 진리와 성결로 이끄시는 분이다. 따라서 인간 구원의 과정은 오로지 성령의 역사로 이루어진다.[13] 우리는 "성령이 아버지와 아들과 동등하시며, 홀로 완전히 거룩하실 뿐만 아니라, 우리 안에 있는 모든 성결의 직접적 원인이 되시며, 우리의 이해력을 밝히시며, 우리의 의지와 감정을 교정하시며, 우리의 본성을 새롭게 하시고, 우리의 인격을 그리스도와 결합시키시고, 우리의 양자 됨을 확신하게 하시며, 우리의 영혼과 육체를 하나님의 충만하고 영원하신 즐거움에 이르기까지 정결하게 하시고 거룩하게 하십니다."라고 고백한다.[14] 성령의 역사는 인간 모두를 하나님의 형상을 따라 새롭게 하시는 구속의 근거가 된다. 성령은 인간 영혼에 내적으로 체험되고, 하나님이 원하시는 선한 양심의 열매를 맺게 간구하시며(롬 8:26), 우리를 온전하게 하려고 도우신다(요 16:13).

5) 감리교 신앙은 주님의 몸인 하나의 공동체를 섬긴다.

감리교의 교회들은 "몸이 하나이요 성령도 하나이니 이와 같이 너희가 부르심의 한 소망 안에서 부르심을 입었느니라(엡 4:1~6)."는 말씀에 근거한다. 교회는 가시적인 건물이 아니다. 하나님께서 세상에서 불러내신 사람들이 공동체를 이루면 그것이 바로 교회다. 교회에 속한 사람들은 성령의 도움으로 하나의 믿음, 하나의 세례, 하나의 소망, 그리고 한 분 하나님 안에서 주님의 몸과 하나가 된다. 따라서 교회는 어떤 특정한 그리스도인과 지역이 아니라 지구상의 모든 사람을 그리스도 안에서 결합시키는 우주적 보편성이 있다. 개별국가 내의 교파교회는 보편적 교회의 한 부분일 뿐이다. 하나의 영과 같은 소망 안에서 부르심을 받았다면 한 공동체를 섬기고 있다고 믿는다.[15]

6) 감리교 신앙은 성서, 전통, 체험, 이성의 바른 관계를 믿는다.

감리교는 개신교의 원리인 '오직 성서로만'의 전통에 따라 "성경은 하나님의 감동으로 된 것으로 교훈과 책망과 바르게 함과 의로 교육하기에 유익(딤후 3:16)"함을 믿는다. 성서는 하나님의 온전하신 뜻을 따라 가르치는 삶의 등불이다.

감리교는 사도신경을 따라 기독교 교부들의 신앙 유산을 존중한다. 신앙 유산이 중요한 것도 성서에 대한 신앙공동체의 자기이해가 다르기 때문이다. 만일 기독교 전통(교리)이 없다면 오늘 하나님이 역사하시는 양식이 알려질 수 없었을 것이다. 그러나 전통은 절대시되어서는 안 되며, 일차적 전통인 성서에 비추어 늘 그 시대적 사고에 의해 재형성되어야 한다.

감리교는 성서와 전통의 대상적 측면과 함께 주체적인 체험을 강조한다. 감리교 신앙의 본질은 거듭남에 초점을 두기에 머리(교리)의 종교가 아니라 마음(체험)의 종교다. 체험함으로 하나님의 사랑을 인식하고 하나님의 자녀인 것을 직접 증거하게 된다.

감리교는 또한 이성의 역할을 중요시한다. 이는 비합리적으로 몰고 가는 종교의 사이비성을 막으며, 체험된 진리가 체험에만 머물지 않고 이해를 추구하는 신앙이 되게 하기 위해서다. 이성 자체가 종교 체험을 대신할 수는 없다. 그러나 이성(사유행위)과 체험(신앙행위)이 병존할 때 신앙은 건강하다. 이렇듯 감리교 신앙은 성서, 전통, 체험, 이성의 상호 관계성에 바탕을 둔다.[16)]

2. 감리교인이 믿는 구원의 질서

1) 선행적 은총으로 회개를 요구한다.

감리교 신앙은 인간이 하나님의 형상대로 지음 받았음을 고백한다(창 1:26~27). 하나님의 형상은 이해력과 의지의 자유, 다양한 감정을 지닌 영적 존재를 의미한다. 땅 위의 모든 것을 책임적으로 다스리는 정치적 존재요, 의, 진실, 거룩함을 지닌 도덕적 존재임을 또한 의미한다. 그러나 자유의지로 선과 악을 택할 수 있었던 인간은 하나님의 뜻이 아니라 인간 자신의 뜻을 선택하였다. 이것이 타락이다. 이러한 죄는 온 인류에게 죄 된 본성을 갖게 하여 하나님을 대적하며 성령을 거스르는 삶을 살게 하였다(갈 5:17). 그래서 인간은 죄책감에 시달리며 살아간다.

그럼에도 감리교 신앙은 선행적 은총으로, 인간이 타락하였으나 여전히 선을 행할 수 있는 능력이 있음을 믿는다. 이 은총은 인간이 성령을 거슬러 살 때 불안을 느끼게 한다. 즉 양심을 통하여 바른 길로 이끈다. 인간의 삶이 잘못되어 곤고하다는 바울의 고백(롬 7장)이 선행적 은총에서 나온 것이다. 그러므로 선행적 은총은 회개를 요구한다. 회개는 구원에 이르는 현관이다.[17)]

2) 믿음으로 의롭게 됨을 믿는다.

감리교 신앙은 회개가 인간을 의롭게 하는 것이 아니라 예수 그리스도를 믿는 믿음으로 인간이 의롭게 된다고 믿는다. 인간 자신의 어떤 노력도 칭의의 조건이 될 수 없다. 이처럼 믿음은 타락한 인간이 의롭게 되는 유일한 조건이다. 믿음은 하나님께서 인간을 성결케 하신다는 확신과 그에 대한 신적 증거다.[18] 이것은 독생자 예수 그리스도를 십자가에 내어주심으로 우리에게 보여 주신 하나님의 사랑을 확신하는 일이다. 믿음으로 의롭다고 인정받은 인간은 죄 사함을 받고, 자신에게 주어진 전 능력을 올바르게 행사할 수 있는 능력을 갖게 된다. 그러므로 감리교인은 "믿음으로 죄에서 구원받으며 거룩하게 된다."고 고백한다.

3) 감리교 신앙은 인간의 거듭남을 믿는다.

감리교 신앙은 인간의 거듭남을 가르친다. "누구든지 그리스도 안에 있으면 새로운 피조물이라. 이전 것은 지나갔으니 보라 새것이 되었도다(고후 5:17)." 인간이 거듭나고 성장하여 본질적으로 달라질 수 있음을 믿는 것이다. 칭의가 십자가의 은혜인 '우리를 위한 그리스도'(Christ for us)를 뜻한다면, 거듭남은 인간 삶에 참여하여 타락한 본성을 고치시는 역사, 곧 '우리 안에 계신 그리스도'(Christ in us)를 의미한다. 따라서 예수 그리스도 안에서 거듭난 사람은 세상을 보는 기준과 삶의 태도가 달라진다. 옛 사람은 지나고 새 사람으로 사는 성결의 삶이다. 거듭남은 내 속에 있는 하나님의 영과 함께 살아가는 것이다.[19] 그런데 인간의 거듭남은 한순간에 이루어지는 것이 아니라 전 생애에 걸쳐 점진적으로 이루어진다. 거듭남은 성화의 일부이지 전체는 아니다. 이것은 성화에 들어가는 문이다.

4) 신자들의 끊임없는 회개를 요구한다.

감리교 신앙은 의롭게 되었어도 그리스도인들이 고민하는 죄의 문제에 관심한다. 거듭났어도 죄에 대해서는 여전히 자유롭지 못하다. 인간은 육과 영이 있기에 늘 육에 대해 깨어 있어야 한다. 사람이 선을 행할 줄 알면서도 행치 않으면 죄를 짓는 것이다(약 4:17). 그러기에 비록 의롭다 함을 받았을지라도 신자에게는 끊임없는 회개가 필요하다. 회개는 죄의 세력에서 완전히 해방되려는 참회의 과정이다. 이것은 또한 성령의 역사로 일어나는 깨달음이다. 따라서 감리교 신앙은 거듭났어도 타락하기 쉬운 마음, 악한 성향, 게으

름을 이겨 나가기를 권면한다. 자신의 삶을 끊임없이 돌아보는 회개는 완전한 삶을 이루게 한다.[20]

5) 완전성화를 바라보며 나아간다.

감리교 신앙은 완전성화에 대한 소망을 간직하여야 한다. 완전성화는 하나님의 형상으로 회복되고, 의와 참된 성결로 새로워지는 것이며, 몸과 마음과 영을 다하여 하나님을 사랑하는 것이다(막 12:30).[21] 다시 말하면 모든 생각과 언행을 하나님이 받으실 만한 영적 제물로 자신을 바치는 존재가 되어야 한다(롬 12:1). 그리스도인의 완전은 "평강의 하나님이 친히 너희로 온전히 거룩하게 하시고, 또 너희 온 영과 혼과 몸이 우리 주 예수 그리스도 강림하실 때에 흠없이 보존되기를 원하노라(살전 5:23)."는 말씀에 따르는 것이다. 웨슬리는 완전성화에 대한 교육적 의미로, 선한 나무가 자연스럽게 선한 열매를 맺는다고 보기보다는 선한 나무라도 끊임없이 선한 열매를 맺기 위해 노력해야 한다고 강조한다. 선한 열매를 맺기 위해 감리교 신앙은 성령의 역사와 함께 인간의 선행이 완전성화를 이루는 데 필요함을 강조한다.

3. 한국 감리교회의 역사와 신학사상

1) 한국 감리교회와 교리적 선언의 태동

초기 감리교는 미국의 북 감리회와 남 감리회로 나뉘어 한국에 전래되었다. 북 감리회는 선교사 맥클레이 목사가 고종에게 학교와 병원 사업의 윤허를 받은 후 1885년 아펜젤러, 스크랜튼, 스크랜튼 부인을 선교사로 파송하였다. 남 감리회는 10년 뒤인 1895년 개화 사상가 윤치호의 요구로 리드를 한국 선교사로 파송하였다. 당시 선교국인 미 감리회는 노예 문제에 대한 상반된 견해 때문에 남북이 나뉘어 있었다. 그러나 피선교지인 한국의 감리교도들은 교회 일치의 의지로 1930년 하나의 한국 감리교회로 통합하였다. 이 때 한국 감리교회의 교리적 선언을 채택하였다.

미 감리교회는 선교 초기 당시 조선 정부의 미온적 태도와 사회 전반의 보수적 분위기로 교회 설립과 복음 전도보다는 학교와 의료 선교에 치중하였다. 선교 초기에 한국 감리교회를 이끌었던 최병원 목사(정동교회 초대 담임)는 한국 내 종교 상황 속에서 감리교 신학을 수립하였고, 전덕기 목사(상동교회 초대 한국인 담임)는 남대문 시장 가난한 민중의 아버지요, 민족 지도자로 일했으며, 협성여자신학교 출신인 채영신은 한국 농촌을 위해 헌신한 인물로 평가된다. 선교 초기의 한국 감리교회는 사회 개혁과 민족의 과제를 위해 인재들을 키우며 일하였다. 그러나 일제 말기 몇몇 교계 지도자들이 친일 행각에 앞장섰음을 역사 앞에 부인할 수 없다.[22]

1930년 12월 2일 남북 감리교회가 하나 되어 기독교대한감리회를 조직하는 제1회 총회에서 한국 감리교회는 8개 조항의 교리적 선언을 선포하였다. 한국 신학자들에 의해 만들어진 이 선언으로 종교개혁 전통, 감리교의 본질과 특징을 함축하여 선명하게 고백하였다. 더욱이 감리교 교리적 선언의 바탕 위에서 남북 감리교회를 하나의 기독교대한감리회로 통합하였고, 한국 감리교회의 3대 선언 – 진정한 그리스도의 교회, 진정한 감리교회, 진정한 한국적 교회 – 으로 복음적이고 진보적이며 생명력 있는 교회로 이끌겠다는 결의를 보여 주었다. 이것은 교조적 종파가 아닌 그리스도의 구속적 경험에 기초한 한국적 기독교를 정착시켜 나가겠다는 신앙 고백문이다.[23]

2) 한국 감리교 교리적 선언의 구조와 내용

한국 최초의 조직신학자 정경옥 목사는 감리교 교리적 선언 8개 조항을 두 부분으로 나누어 설명하였다. 첫째 부분은 하나님(1조항), 예수(2조항), 성령(3조항)을 은혜(4조항)에 묶어 인간에게 나타나신 하나님의 은혜의 계시라 하였다. 둘째 부분은 성경(5조항), 교회(6조항), 천국(7조항)을 영생(8조항)에 묶어 인간이 하나님의 뜻을 받아 그것을 이루기 위하여 노력하는 방법과 그 결과라고 보았다. 처음 부분은 인간을 향하는 하나님의 계시가 주체이고, 둘째 부분은 삶의 완전을 위해 하나님께 나아가는 노력을 하는 기독자의 생활이 그 주체다.[24]

① 제1조항 : 하나님

창조와 섭리자로서의 하나님, 인류의 아버지요 가치의 근원으로서의 하나님, 오직 한 분이신 하나님으로 이해한다. 하나님은 출애굽 해방과 예수 그리스도의 십자가 부활 사건 속에서 역사하고 섭리하신다. 그리고 인간 역사를 섭리하시는 하나님은 인격이신 아버지와 가치의 근원으로 나타나신다. 성의 구별을 넘은 하나님의 아버지 되심은 이념, 종교, 성별, 민족, 인종, 계급 등의 모든 장벽을 뛰어넘어 전 인류가 한 형제자매임을 고백하게 한다.[25] 또한 하나님이 진(眞)의 근원으로 진리 그 자체이고, 선(善)의 근원으로 정의의 하나님이며, 미(美)의 근원이기에 창조하신 모든 것이 조화로움을 믿는다는 고백이다. 마지막으로 한 분이신 하나님은 기독교 전통의 유산인 삼위일체론에 대한 고백으로, 이는 하나님의 현실성과 살아 있는 신앙 체험을 지시한다.

　② 제2조항 : 예수 그리스도

　예수 그리스도에 대한 고백은 기독교 초기부터 나타난 이단사상에 맞서 기독교의 본질을 변론하기 위한 사도적 신조들과 맥을 같이한다. 기독론은 성육신하신 예수의 인격과 모범, 스승, 대속자, 구세주로서의 사역에 대한 고백이다.

　예수는 역사적 삶을 통하여 하나님의 뜻을 실현한 인간 삶의 바른 길이며 진리다. 그의 대속적 죽음에 대한 고백으로 하나님과의 바른 관계와 새로운 생명을 얻는다. 감리교도는 기독론을 구속론의 차원으로 고백한다. 예수가 우리의 구세주가 되심은 물론 스승과 모범이 되신다는 것은 바른 행동과 바른 실천을 위한 예수의 내적 권위를 강조하는 것이다. 사회적 성화를 강조하는 감리교의 정신은 예수를 스승이요 모범이요 대속자요 구세주로 고백한다.

　③ 제3조항 : 성령

　성령의 본체에 대한 물음은 삼위일체의 구조를 밝히는 일이며, 성령이 오늘 어떻게 역사하시느냐는 역할에 대한 물음이다. 전자가 기독교 전통(교리)에 관계된다면, 후자는 구원의 질서를 가능케 하는 웨슬리의 성령론과 일치한다.

　성령의 본질에 대한 고백은 우리와 함께하시며 언제나 창조와 섭리 가운데 역사하시는 하나님에 대한 전폭적인 신뢰를 뜻한다. 이러한 신뢰로 성령은 인간을 이끄시는 지도자, 인간 삶의 위로자로 힘과 능력이 되신다. 성령은 자신에게 얽매였던 삶을 자유롭게 하여 타인에게 사랑으로 자신을 개방하게 한다. 성령은 속사람을 새롭게 하여 거룩한 생활을 하게 한다(엡 3:16). 성령이 인간의 전 삶을 진리와 성결로 이끈다는 고백은 감리교 정신의 핵심과 일치한다.[26]

　④ 제4조항 : 은혜

하나님은 인간을 누구나 사랑하시고 모두에게 은총을 주신다. 이것은 선행은총론과 인간의 자유의지에 근거를 둔 하나님의 보편적 사랑의 행위를 은총으로 규정한다. 그런데 제4조는 이러한 하나님의 보편적 은총에 대해 인간이 감당해야 할 일을 제시한다. 그것은 기도의 행위와 사랑의 실천이다. 기도는 인간이 하나님에게 드릴 수 있는 최고의 정성으로, 하나님의 뜻에 자신을 전적으로 맡기는 상태다. 사랑은 감리교 신앙의 핵심으로 선한 양심의 열매를 맺는 것이다. 따라서 사랑과 기도의 행위를 통하여 인간은 하나님의 은총을 지속할 수 있음을 고백한다.[27]

⑤ 제5조항 : 성서

감리교 신앙은 종교개혁 전통에 따라 '오직 성서만으로'의 원리를 따른다. 이것은 성서를 절대무오의 책으로 보는 것이 아니라 성서에 인간 구원을 위한 복음이 담겨 있음을 믿는 것이다.[28] 즉 인간이 처한 상황에서 제기되는 물음들에 의해 새롭게 읽혀질 수 있을 때 성서는 살아 있는 하나님의 말씀이 된다. 결국 제5조는 성서의 문자주의를 허용하지 않으며, 개인적, 역사적 상황에서 성서를 읽고 그 속에서 복음을 찾을 것을 가르친다. 하나님의 사랑이 예수 안에 나타나 인간을 구원하는 복음을 보여 주기에 성서는 하나님의 말씀이 되고, 이런 전제에서 성서는 우리의 신앙과 행위에 충분한 표준이 됨을 고백한다.

⑥ 제6조항 : 교회

웨슬리는 보이는 제도적 교회와 그 안에서 이루어지는 설교와 성례전으로 교회의 존재 근거를 설명하였다. 그러나 제6조는 사랑의 행위를 실행하는 인간 현실의 주체를 교회로 규정한다. 교회는 제도와 형식이 아니라 예수의 삶과 하나님 나라로 부르시는 그분의 영적 정신과 하나 되는 내적 공동체성을 필요로 한다. 이 일을 위해 제도적 교회는 신령과 진정으로 드리는 예배와 나눔을 배우는 봉사정신이 필요하다. 제도화된 교회가 형식과 제도에 묶이지 않기 위해 진정한 예배, 봉사, 사랑의 행위가 넘쳐나야 한다.

⑦ 제7조항 : 천국

성서가 증거하는 천국은 미래도 현세도 아니다. 성서는 단지 얼마나 하나님의 통치를 기대하며 현실성 있고 생명력 넘치는 신앙을 살아야 하는지를 보여 준다. 하나님의 나라는 미래 지향적이지만 그 시작이 지금 내 안에서 이루어지고 있다는 확신을 요구한다. 이러한 시각에서 감리교 신앙은 천국을 하나님에 의해 다스림을 받는 인간사회로 이해한다. 천국은 인류사회가 필요로 하는 최고 가치의 실현을 보증한다. 이것은 감리교의 사회적 성화론에 대한 한국적 표현이다. 하나님의 뜻이 실현되고 모두가 하나님 앞에서 평등함을 고백하는 것이 천국의 이해다. 이것은 하나님의 뜻이 펼쳐지는 세계에 대한 책임적인 고백이다.

⑧ 제8조항 : 영생

제8조는 피안적이 아닌 차안적인 세계에서의 하나님의 승리와 개인적, 생물학적 죽음의 차원이 아닌 사회공동체적 삶의 질적인 시각에서 영생을 다룬다. 하나님의 의는 인간이 창조 목적에 따라 살지 못할 때 때로는 진노의 방식으로, 궁극적으로는 자신을 내어주는 사랑의 형태로 인간의 길을 돌이키려 하였다. 이렇게 볼 때 하나님의 의는 구원과 사랑이다. 더 나아가 하나님의 의의 승리는 전 우주적 차원에서의 화해, 관계 단절의 회복, 불균형의 극복, 새 하늘과 새 땅의 회복을 의미한다.

감리교 신앙에서 영생에 대한 소망은 죽음 이후 다가오는 낯선 곳에서의 영원한 삶만을 의미하지 않는다. 오히려 기독교인들의 삶의 현실을 직시한다. 죽음과 그 다음 세계에 대한 두려움보다는 삶과 죽음을 주관하시는 하나님과의 관계 단절을 두려워하는 마음이 요구된다. 영생에 대한 확신은 하나님과 인간, 인간과 인간, 인간과 자연의 소외를 극복하는 일이며, 이 결과로 죽음 이후의 영원한 나라를 상급으로 받을 수 있음을 고백한다.

3) 한국 감리교회의 사회신경

1930년 한국의 남북 감리교회는 기독교대한감리회로 통합하면서 교리적 선언과 함께 한국 감리교 사회신경을 선포하였다. 이것은 웨슬리 정신을 구현하기 위해 미국에서 선포된 사회신조(1908년)를 기초로 했다.[29] 이로써 교리적 선언의 7, 8조항을 구체화할 수 있는 대 사회적 의식과 가치규범이 더욱 분명하게 된 셈이다.

① 사회신경은 인간의 동등권리와 동등기회, 인종과 국적의 차별 철폐를 다룬다. ② 사회신경은 가정과 여성의 사회적 지위 문제를 명시한다. ③ 아동 문제에 대한 관심을 표명한다.[30] ④ 이 외에도 사회신경은 기타 사회 문제에 대한 언급도 하는데, 공사창제도, 인신매매, 주초와 아편 문제, 사치와 오락 금지, 재산의 공동사용(분배) 등에 관한 의식 전환을 요구한다.

Ⅲ. 감리교 교육신학의 진술과 연령층별 교육적 의미[31]

신학적 진술	교육적 의미
1. 하나님 ① 하나님은 만물의 창조주이시다. ② 하나님은 모든 사람을 사랑하신다. ③ 하나님은 인간에게 은총을 베푸신다. ④ 하나님은 모든 인간의 구원을 원하신다. ⑤ 하나님은 인간이 거룩해지기를 바라신다.	〈어린이〉 하나님은 우리의 아버지, 어머니처럼 우리를 사랑으로 돌보시고, 모두가 올바르게 자라나기를 원하심을 알게 돕는다. 〈청소년〉 하나님은 인간 모두를 공평하게 사랑하시고, 비록 잘못된 길을 가더라도 너그러이 받아 주시며, 하나님의 형상으로 회복되는 삶을 이끄시는 분임을 알게 한다. 〈성인〉 하나님은 모든 인간의 구원을 위해 사랑과 은총을 베푸시는 분이기에 구원 사업을 위해 하나님께 부르심을 받고 함께 행하는 삶을 살게 돕는다.
2. 예수 그리스도 ① 예수 그리스도는 하나님이 육신으로 이 세상에 오신 분이다. ② 예수 그리스도는 모든 인간을 위해 십자가에서 죽으셨다. ③ 예수 그리스도의 십자가는 인간을 향한 하나님의 징표다. ④ 예수 그리스도를 통해 모든 인간은 의로워진다. ⑤ 예수 그리스도는 인간의 타락한 본성(자유의지)을 회복시키는 길이다. ⑥ 인간은 예수 그리스도를 통하여 하나님과의 관계를 회복한다.	〈어린이〉 예수 그리스도는 우리의 죄를 용서하시고 하나님의 사랑을 보여 주신 분이기에 그분을 따라가게 돕는다. 〈청소년〉 예수 그리스도는 인간을 타락에서 건져 주시기 위해 우리와 같은 몸으로 세상에 오셨고, 또 어떻게 사는 것이 올바른 것인지를 보여 주셨기에 그 삶을 믿고 닮아가게 돕는다. 〈성인〉 예수 그리스도는 인류의 구원의 길이며, 그를 통하여 인간은 의로워지고 하나님의 사랑을 체험할 수 있기에 그분을 따라 매일 십자가를 지며 살아가게 돕는다.

신학적 진술	교육적 의미
3. 성령 ① 성령은 인간 안에 살아 계신 하나님의 영이시다. ② 성령은 하나님의 창조세계의 질서를 유지하신다. ③ 성령은 인간을 진리와 성결로 이끄신다. ④ 성령은 인간 삶의 인도자와 위로자가 되신다. ⑤ 성령은 자기 자신의 삶을 개방하여 인간 삶의 다양성을 긍정하게 함으로써 공동체적 삶으로 이끄신다.	**〈어린이〉** 성령은 우리를 돌보시며, 어려운 일을 당할 때 도와주시고, 예수님처럼 살게 이끄시는 분임을 알게 돕는다. **〈청소년〉** 성령은 진리로 인도하시는 분이기에 성령의 도우심을 따라 이 세상에서 하나님의 사랑과 평화를 위해 살게 돕는다. **〈성인〉** 성령은 우리의 삶을 성결로 이끄시고, 신앙공동체와 하나님의 뜻이 이루어지는 세상을 위해 일할 때 잘 감당하게 힘 주시는 분임을 믿고 살아가게 돕는다.
4. 은총 ① 선행은총은 감리교 구원질서의 첫 단계다. ② 선행은총은 인간 누구든지 하나님께로 나아갈 수 있는 길을 열어 놓는다. ③ 선행은총은 인간을 회개하게 하여 타락한 양심을 회복시킨다. ④ 선행은총으로 하나님은 인간과 더불어 자신의 구원 활동을 이루신다.	**〈어린이〉** 하나님은 우리에게 하나님을 알고 사랑할 수 있는 마음을 주셨다. 이것이 하나님의 선물임을 알게 돕는다. **〈청소년〉** 하나님은 타락한 인간 마음에 하나님께 나아갈 수 있는 양심을 주셨기에 이러한 사랑에 결단력 있게 응답하며 살아가게 돕는다. **〈성인〉** 인간은 타락하였지만 누구나 하나님께 나아갈 수 있는 은총을 받았으므로 하나님의 사랑과 구원에 응답하며 살게 돕는다.

신학적 진술	교육적 의미
5. 세계 ① 이 세상은 하나님에 의해 선하게 창조되었다. ② 선하게 창조된 이 세계는 보존 유지되어야 한다. ③ 그러나 선한 창조세계가 타락해 가고 있음을 본다. ④ 선한 창조가 궁극적으로 회복되기를 소망한다.	〈어린이〉 하나님이 이 세상을 아름답게 만드셨기에 하나님의 뜻을 따르는 우리는 우리가 살고 있는 세상을 사랑으로 돌보아야 함을 알게 돕는다. 〈청소년〉 창조된 세상을 통하여 하나님이 창조주이심을 믿고, 하나님의 선한 창조의 뜻을 회복하는 것이 정의의 실현임을 고백하고 참여하게 돕는다. 〈성인〉 선하게 창조된 세계가 인간에 의해 파괴되고 있기에 하나님의 선하신 뜻을 따라 이 세계를 보존하고 관리하는 청지기적 사명을 수행하게 돕는다.
6. 섭리(악의 문제) ① 하나님에 의해 창조된 세계에 악이 존재한다. ② 악은 하나님의 창조물은 아니다. ③ 악은 인간의 타락한 자유의지와 밀접한 관계가 있다. ④ 하나님은 인간사회와 전 피조물이 악에서 구원되기를 원하신다.	〈어린이〉 이 세상에는 하나님을 반대하는 악한 세력이 있다. 그것은 또한 우리 마음에도 있는데, 하나님과 우리 사이를 끊으려는 모든 것들이다. 하나님은 우리가 악한 사람이 되지 않기를 늘 바라신다는 것을 알게 돕는다. 〈청소년〉 하나님의 선한 창조의 뜻을 거슬러 반항하고 배반하려는 의지가 우리 마음과 세상에 존재한다. 세상은 악에 물들어 타락하지만 진리(진)와 정의(선), 조화(미)를 이루시려는 하나님은 나를 부르셨음을 깨닫게 돕는다. 〈성인〉 악이 존재하는 세상에서 하나님의 선과 승리를 믿고, 모든 인간과 사회가 악의 구조에서 구원받는 일을 위해 하나님과 동역하게 돕는다.

신학적 진술	교육적 의미
7. 인간 ① 인간은 하나님의 형상대로 창조되었다. ② 모든 인간은 성(性), 인종, 사회적 신분의 차별 없이 평등하게 창조되었다. ③ 하나님의 형상으로서의 인간에게는 하나님의 창조를 관리할 청지기적 사명이 있다. ④ 그러나 인간은 하나님의 뜻을 저버림으로 그분의 형상을 잃었다. ⑤ 인간은 은총으로 하나님의 형상을 회복하고, 이 세상과 바른 관계를 맺어 세상의 구원을 완성할 책임이 있다.	〈어린이〉 우리는 하나님과 이웃을 사랑하는 마음을 가지고 태어났으나 때때로 이것을 잃어버리고 산다. 하나님이 주신 마음을 되찾아 하나님의 일을 위해 책임감을 가지게 돕는다. 〈청소년〉 인간은 왜 하나님의 마음을 가졌으며, 또 저버렸는가? 하지만 하나님이 다시금 사랑으로 인간을 부르시고 본래의 형상을 회복시키셨다면 앞으로 어떠한 삶을 살아야 하는지 결단하게 돕는다. 〈성인〉 하나님의 형상으로 지음 받은 인간은 그 책임을 저버렸으나 하나님의 은총으로 회복하고 그분의 선하신 뜻을 책임 있게 실천함으로 현재의 삶과 미래의 사회질서를 위해 살아가게 격려하며 돕는다.
8. 구원 ① 인간 구원은 하나님의 은총 안에서만 가능하다. ② 구원의 시작은 인간의 회개다. ③ 예수 그리스도를 통해 인간은 의로워진다. ④ 성령을 통해 인간과 사회는 거룩해진다. ⑤ 그리스도 안에서 바른 소망을 가짐으로써 인간은 완전에 이른다.	〈어린이〉 하나님은 우리 모두를 사랑하시기에 예수님을 통하여 올바른 길로 가게 하시고, 또 성령께서 그 길을 안내하여 우리 모두가 완전한 사람이 될 수 있음을 믿게 돕는다. 〈청소년〉 인간의 완전에 대한 소망 가운데 하나님의 은총으로 자신의 삶을 선한 길로 돌이키며, 예수 그리스도를 통하여 인간은 의로워지고 성령은 더욱 선한 길을 갈 수 있게 힘 주심을 믿게 돕는다. 〈성인〉 하나님의 은총으로 인간이 완전한 구원의 존재로 설 수 있는 소망 가운데 그리스도 안에서 바른 소망으로 인간이 의로워지며 성령을 통해 인간과 사회가 거룩하여짐을 믿도록 돕는다.

신학적 진술	교육적 의미
9. 성서 ① 구약과 신약의 말씀은 인간 구원을 위한 기준이다. ② 인간은 성서에서 하나님의 뜻을 발견한다. ③ 성서에서 인간은 예수 그리스도를 만난다. ④ 성서는 인간을 모든 것에서 자유케 하는 하나님의 복음이다.	**〈어린이〉** 성서는 하나님의 말씀으로, 우리를 올바른 길로 인도한다. 성서를 배움으로 하나님의 사랑과 예수님의 삶의 모습을 닮아가게 돕는다. **〈청소년〉** 성서를 읽음으로 하나님의 뜻을 발견하고, 성서에 나타나신 예수 그리스도를 만나 참 자유의 삶으로 변화되게 돕는다. **〈성인〉** 성서는 인간 삶의 안내자요, 신앙과 행위에 표준이 됨을 믿으며, 성서적 삶을 통하여 복음을 전하게 돕는다.
10. 교회 ① 교회는 한 소망 안에 부름 받은 구원의 공동체다. ② 교회는 하나님의 나라를 이루기 위한 부르심이다. ③ 교회 안에서 모두가 하나가 됨으로 그리스도의 몸을 이룬다. ④ 교회 안에서 설교, 교육, 친교, 성만찬, 세례를 통하여 하나님의 은혜를 체험한다.	**〈어린이〉** 교회는 건물이 아니라 하나님의 일을 위해 예수 그리스도를 믿는 사람들이 함께하는 모임임을 알고, 하나님께 예배를 드리고 그분의 말씀을 배우며 서로 사랑을 나누고 이웃을 위해 착한 일을 하게 돕는다. **〈청소년〉** 교회는 제도와 형식이 아니라 하나님의 선하신 뜻을 위해 부르심을 받아 예수 그리스도의 삶을 따르는 영적 공동체다. 하나님의 사랑을 배우고 전파하며 행하는 교회를 이루는 일에 참여하게 돕는다. **〈성인〉** 하나님의 부르심을 받아 예수 그리스도의 구원의 정신으로 하나가 되는 영적 공동체성을 고백하며, 이를 위해 진정한 예배를 드리고, 복음을 전파하며, 변화시키는 일에 동참하는 공동체가 되게 돕는다.

신학적 진술	교육적 의미
11. 새 창조(종말) ① 이 세상은 하나님의 은총 안에서 완성된다. ② 새 창조는 하나님의 의의 최후 승리다. ③ 새 창조의 믿음 안에서 모든 피조물의 관계가 회복된다. ④ 이 땅에 실현된 하나님의 나라와 이 땅에 도래할 하나님의 나라를 믿으며, 그 나라를 이루기 위해 인간은 부르심을 받았다.	**〈어린이〉** 하나님의 사랑과 선한 일은 결국 악한 세력을 이기기에 하나님이 창조하신 모든 것이 서로 사랑하고 회복되는 일에 참여하며, 하나님 나라에 대한 희망을 갖게 돕는다. **〈청소년〉** 하나님의 선하신 뜻은 이 땅에서 정의와 평등과 평화로 나타남을 고백하며, 세계의 모든 관계가 하나님 안에서 회복되며 통치되는 소망을 위해 오늘 부르심을 받고 그 일에 참여하게 돕는다. **〈성인〉** 하나님의 나라는 하나님의 선하신 뜻이 우리의 마음과 오늘 사회에 이루어지는 최후의 승리이며, 그 곳에서 단절된 모든 관계가 회복됨을 고백하고, 그 일을 위해 부르심을 받고 참여하며, 영원한 하나님 나라를 소망하게 돕는다.

Ⅳ. 커리큘럼 선정과 평가

교육목회 지도자들이 교회에서 할 일은 커리큘럼 선정이다. 커리큘럼은 교육 목표를 이루는 신학적 진술과 교육적 경험이 조화를 이룬다. 가장 중요한 것은 신앙 노선과 신학적 바탕이다. 오늘날 교회가 무엇을 학습할지보다 어떻게 가르칠지에 치중하는 것이 문제다. '어떤 교재가 흥미진진할까? 교사들이 손쉽게 전달하고 학습할 수 있는 교재는 무엇일까?' 어떤 커리큘럼이냐에 따라 학습의 구조와 교육 목표가 달라진다. 무엇보다 교육지도자는 교육 방법보다 신학적 내용과 범위의 차원에서 교재를 분석하고 통찰하는 능력이 있어야 한다. 다음은 커리큘럼 선정과 교재 평가에 관한 준거들이다. 신학적 진술과 교육적 경험이 잘 어우러지는 교재 선정 훈련이다. 또한 주어진 교재보다도 커리큘럼을 개발하는 일을 연습하기를 바란다.

1. 커리큘럼 선정의 기준[32)]

Ⅰ. 교사 지침서

1) 목적
- 목적이 무엇이라고 진술되어 있는가?
- 달성할 수 있는 구체적인 목적들인가?
- 진술된 목적들이 기대하는 바와 유사한가?

2) 내용
- 올해에 학습하고자 했던 자료인가?
- 성서 자료들이 성서 해석상 받아들일 만한가?
- 성서의 내용이 연령층에 맞는가?
- 성서 자료의 해석이 연령층에 적합한가?(너무 쉬운가, 혹은 너무 어려운가?)

3) 삶의 경험과의 관계
- 교재가 기독자의 삶의 의미를 어떻게 해석하는가? 본인의 이해에 부합하는가?
- 교재 내용이 기독자의 삶과 성서 학습을 어떻게 연결짓는가?
- 교재가 기독교적 삶을 표현하는 행위를 실천하고 성찰할 기회를 제공하는가? 구체적으로 예를 들라.
- 교재가 개인적, 종교적 삶을 가정, 학교, 공동체, 세계, 환경과 연결시키는가?
- 교재가 에큐메니칼 정신과 기독교 이외의 종교 그룹들에 대한 이해를 증진시키는가?

4) 교수 – 학습 과정
- 책이 매력 있게 제본되었는가?
- 매 과는 분명히 요약되어 교사가 쉽게 그 과정을 따라 가르칠 수 있는가? 전체를 잘 파악할 수 있게 특별한 형식을 사용하는가?
- 어떤 교수 – 학습 방법이 제시되는가? 그 중 어떤 것이 편하며, 새 방법은 쉽게 배울 수 있게 되어 있는가?
- 학습 활동들은 분명하고 쉽게 설명되었는가?
- 교재 외에 어떤 자료들을 제안하는가? 그 중에서 꼭 있어야 할 것들은 무엇이며, 어디서 쉽게 구할 수 있는가?
- 교사 지침서에 학습자의 연령층 이해를 돕는 자료들이 있는가?
- 교재 내용에 관계된 배경적 설명(신학 또는 교육학)이 충분한가?

Ⅱ. 학습자 교재

1) 읽는 교재
- 학습자의 관점에서 매력적으로 설명되었는가?
- 학습자가 읽기 좋게 인쇄되었는가?
- 문제나 단어가 학습자의 흥미를 자극하는가?
- 이야기가 학습자가 이해할 수 있는 것인가?

2) 부교재
- 학습자에게 흥미롭게 다가가는가?
- 너무 쉬운가, 혹은 너무 어려운가?
- 본 교재의 이해를 돕는가? 어떻게 돕는가?
- 가격은 어떤가?

3) 활동 자료
- 어떤 활동이 가장 빈번하게 쓰이는가?
- 그림, 필름, 포스터 등의 질은 어떠한가?
- 학습자들에게 제시된 활동이 유용한가? 이와 비슷한 활동을 하려 할 때 어렵지 않고 비용이 많이 들지 않는가?

4) 가정 학습 자료
- 자료의 목적은 무엇인가?
- 자료가 가정에서 사용됨으로 학습을 보강하는가?
- 학습에 참여한 사람의 부모에게 그 자료는 어떤 가치를 부여하며, 결석자의 부모에게는 어떤 영향을 주는가?
- 값에 비해 가치가 있는가? 어떤 면에서 그러한가? 만약 그렇지 않다면 이유는 무엇인가?

Ⅲ. 커리큘럼 전반에 대한 평가

- 기본 내용들은 무엇인가?(다루어진 주제의 범위)
- 매 과의 연결은 적절한가?(확장성, 계열성)
- 성서 내용은 어떤 기준으로 선정되었는가?(주제별, 시대별, 책별 등) 이에 따른 장단점은 무엇인가?
- 보강을 위해 반복하는 경우가 있는가, 아니면 지면을 채우기 위해서인가?
- 단원 계획에 절기(교회력)를 강조(의식)하는가? 이것이 유용한가?
- 학습의 흐름에 지장 없이 특수 학습(예 : 선교 프로젝트, 예배, 청지기 훈련, 연합운동에 대한 학습 등)을 할 여지가 있는가?

2. 커리큘럼 평가

교재명(출판사)	〈예〉 말씀과 삶
신학적 범위(내용, 해석)	〈예〉 · 교재의 신학적 범위(신관, 인간관, 역사관, 교회론 등)는 어떠한가? · 신학적 범위가 편파적이지는 않은가? · 몇 년 주기인가? · 신학적 개념에 대한 해석이 우리 교회의 신앙 전통에 맞는가?
성서적 근거	· 신학적 개념에 대한 성서적 근거가 분명한가? · 전체 교재가 신·구약을 얼마나 사용하는가? · 성서가 해석되는가?
연령층에 따른 타당성 (학습자 교재의 용어, 흥미도, 그림 등)	· 학습자의 삶과 연결되는 내용인가? · 학습자의 창의력을 길러 주는 자료들인가?
교수-학습과정 (교수-학습 방법의 종류, 학습자 참여도, 내용 중심? 경험 중심?)	〈예〉 · 방법들이 다양한가? · 주로 교사 혼자 해도 되는가? · 학생 교재는 어떻게 사용할 수 있는가? · 교사 지침서에 교사의 성장을 위한 신학적 해석이 보충 설명되는가? · 교사와 학습자의 상호작용이 가능하게 방법들이 제시되는가? · 진행 과정이 쉽게 적용 가능한가?
출판 기술면	〈예〉 활자, 색채, 그림, 크기, 용지, 견고성, 값 등
총평 (우리 교회 교육에의 타당도)	

1) D. Cambell Wyckoff, 「기독교 교육과정의 이론과 실제」, 김국환 역(서울: 성광문화사, 1992), 195-220.

2) 커리큘럼은 교육과정 혹은 교과과정이라고 한다. 교육과정은 때로는 교육의 과정(process of education)으로서의 교육 과정이라는 말과 혼동된다. 여기서는 교재 개발이라는 의미에서 커리큘럼과 교육과정이라는 용어를 같이 사용한다.

3) 임영택, 「교회교육 교수-학습론」 (서울: 종로서적, 1991), 46-60

4) Randolf Crump. Miller, *Biblical Theology and Christian Education* (New York: Charles Scribner's Sons, 1956), 18-31.

5) 고용수, "기독교교육의 교육과정," 「기독교교육론」, 오인탁, 은준관 정웅섭 외(서울: 대한기독교교육협회, 1999), 355-363.

6) 교회교육연구협의회 편, 「커리큘럼 디자인」(서울: 감리교신학대학 한국선교 · 교육연구원, 1994), 1-7.

7) D. Campbell Wyckoff, *Theory and Design of Christian Education Curriculum* (Philadelphia: Westminster Press, 1961), 114-157.

8) 교회교육연구협의회 편, 「커리큘럼 디자인」, 1.

9) 기독교대한감리회 교육국 편, 「감리교 교육의 신학과 과정」(서울: 기독교대한감리회 교육국, 1997), 59-96. 필자는 감리교 교육과정위원회의 위촉을 받아 교회학교 교사를 위하여 "3부: 감리교 교육의 신학적 기초에 대한 교육적 진술," "4부: 감리교 교육의 신학적 진술과 연령층별 교육적 의미," "5부: 감리교 새 교육과정의 구조"를 연구하여 발표하였다.

10) John Wesley, Sermon, "On Working Out Our Own Salvation," in *The Works of John Wesley*, VI, ed. Thomas Jackson (Peabody, MA: Hendrickson Publishers, 1986), 511-13, 이하 *Works*로 표기한다. 설교는 V-VIII에 수록되었고, 총 5부로 나뉜다.

11) M. B. Stokes, 「감리교인은 무엇을 믿는가」, 홍현설 역(서울: 기독교대한감리회 총리원 교육국, 1977), 50-51.

12) Edward H. Sugden, ed. *Wesley's Standard Sermons I* (London: The Epworth Press, 1955), 117-19, 이하 *Sermons*로 표기한다.

13) Wesley, "On Giving the Holy Spirit," in *Works*, VII, 485-86.

14) John Telford, ed. *The Letters of the John Wesley* (London: The Epworth Press, 1938), vol 8(III, 9), 이하 *Letters*로 표기한다; Robert W. Burtner and Robert E. Chiles, 「웨슬리 신학 개요」, 김운기 역(서울: 전

망사, 1988), 79.

15) Wesley, "Of the Church," in *Works,* VI, 397.

16) John B. Cobb. Jr, *Grace and Responsibility: A Wesleyan Theology for Today* (Nashville: Abingdon Press, 1995), 156-76: 웨슬리 신학에서 성서, 전통, 체험, 이성의 네 기둥은 아우틀러(Albert Outler)에 의해 '사중표준(the quadrilateral)' 이라는 신학 방법으로 불리게 되었고, 1972년 판 「미 감리교 교리와 장정」에 처음 표현되었다.

17) Williams, 「존 웨슬리의 신학」, 62.

18) Wesley, "The Scripture Way of Salvation," in *Works,* VI, 457-60.

19) Wesley, "The New Birth," in *Works,* IV, 65-66.

20) Wesley, "Repentance of Believers," in *Works,* V, 166-68; *Sermons, II,* 385-88.

21) Wesley, 「그리스도인의 완전」, 40.

22) 이성삼, 「한국감리교회사」(서울: 기독교대한감리회 총리원 교육국, 1995), 155-70.

23) 이정배, "감리교 신학의 미래," 「토착화와 생명문화」(서울: 종로서적, 1991), 352-54.

24) 정경옥, 「기독교의 원리」(서울: 기독교대한감리회 교육국, 1983), 15-16; 참조. 심광섭, "정경옥의 「기독교 원리」에 나타난 신학적 특징," 「교리적 선언과 정경옥의 기독교 원리에 대한 연구」(서울: 기독교대한감리회 교육국, 1996), 22-32.

25) 홍정수, 「감리교 교리와 현대 신학」(서울: 조명문화사, 1990), 29-35.

26) 이정배, 「토착화와 생명문화」, 378.

27) Kevin Lagree, "웨슬리 전통에서 본 지도력과 영성," 「존 웨슬리 회심 제256주년 강연 보고서」(서울: 기독교대한감리회 선교국, 1994), 10: 웨슬리는 하나님의 은총에 대한 인간의 노력을 강조하였기에 은총에 대한 정적주의를 믿는 모라비안 교도들과 결별한다. 웨슬리는 은총의 수단(means of grace)으로 성서 연구, 기도, 성만찬, 금식, 자선을 제시한다.

28) 홍정수, 「감리교 교리와 현대 신학」, 82-84.

29) Ibid., 256.

30) 김경환, "감리교 사회신경에 관한 연구" (미 간행 석사 논문, 감리교신학대학교, 1995), 31-32.

31) The Division of Education Board of Discipleship, *Foundations for Teaching and Learning in the United Methodist Church* (Nashville: Discipleship Resources, 1979), 79-80: 커리큘럼 개발을 위해서는 다섯 가지

요소, 즉 ① 목적 ② 범위 ③ 학습자의 경험 ④ 학습의 장 ⑤ 학습 과정이 필요하다. 본 장에 필자가 연구하여 기술한 내용 중 커리큘럼을 위한 범위로서의 신학적 진술은 앞 장에서 밝힌 감리교 신학을 토대로 한 것이고, 교육적 의미는 그 신학적 내용이 학습자의 경험 영역에 따라 어떠한 의미를 담는지에 관한 것이다. 경험 영역은 크게 어린이, 청소년, 성인으로 나눈다.

32) 참조. 임영택, 「교회교육 교수-학습론」, 74-83.

여름목회와 프로그램

12

I. 여름목회의 갱신

교육목회 지도자들에게 해마다 찾아오는 고민 중 하나가 여름성경학교와 수련회라는 행사다. 과거에 교육 효과가 좋았던 프로그램을 다시 시행해 보기도 하고, 나름대로 새로운 모델을 개발하기도 한다. 하지만 되풀이되는 여름수련회는 그 역동성을 잃어만 간다. 여기서 우리의 고민을 바꾸어 보자. 그 동안 우리는 무엇(what)을 할까, 어떻게(how) 할까를 추구했다. 물론 중요하다. 하지만 이제 왜(why) 그 프로그램을 하여야 하는지, 왜 여름 행사를 갱신해야 하는지를 물어 보자. 그 다음에 무엇을 어떻게 할지 생각하여야 할 것이다. 그러면 왜 여름목회의 갱신이 필요한가?[1]

1. 시대 변화에 대응하기 위해

새 시대의 변화 구조 때문에 여름행사가 갱신되어야 한다. 우리가 살아가는 21세기는 어떤 시대이며, 그 문화는 어떠한가? 세계화 시대다. 이제는 폐쇄가 아닌 열린 구조와 함께 살아가는 연습이 필요하다. 또한 정보화 시대다. 컴퓨터와 각종 통신장비가 앞 다투어 스피드를 자랑한다. 유전공학 시대다. 이로 인해 창조주와 피조물 사이의 질서가 파괴되고, 신학적 인간학이 위협을 받는다. 극도의 개인주의뿐만 아니라 집단 이기주의가 팽창하는 시대다. 치열한 경쟁 속에서 욕심으로 가득 찬 일들이 벌어진다. 이러한 시대의 특징은 다양한 문화 형태로 나타난다. 이것은 또한 오늘의 교육목회의 방향과 패턴을 흔들고 있다.

이러한 때에 '21세기의 주역이 되는 청소년 수련회', '어린이 영성 캠프', '교단 중심의 성경학교' 등이 여름이면 광고의 홍수를 이룬다. 집단적 영성 프로그램들이 상업적으로 경쟁을 한다. 과연 이러한 행사들이 자라나는 세대에게 얼마나 변화의 경험을 줄까? 또 개체교회의 여름목회는 시대 변화에 따라 어떠한 패러다임으로 변모하는가? 21세기 교육목회 방향을 위해 다음 몇 가지 접근 방법으로 변화가 모색(from – to)되어야 한다.[2]

① 가르치고 배우는 것은 프로그램이 아닌 목회로 전환되어야 한다. ② 교육목회는 내용보다 과정을 중요시해야 한다. ③ 가르치고 배우는 교육은 현상유지와 성장이 아니라 비전과 상상력을 창출해야 한다. ④ 개인 중심이 아니라 신앙공동체의 성격으로 프로그램이 구성되어야 한다. ⑤ 가르침은 단순한 전수가 아니라 변화의 경험을 모색하여야 한다. ⑥ 잘 만들어진 커리큘럼보다 살아 있는 커리큘럼, 즉 교사의 성숙성을 추구해야 한다. ⑦ 교사들이 전문성보다 영성을 개발할 수 있게 동기를 부여해야 한다. ⑧ 과거의 안정된 조직보다 새롭고 다양한 체제가 필요하다. ⑨ 특성과 차별, 구분보다는 총체적인 회중의 삶을 통합하는 접근이 필요하다. 시대 변화에 적절히 대응하기 위해 가르치고 배우는 일이 갱신되기를 원한다면 여름행사와 프로그램의 변화, 그리고 그에 따르는 노력이 필요하다.

2. 교육목회를 위한 여름목회로

여름행사는 교육목회의 빛에서 이루어져야 한다. 교육목회 차원에서 보면 여름행사는 '여름목회'라고 할 수 있다. 그만큼 여름행사가 교육목회에 차지하는 비중이 크다는 의미다. 그런데 오늘의 여름행사들이 목회적인가, 아니면 단순한 계절 행사인가? 연례 프로그램인가, 아니면 삶이 변화되는 계기인가?

기독교교육학을 전공하는 대학원생들에게 다음과 같은 질문을 하였다. "만일 교회가 여름성경학교를 하지 않는다면 이상이 생길까?" 40명 중 6명이 이상이 없을 것이라고 대답했다. 이상이 있을 것이라고 대답한 학생들의 의견은 '다른 교회들이 다 하는 행사를 하지 않으면 교인들이 반발한다, 어린이들이 실망할 것이다, 다른 교회로 이동하므로 숫자가 감소한다, 신앙양육에 문제가 생긴다.' 등이었다. 또 "여름행사 하면 제일 먼저 떠오르는 것은 무엇인가?"라는 질문을 던져 브레인스토밍(Brainstorming)을 하였다. '힘들다, 캠프, 강습회, 예산 문제, 성경 공부, 식사, 교사 확보, 특별 활동, 율동, 만들기, 그리기, 티셔츠, 땀, 가방, 장소' 등이었다.

단편적이긴 하지만 이것이 여름목회의 현주소다. 어떻게 성경학교와 수련회를 행사가 아닌 교육목회의 차원으로 이끌 것인가? 큰 교회건 작은 교회건, 도시이건 시골이건 해마다 되풀이되는 여름행사가 여름목회가 되려면 어떠한 고민을 하여야 하는가? 갱신의 필요성을 교육목회의 빛에서 검토하여야 할 것이다.

교육목회가 되기 위하여 다루어야 할 범위는 네 가지로, 복음, 교회, 목회, 선교다. 이 범위들은 각각 신학적인 구조와 교육적인 실천 행위를 제시한다. 복음의 신학적인 구조는 예수이며, 교육적 실천은 고백적 행위다. 교회의 신학적 구조는 하나님의 가족이며, 교육적 실천은 돌봄의 행위다. 목회는 소명의 구조 속에 응답의 행위를 실천으로 제시한다. 선교는 하나님의 나라라는 신학적 구조에 증거의 행위를 실천으로 한다.[3] 따라서 여름행사가 교육목회적인 성격을 지니려면 신앙을 고백하고, 돌봄을 경험하며, 부르심에 응답하고, 하나님의 나라를 증거하는 차원에서 프로그램이 갱신되어야 할 것이다.

3. 기독교교육의 목적과 연관이 되게

여름행사는 기독교적 삶의 변화를 이루는 차원에서 갱신되어야 한다. 그 동안의 여름행사를 세 가지 유형으로 분류할 수 있다. 먼저, '지나치게 거창한 프로그램'을 준비하는 유형이다. 과잉목표와 과잉기대를 내세우는 대회 중심적, 목표 중심적 여름행사다. 교육 활동은 목표를 성취하기 위한 수단으로 이용된다. 또 하나는 교사의 헌신적인 동기는 물론 여름행사의 가치를 잃어버린 채 '목적 없이 치러지는 연례행사' 유형으로, 이는 '닥치면 하겠지.'와 같은 태도에서 출발한다. 교육 주제를 벗어나 흥미 위주로 진행되기에 교육비 역시 흥미를 중심으로 사용한다. 다른 하나는 우리가 바라는 '삶의 변화를 위해 교육 경험을 접촉하게 하는 여름행사'다. 물론 이를 위해 교회교육자들의 고민과 노력은 여름목회의 준비와 진행뿐 아니라 평가에까지 이르게 된다.

그러면 왜 여름행사가 삶의 변화를 위한 교육적 경험을 요구하는가? 그것은 기독교적 삶의 스타일로 형성된 기독자 배출(제자화)과 이들의 삶을 통하여 일어나는 새로운 개혁(시민화)을 소망하는 것이 교육목회라고 할 때, 여름행사의 성격도 이러한 과제에서 벗어날 수 없기 때문이다. 진정으로 다음 세대의 삶의 변화를 추구한다면 신앙에 대한 올바른 헌신과 삶을 이루는 양육이 구체화되어야 하기 때문이다. 그러나 오늘 우리의 어린이와 청소년들은 지식을 저축하듯이 공부하고, 업적주의의 시녀인 수능시험의 노예가 되어 이리저리 끌려 다닌다. 분명히 신앙은 쓰고, 풀고, 외우는 것이 아니다. 이러한 방법은 삶의 변화를 전혀 일으킬 수 없다. 그러므로 여름행사는 신앙과 삶의 변화를 일으키는 여름목회로 변형될 필요가 있다.

신앙과 삶의 변화를 강조하는 접근은 신앙공동체 양육 방법(C. E. Nelson, John Westerhoff 중심)으로, 종교의식(Ritual), 경험(Experience), 행동(Action)의 방법을 강조한다.[4] 이 방법들을 통합한 프로그램을 여름목회에 반영하는 길은 크게 세 가지로 나눠 볼 수 있다. 첫째, 복음과 삶의 만남을 이루는 성경 공부다. 여름행사의 진가는 성경을 주제에 따라 연속적으로 배우고 생활에 접촉하는 기회가 된다는 것이다. 이에 따른 적절하고 다양한 교수법이 활용되어야 한다.

둘째, 공동체의식을 경험하는 활동들이다. 다시 말하면 신앙과 삶을 함께 나누면서 하나의 통일체로 조화되게 계획된 프로그램이다. 소그룹 활동을 통하여 서로 경험을 나눔으로 그들의 가치가 변화된다. 우리는 무한경쟁이 아니라 무한협력이 요구되는 시대에 살고 있기에 함께 살아가기 위한 접촉과 나눔의 경험이 필요하다.

셋째, 신앙을 발달시키는 특별 활동이다. 특별 활동은 인쇄된 교과과정에서 경험할 수 없는 삶의 잠재력을 흔들어 준다. 이것은 단순한 흥미가 아니라 주제를 자신들의 표현으로 심화시키는 경험이다. 따라서 여름행사는 아직은 노출되지 않은 삶의 변화를 위해 과감한 커리큘럼 개발이 필요하다고 본다.

여름목회는 '자라나는 세대에게 삶의 변화를 일으킬 수 있는가?' 라는 물음에서 출발하여야 한다. 만일 신앙과 삶을 나누고 참여하는 접촉이 주어지지 않고, 흥미나 성과 위주로 되풀이되는 연례행사가 된다면 교육목회의 중요한 부분을 잃어버리고 마는 것이다. 그러므로 여름행사는 시대의 변화에 대응하여, 교육목회의 차원에서, 기독교적 삶을 이루는 통로로서 다시 검토되고 갱신되어야 할 필요가 있다. 결론적으로 여름행사를 갱신한다는 것은 복음의 빛에 비추어 자라나는 세대에게 기독교적 삶의 변화를 경험케 하기 위해 그 동안의 교육 프로그램을 검토하는 오늘의 애씀이다. 목회하듯이 베풀어지는 여름행사가 삶의 변화와 신앙 성숙의 기회가 된다면, 오늘의 여름행사는 반드시 달라져야 한다.

Ⅱ. 여름성경학교를 위한 프로그램 개발

교육 현장에서 일하는 교회교육 지도자들이 부딪히는 문제 중 하나가 프로그램이다. 특히 교육 시간이 풍부하며 평상시와 달리 변화에 교육적 관심을 집중시키는 여름성경학교와 수련회를 위해서는 다양한 프로그램이 개발되기를 바란다. 그래서 여기저기서 교육 효과가 좋았던 프로그램을 새로운 모델로 실험하기도 한다. 그러나 때로는 흥미 위주로 되기도 하고, 교육 주제에서 벗어나기도 하며, 반복되는 프로그램으로 역동성을 잃기도 한다. 해마다 찾아오는 여름행사가 되풀이되는 연례행사로 머무르지 않기 위해서는 프로그램 개발이 반드시 필요하다.

교육 프로그램 개발은 새 모델을 만들어 적용하는 '창의'의 의미도 있지만 '갱신'의 의미도 포함한다. 프로그램 갱신은 신앙(복음)의 빛에서 기존의 프로그램을 돌이켜보며 내일의 것(새 모델)을 추구하는 오늘의 애씀이다. 따라서 프로그램 개발은 프로그램 원리에 따라 현재의 프로그램을 새롭게 다듬는 변화의 과정이다. 이 과정을 위해 프로그램의 원리와 과정을 이해하고, 이를 바탕으로 여름목회의 운영과 프로그램을 준비해 보자.

1. 교육 프로그램의 구성원리

프로그램은 학습 경험을 구조화하는 과정이다. 이를테면 의미심장한 학습 경험을 일으키는 사건을 만드는 것이 프로그램이다.[5] 예를 들어, 한 젊은이가 회심을 하였다고 가정해 보자. 회심은 그의 삶에서 매우 큰 사건이며 그 사건은 그를 변화시키는데, 그 변화의 접촉점을 마련하는 것이 프로그램이다. 따라서 신앙교육 프로그램에서 학습 경험은 복음과 삶의 만남이 주 요소가 된다. 복음과 삶의 만남을 찾는 프로그램은 기독자를 형성하는데 그 목적을 두는데, 이것은 의미심장한 학습 경험을 일으키고, 교육 현장의 변화를 가져온다. 이러한 변화를 가능케 하기 위해서는 두 가지 접촉이 필요한데, 하나는 프로그램의 목적을 세우는 일이고, 다른 하나는 프로그램의 요소를 구비하는 일이다.[6]

첫째, 프로그램의 목적은 왜 이 프로그램을 하여야 하는지, 의미심장한 학습 경험의 초점은 무엇인지를 밝힌 것으로, 프로그램의 방향을 설정하고, 실행의 동기를 부여하며, 평가의 기준이 된다. 여기에는 ① 교회학교의 주제 ② 프로그램의 주제 ③ 교과과정의 주제 등이 포함된다. 그러므로 여름행사의 주제 파악과 공과 내용의 연관성, 이에 따른 여름행사의 운영, 성격, 목표가 분명하여야 한다. 그런데 요즘 성경학교 전달 강습회에 가 보면 주제 설명보다는 율동과 특별 활동에 더 많은 관심을 두는 경향이 있다. 심지어는 커리큘럼 구성과 내용조차 주제와 관련성이 불분명한 경우도 있다. 연령층에 따른 성경 공부의 내용에도 연관성이 없는 것을 발견한다. 특별 활동은 신학적인 주제와는 상관없이 대중문화의 어휘와 패턴을 그대로 따른다. 주제는 여름목회를 위한 중요한 방향 설정이다.

둘째, 프로그램의 요소를 구비하는 일이다. 이것은 주제를 학습 경험으로 계획하고 발전시키는 과정으로, 네 가지 요소를 고려하여야 한다. ① 연령층 이해를 통해 프로그램이 어린이들의 학습 경험을 이끄는 내적인 요구와 그들의 수용성과 상관관계를 갖는다. ② 아무리 좋은 프로그램이라도 적용할 장소와 시간에 대한 고려가 없으면 좋은 결과를 기대하기 어렵다. ③ 교육 방법과 교육 자료는 복음과 어린이의 삶의 만남을 매개하는 통로가 된다. ④ 지도력 개발로서 프로그램을 대화와 참여로 이끌어가는 촉진자의 역할이 필요하다.[7]

2. 프로그램 작성의 과정

1) 좋은 프로그램이 되려면

좋은 프로그램이 되려면 극복하여야 할 장애물을 알고 뛰어넘어야 한다. 다음 사항은 좋은 프로그램을 위한 원칙이다.

첫째, 좋은 프로그램이 되려면 과거 경험에 절대적으로 의존하지는 말아야 한다. 과거의 프로그램을 참고하여 갱신하는 것은 옳은 일이나 그대로 답습하는 것은 되풀이 행사에 빠지게 한다. 둘째, 사람들이 싫증을 느끼는 것이 두려워 흥미 위주로만 진행하는 프로그램에서 벗어나야 한다. 흥미는 동기를 유발하고 참여를 촉진하는 필수요소이지만 흥미 위주의 프로그램은 목적을 잃게 한다. 셋째, 성과 위주에서 벗어나야 한다. 프로그램을 목표를 이루게 하는 성공의 매개로 이해하면 안일하게 인정만 받으려는 프로그램을 만들게 된다. 넷째, 프로그램을 진행할 때 모든 책임이 자기에게 있다고 여기는 지도자가 있다면 공동 프로그램이 될 수 없다. 극소수에 의해 진행되는 프로그램은 다른 사람들의 참여를 방해한다. 다섯째, 좋은 프로그램은 외적인 차원과 내적인 차원을 동시에 고려한다. 외적으로 나타나는 것만 가지고 진행하면 변화하는 학습 경험을 이끄는 것이 불가능하다.

2) 프로그램 분류

프로그램을 분류하는 데는 두 가지 방법이 있다. 첫째, 교육목회에 의한 프로그램 분류다. 교육목회의 의미 중 하나인 '교육을 목회적 관점'에서 풀어나가는 방법이다. 둘째,

프로그램 형태에 따른 분류다. 프로그램의 형태는 기초적인가 선택적인가, 지속적인가 단속적인가의 범주에서 네 가지 형태로 분류된다. 이와 같은 분류 형태는 "13. 교육목회의 행정과 경영"에서 자세히 다룬다.

3) 프로그램의 계획[8)

교육 프로그램을 세우는 데는 진단, 목표 설정, 교육 프로그램 선정, 지도력 개발, 평가의 다섯 단계의 절차가 필요하다.

3. 여름성경학교 프로그램의 한 모델

여름성경학교의 주제를 그리스도인의 삶의 양식인 '경건과 절제의 삶'으로 정했다고 예를 들어 보자. 이 중에 한 과를 '사랑 나눔'에 대한 것으로 정했다면 핵심 되는 성경 말씀은 어린이들이 익히 아는 삭개오 이야기를 사용할 수 있다. 그러나 이 주제와 성경 말씀은 아는 것에, 혹은 깨닫는 것에 그쳐서는 절대 안 된다. 행동하는 프로그램이 필요하다. 그렇다고 강제로 이웃 사랑, 나눔에 어린이들을 동원하는 것은 불가능하지 않은가? 그러므로 어린이들이 스스로 생각하고 행동할 수 있는 교육 프로그램을 시도하는 것이 좋을 것이다.

① 여름성경학교가 개회되기 전에 사진작가 혹은 전문적인 식견이 있는 사람에게 부탁하여 어려운 이웃의 모습을 사진에 담는다. 그 작품들을 한 달 동안 전시한다. 더불어 홍보물들도 게시한다.

② 여름성경학교가 시작되면 경건과 절제의 삶이 무엇인지에 대한 성경공부를 시작한다. 이 때 어린이들이 성경 이야기와 이미 보아 온 사진들, 그리고 기타 홍보물들을 접촉하게 돕는다.

③ 셋째 날에는 공동 성경 공부로 초등부 어린이들이 마련한 즉흥극(삭개오 이야기)을 본 후 분반공부를 한다. 분반공부에서 "우리는 무엇을 나눌까?"라는 물음을 제기하고, 이를 위한 구체적인 계획을 세운다(예: Holy Sale, 북한 돕기 등). 홀리세일(Holy Sale)은 교우들이

헌납한 물건을 어린이들이 주체가 되어 판매하는 프로그램이다. 교우들이 물건을 헌납하면 어린이들은 그것을 정리하고 가격을 매긴다. 물건을 헌납한 사람만이 홀리세일에 참여할 수 있는 물물교환 형태다. 판매대금은 모두 수익금이 된다. 모든 과정이 철저히 어린이들의 의견에 따라 진행되게 한다. 강압적으로 흐르지 않게 주의한다. 그리고 여름성경학교 기간에는 시간을 두고 어떻게 준비하고 진행할지를 계획하게 한다.

④ 문제를 심화시키기 위해 우리의 도움이 필요한 사람들에 관련된 자료(예를 들면 경제 불황 때문에 발생한 실직자 현황과 그들의 모습, 결식아동에 대한 보고 등)를 상영한다. 이것으로 우리가 가진 것을 나누어야 함을 알게 하고, 실천을 위한 동기를 부여한다. 상영 후 교사들과 학생들이 진지한 토의를 하여 지속적인 나눔을 위한 의견을 모으는 것이 좋다.

⑤ 마지막 날에는 나눔을 위한 결단을 이끄는 프로그램을 진행하는 것이 좋다. 예를 들어, 정기적으로 불우한 이웃을 돕는 결연사업에 동참할 수도 있다. 결연사업의 취지를 설명한 후 선교 헌금 신청서를 배부하고, 돌아오는 주일에 봉헌하게 한다. 신청서에는 "이 헌금은 부모님께 받은 돈으로 하는 것이 아니라 내가 아이스크림 하나 덜 먹으면서 모으는 헌금입니다. 1,000원 이상은 하지 마세요."라고 적어 놓는다.

⑥ 또한 홀리세일에 대한 구체적인 계획을 세우고, 수익금으로 누구를 어떻게 도울 것인지 결정하게 한다. 이후에는 결연자를 선정하여 나눔을 지속할 수 있게 상호 연결하고, 기도 제목과 소식을 들어서 기도와 물질적인 후원을 하게 함으로 나눔을 실천하게 한다. 이렇게 할 때, 여름성경학교와 기존의 주일 교회학교의 교육이 연계될 수 있을 것이다.

위의 내용은 주제를 교육 프로그램으로 옮기는 과정에 관한 설명이다. 교육 방법으로는 ① 작품 감상 → ② 성서 연구(그룹 토의) → ③ 즉흥극(Drama) → ④ 슬라이드 상영 및 조사 보고(Film Talk Back, Research & Report) → ⑤ 결연 활동(Reference Group)이 적용되었다. 복음과 삶의 만남을 이룰 수 있는 방법은 현장 참여와 삶의 접촉점을 주는 행동 변화로 이어진다고 본다.

Ⅲ. 여름성경학교 준비와 계획

교육 프로그램의 계획 과정은 5단계 – 진단, 목표 설정, 계획, 지도력 개발, 평가 – 를 거친다. 학습자 분석과 요구분석을 토대로 진단한 후, 교육목표를 설정한다. 그 목표를 구현하기 위해 계획을 수립한다. 그리고 수립된 계획을 달성하기 위해 필요한 지도력을 개발한 후 계획대로 진행하고, 평가한다.

다음은 프로그램 계획 과정에 따라 여름목회 준비를 점검할 수 있는 표다. 여름목회에 참여하는 교사들을 그룹으로 나누어 준비하고 점검할 수 있다. 중요한 것은 프로그램 준비의 연속성이며, 이 준비 또한 여름목회의 한 과정(process)이다.[9]

1. 진단(Diagnosis)

잠깐! 내과의사가 수술하기 전 어떻게 진단합니까? 문제를 품고, 정직하게 분석하여, 문제를 이해하십시오!	
1. 작년 평가서를 보고 분석했습니까?	
2. 이번 성경학교를 위한 어린이, 교사, 교회의 요구사항을 알고 있습니까?	
3. 올해 우리 교회 성경학교와 관련된 이슈(상황적 과제)는 무엇입니까?	
4. 작년에 제기되었던 가장 큰 문제 세 가지는 무엇입니까? 원인이 무엇입니까? 어떻게 해결할 계획입니까?	

2. 목표설정(Goal Setting)

목표 설정은 방향감각, 주제의식, 계획의 근거, 평가의 기준이 된다는 사실을 아시지요?	
1. 올해 성경학교의 주제를 충분히 이해했습니까?	
2. 성경학교의 목적이 무엇입니까?	
3. 목표(결과 측정 가능)가 무엇입니까?	
4. 매일의 목표가 있습니까?	
5. 프로그램마다 목표가 있습니까?	
6. 주제에 연결된 목표는 무엇입니까?	
7. 교회학교 부흥과 연결된 목표는 무엇입니까?	
8. 성경학교를 왜 하냐고 묻는다면 어떻게 대답하겠습니까?	

3. 계획세우기(Planning)

계획은 목표에 도달하기 위한 구체적인 과정입니다. 프로그램에 관계된 일이기도 합니다.	
1. 교육 프로그램들이 주제와 연결되어 있습니까?	
2. 올해의 프로그램 중에 작년과 반복되는 것이 있습니까? 반복되는 정당한 이유가 있습니까?	
3. 올해 성경학교의 성격은 무엇입니까? (전도, 나눔, 성경 공부, 수련회 스타일 등)	
4. 프로그램 계획 시 연령층과 사회적 환경을 고려했습니까?	
5. 프로그램마다 '교육활동계획서'를 작성하고 점검하였습니까? ① 프로그램 이름 ② 세부 목표 ③ 참가대상, 인원 ④ 교사와 책임 역할 ⑤ 교수-학습 방법 ⑥ 소요시간 ⑦ 장소 ⑧ 준비할 도구들 ⑨ 예산 ⑩ 예측되는 일에 대한 준비	

4. 지도력 개발(Leadership Development)

지도자 모집과 훈련은 모든 프로그램에서 절대적인 위치를 차지합니다.	
1. 성경학교를 위해 몇 명의 교사가 필요합니까?	
2. 프로그램에 따른 특별 교사가 필요합니까? 어떤 임무입니까?	
3. 기존 교사와 신임 교사, 보조 교사의 차이가 심합니까?	
4. 신임 교사는 성경학교 전 2주, 성경학교 후 2주 동안 봉사할 계획입니까?	
5. 교사 모집은 어떻게 했습니까?	
6. 교사 강습회는 어떻게 시행하고 있습니까? 성경학교에 참여하지 못하는 기존 교사들도 참여합니까?	
7. 교사 기도회와 교육 방법을 준비합니까?	
8. 교사인 나 자신의 교육적 역할을 분명히 알고 있습니까?	
9. 교우들은 어떠한 방법으로 성경학교를 돕습니까?	

5. 평가(Evaluation)

우리는 외적이고 느낌에 치중한 평가를 많이 하지요. 올바른 평가는 다음 성경학교를 준비하는 또 하나의 과정입니다.	
1. 평가를 언제, 어떻게 할 예정입니까?	
2. 어린이들도 평가에 참여합니까?	
3. 평가 방법(설문지, 토론, 면담, 기록, 관찰 등)은 무엇입니까?	
4. 프로그램에 대한 보고서 혹은 기록(사진, VTR) 계획이 있습니까?	
5. 주제에 의해 평가할 예정입니까?	
6. 무엇이 가장 좋았습니까?	
7. 우리가 원하던 일(목표)이 실제로 일어났습니까?	
8. 성경학교 보고 예배는 어떻게 준비하고 있습니까?	

Ⅳ. 여름목회를 위한 준비 가이드

프로그램의 실행도, 그리고 그 결과도 중요하다. 그러나 더욱 중요한 것은 계획과 준비다. 어떤 방향으로 어떻게, 얼마나 준비하느냐는 여름목회를 위한 또 하나의 주요 과정이다. 앞에서 이야기한 준비와 계획은 분석적인 작업이고, 여기 제시하는 가이드는 여름목회 준비를 위한 통전적인 지침이다. 이 가이드를 참고로 계획을 점검하고 준비할 수 있다.[10]

1) 여름성경학교의 의미와 목적을 분명히 하라.

여름성경학교는 여름방학 기간에 집중적으로 성경 말씀(복음)을 만나고 체험하는 학습의 장이다. 여름성경학교라고 해서 교회의 특수 프로그램은 아니다. 여름목회에 참여하는 교사들에게 여름성경학교의 의미와 목적을 분명히 제시해야 한다. 성경학교에서는 시대와 문화, 그리고 연령층에 맞게 성경 교육을 하여야 한다.

2) 주제를 분명히 하라.

성경학교는 단순히 연례적인 행사가 아니다. 프로그램을 구상하기에 앞서 주제를 분명히 이해해야 한다. 주제에 담긴 교육신학적 과제를 발견하고, 교육적으로 성경 공부를 진행하여야 한다. 주제는 교육의 방향과 범위를 설정하여 준다. 또한 성경학교의 주제가 그해의 교회학교 주제와 연관성이 있게 해야 한다. 주제를 분명히 할 때 여름목회의 방향과 운영 방법이 완성된다.

3) 표어와 생활지침을 마련하라.

표어는 어떤 주제나 전달사항을 호소하는 데 가장 힘 있는 동기부여가 된다. 성경학교는 커리큘럼에 따라 학습의 주제가 제시된다. 이것이 표어가 될 수 있다. 그러나 교회학교 형편에 따라 그 주제 안에서 표어를 정하는 것이 바람직하다. 그리고 표어와 함께 생활지침을 마련한다. 표어는 구호로 복창도 하고, 생활지침은 성경학교 기간에 체크리스트가 될 수 있다. 생활지침은 가능한 학습자 스스로 설정하되 긍정적으로 주제를 이루는 지침이 좋다.

4) 인쇄된 커리큘럼 외에 신앙 훈련의 목적을 기획하라.

교단이 발행하는 교재를 사용할 경우 개체교회 나름대로 설정한 여름목회의 목표와 특성이 희미해질 우려가 있다. 교회마다 집중적으로 다루어야 할 신앙교육의 내용들이 있을 것이다. 이 내용들을 여름목회의 주제와 연관하여 학습할 수 있게 특별 교육 프로그램들을 마련해야 한다. 어느 한쪽에 치중하거나 혹은 포기하지 말고 연관성 있는 교육 프로그램을 기획하는 것이다.

5) 교사를 조직하여 강습회를 선택하라.

교단과 지방회에서 시행하는 교사 강습회는 통합적이다. 교재를 중심으로 부서별로 모이기도 한다. 교사 강습에 모두가 참석할 수는 없다. 그래서 다시 교회별로 자체 강습회를 만든다. 가능하면 교사마다 특정 부분을 책임적으로 배워 중간 강습 내지는 그 분야를 여름목회 기간에 담당하게 한다. 이를 위해서는 여름목회를 위한 교사 조직이 우선하여야 한다. 또한 교재 중심의 강습회가 아닌 특별 프로그램을 위한 여러 강습회로 파송교육을 하는 것도 좋다. 여름에는 다양한 강습회가 열린다는 점을 활용하여야 한다. 교단의 교재 전달 강습회와 특수 과목에 대한 계속적 교육을 병행하는 것이 필요하다.

6) 여름목회를 위한 조직을 구성하라.

가장 중요한 것은 교사 모집과 그들의 헌신이다. 기존 교사들 중에서 여러 가지 개인 사정으로 헌신하지 못하는 이들이 있다. 이를 미리 파악하여 여름목회 교사와 연결하는 것이 필요하다. 성경학교 기간에만 헌신하는 교사는 가능한 성경학교 2주 전부터 성경학교 2주 후까지 기존 교사와 팀티칭을 할 수 있다면 좋겠다. 교사 조직은 분반공부를 위한 조직과 프로그램 운영을 위한 기능적 조직을 함께 해야 한다. 특히 특별 활동을 위한 전문 교사를 활용하는 것이 바람직하고, 가능하면 성경학교 후에도 봉사할 자원으로 조직하자.

7) 여름목회를 가정교회학교 운동으로 확장하라.

여름성경학교에 큰 관심을 가지고 도와주는 학부모, 교회 어른들이 많다. 성인들이 도와주고 함께하는 역할 모형은 신앙공동체를 이룬다. 성경학교가 시작되기 전 속회(구역회)나 선교기관과 결연하여 성인들과 함께하는 경험을 제공한다. 성경학교 기간에 그분들이 기도해 주고 돌보아 주며 함께 참여한다면 여름성경학교가 신앙공동체의 목회가 된다. 그리고 이후에도 속회와 연결하여 운영해 가면 가정교회학교로 확장될 수 있다. 어른은 교사요 부모요 신앙의 역할 모형이다. 어린이 여름성경학교가 아니라 어른이 함께 참여하는 여름목회로의 변형이 필요하다.

8) 여름목회를 기도로 시작하라.

여름성경학교는 행사가 아니라 목회 프로그램이다. 신앙 프로그램과 목회는 기도가 뒷받침되어야 한다. 썸머스쿨과 계절 보충교육이 아니다. 그 동안 여름행사 후유증과 뒤따르는 시험으로 힘들어하는 경우가 얼마나 많았는가? 영성교육이기에 기도가 요구된다. 온 교우가 같은 제목으로 기도하는 것은 여름목회에 모두가 참여하는 방법이다. 특히 교사들의 준비 기도회는 매우 중요하고, 공식적인 회중기도를 통해서도 여름성경학교가 시작되어야 한다. 또한 어린이와 청소년들에게도 기도 제목을 주어 기도로 시작하게 해야 한다.

9) 가정에 편지를 보내 부모들의 후원을 얻어라.

미국에서는 교회 프로그램을 진행할 때 부모들에게 편지를 보내 허락을 받는다. 이를 통해 학생들의 특성(생활습관 등)도 알게 되고, 부모들의 희망을 들을 수 있다. 또한 안전과 관련한 문제도 서로 신뢰할 수 있다. 이러한 방법으로 부모들의 전적인 후원을 얻게 되고, 여름목회가 가정과 연결되는 계기가 된다. 가능한 일찍 편지로 알리면 휴가 계획을 세우는 데뿐만 아니라 성경학교 출석에 도움이 된다. 여름성경학교에 참여하느냐 참여하지 않느냐에 따라 어린이들의 영적 성장에 차이가 있는 것을 알게 된다. 특히 교회에 함께 나오지 않는 어린들에게는 큰 도움이 되고, 교회가 하는 일을 정중하게 알리는 전도 효과도 있다. 이 편지는 학교의 가정통신문이 아니라 신앙을 위한 계약문서다. 신뢰성을 바탕으로 교육 프로그램을 소개해야 한다.

10) 여름목회 핸드북을 만들어라.

여름 성경학교를 한눈에 볼 수 있는 운영안을 만든다. 교재라기보다는 교수–학습 진행안과 생활지침이 담긴 목회 핸드북이다. 기도문과 어린들의 신앙생활을 돕는 자료를 담을 수도 있다. 여기에는 여름성경학교의 개요와 각 프로그램 해설, 담당자와 준비물, 다루는 내용들을 소개하고, 일과표를 첨부한다. 휴대하기 쉬우며, 자주 볼 수 있게 만든다. 가능하면 핸드북이 신앙 역사서가 될 수 있게 활용한다.

11) 인터넷으로 교통하라.

교회 홈페이지에 여름목회를 위한 코너 혹은 카페를 만들어 여름목회를 알리고 공유한다. 현대 어린이들은 속도와 사이버 공간에 익숙하다. 저녁에는 인터넷을 통해 큐티를 공유한다. 여름성경학교의 뒷이야기를 소개하고 참여를 북돋우면 흥미롭다. 특히 어린이들이 주도하는 인터넷 공간을 활용하자. 공지사항 전달과 학습 공간으로보다는 그들의 삶이 노출되고 스스로 참여하는 공간으로 만들어 보자. 여름목회를 위해 반별로 홈페이지를 만들어 신앙지도를 하면 여름목회는 계속될 것이다.

12) 개회 예배와 폐회 예배를 의식(ritual)으로 만들라.

개회 예배는 여름성경학교의 시작이다. 하나님과의 계약이요, 신앙공동체와 약속하는 시간이다. 신앙적이며 드라마틱한 참여의 시간을 마련한다. 교사가 일방적으로 주도하거나 학교 오리엔테이션 같은 시간이 아니라 하나님의 현존을 맛보고 여름목회의 주제를 새기는 의식의 시간으로 만들자. 이를 위해서는 예배학을 공부한 목회자와 신학생들의 도움이 필요하다. 폐회 예배에는 결단과 고백이 담긴 이야기를 영상으로 제작하여 상영해도 좋겠다. 그러기 위해서는 미리 기획하여 성경학교 기간에 영상을 만들어야 한다. 그리고 개회 및 폐회 예배는 여름목회의 차원에서 온 성도들이 참여하는 분위기와 구조로 이끌자. 무엇보다도 의식을 위해 담임목회자와 상의하고, 집례하게 하여야 한다.

1) 임영택, "여름목회 갱신의 필요성," 「목회와 신학」, 97(1997년 7월호), 44-46.

2) Judy Smith, ed., *Foundation: Shaping the Ministry of Christian Education in Your Congregation* (Nashville: Discipleship Resources, 1993), 80. 시대적 변화와 그에 따른 교육목회 패러다임의 변화에 관계된 부분은 이 책 1장을 보라.

3) General Board of Education of The United Methodist Church, *Work Book: Developing Your Educational Ministry* (Nashville: GBE, 1975), 오인탁 역, 「교육목회 지침서」, 23-31. 자세한 내용은 이 책 1장의 "교육목회의 범위"를 참조하라.

4) John H. Westerhoff III, 「교회의 신앙교육」, 정웅섭 역(서울: 대한기독교서회, 2002), 96-110.

5) 임영택, 「교회교육 교수-학습론」(서울: 종로서적 성서출판, 2000), 101.

6) 임영택, 「교육목회 지침서」(서울: 기독교대한감리회 교육국, 2001), 206-207.

7) 임영택, 「교회교육 교수-학습론」, 95.

8) 프로그램 작성 과정에서 '2) 분류'와 '3) 계획'에 대한 자세한 설명은 이 책 13장 'II. 계획, 2 기획의 과정' 부분을 참고하라.

9) 임영택, 「교육목회 지침서」, 212-214.

10) *Ibid.*, 215-217.

교육목회의 행정과 경영

13

교 회학교에도 행정은 필요한가? 이 물음은 오늘의 교회교육이 어른교회 중심으로 이루어지고, 행정은 어른 중심의 교회에서 조정과 통제의 기능으로 사용되고 있음을 의미한다. 행정(administration)은 사업과 일을 위해 목표를 세우고, 정책을 수립하고, 계획하고, 조직하고, 관리하고, 사람을 임명하고, 지휘, 조정, 감독, 평가하는 일이다.[1] 그러나 이러한 정의와 행정 과정이 어른교회 중심일 때, 교회학교 행정은 올바른 기능을 발휘하지 못하고 지시와 통제로 전락하게 된다.

교회학교에도 행정이 필요하다. 교육목회의 구조에서 볼 때, 교육이 이루어지려면 교육 목적, 내용, 방법, 현장, 교사, 학생, 그리고 행정이 구조화되어야 한다. 교육행정이 이루어지기 위해서는 '어린이/청소년 교회'에 대한 이해와 그에 따른 행정과 경영이 뒷받침되어야 한다.[2] 그러므로 교회학교 행정을 위해 '어린이/청소년 교회'와 교육목회의 구조 속에서 행정의 의미를 살펴보자. 이럴 때 교육행정과 경영은 교육목회의 한 구조로서 제 역할을 하게 된다.

I. 행정이란?

1. 행정의 정신

'어린이/청소년 교회'의 행정은 세 가지로 이해해야 한다. 첫째, 행정은 봉사다.[3] 행정은 목회자(ad-minster)와 같은 어원으로, 사람들을 섬기고 봉사(diakonia)하는 일이다. 신약성서에서 예수는 통치자의 자세(백성을 강제로 지배)가 아니라 종의 자세(높은 사람이 되려면 섬기고 종이 되어야 한다)를 제시하셨다.(마 20:25~27)

둘째, 행정은 공동체성이 있어야 한다. 교회사를 통해 볼 때, 교회 구조에 따른 행정은 조직적 견해, 언약적 견해, 공동체적 견해로 구분할 수 있다.[4] 조직적 견해(organic view)는 교회를 '그리스도의 몸'으로 보기에 교회 구조는 상하계급의 피라밋 구조요, 행정은 전체성과 일치와 능력을 중요시한다. 이러한 행정은 집단주의(collectivism)를 초래한다. 언약적 견해(covenantal view)는 교회를 하나님 말씀에 응답하는 '언약의 백성'으로 보기에 개인의 성장과 상호 일치를 강조한다. 행정은 그룹의 자율성과 다양성을 제공한다. 그러나 그룹의 이익 때문에 폐쇄 집단(ghetto)으로 전락하기 쉽다. 공동체적 견해(faith community)에서 보는 교회는 '하나님의 가족'이고, 교회의 구조는 회중의 자발적인 참여의 구조다. 행정은 다양성의 일치, 교회 안의 작은 교회의 자율성, 소그룹의 활동을 돕는다.

셋째, 행정은 다리(bridge)의 역할이다. 즉 교육 구조의 관계를 연결하여 주는 고리다. 어느 하나만을 위한 것이 아니라 모두가 통합되는 연결이다. 교회의 존재 양식에서 행정은 케리그마, 디다케, 코이노니아, 디아코니아, 레이투르기아의 연결이다.[5] '어린이/청소년 교회' 세우기 모형에서는 예배, 교실교육, 소그룹 활동, 선교와 사귐, 교사 모집과 훈련의 연결이다. 교회교육의 구조에서는 목적, 내용, 방법, 현장, 학습자, 교사의 연결이다. 교실교육의 구조에서는 교사, 학습자, 커리큘럼을 연결하는 다리 역할이다.

2. 행정의 원리

기독교교육자들은 교육행정의 원리를 다양하게 제시하는데, 그것을 네 가지로 요약할 수 있다.[6] 첫째, 행정은 기독교교육의 목적을 이루는 도구다. 도구는 목적을 이루는 수단 이기에 교육의 목적이 분명할 때 올바른 행정이 이루어진다. 다시 말하면 목적을 위한 행정이 아니라 행정 그 자체가 목적이 되면 통제의 기능으로 전락하게 된다는 것이다.

둘째, 행정은 업적보다 생명을 중요시하여야 한다. 행정이 통제 수단이 되면 프로그램 성취에 관심하게 된다. 기독교교육의 목적은 인간성 회복이다. 특히 유교주의와 식민지주의, 군사독재가 낳은 업적 · 물량주의는 행정의 참 정신을 잃어버리게 한다.[7] 업적주의는 행정의 상호 의사소통을 일방통행으로 변질시킨다.

셋째, 행정의 유동성이다. 행정은 시대와 병행하는 도구다. 보수적이며 전통을 강조하는 행정자는 과거의 내용을 전수하려는 경향이 있다. 교육이 진취적이지 않고 전통을 전수하는 일에만 몰두하면 행정이 전통주의와 본질주의에 놓이게 된다. 행정은 그 시대의 상황에 따라 변화하는 도구가 되어야 한다. 고정적 틀의 교육 구조는 길들이기 교육이 된다.[8] 기독교교육은 시대를 개혁하는 문화적 변혁 운동이기에 행정은 유동적이어야 한다.

넷째, 행정은 연속성을 수행하여야 한다. 행정은 수행 과정에서 볼 때, 목적을 이루는 연속된 과정이다. 그 과정은 계획하고, 조직하고, 실행하고, 평가하는 기능으로, 순환적 구조다. 순환적 구조는 각 과정에 또다시 계획, 조직, 실행, 평가(plan-do-see)의 자전적 순환이 요구된다. 교육의 기능이 연속적이기에 행정 또한 순환적 연속성이 필요하다. 이와 같은 원리는 실제 프로그램을 진행할 때 교육 계획의 과정(→진단→목표 설정→계획→지도력 개발→평가→)으로 나타난다.

3. 행정의 형태

행정은 고정적이 아니기에 다양한 형태로 나타날 수 있고, 그것은 교육철학에 따라 여러 가지 이미지로 표현된다.[9] 첫째, 수레바퀴형이다. 과거의 경험에 의존하는 폐쇄된 순환 형태다. 과거의 경험을 강조하기에 진취성이 없다. 전통을 고수하고, 변화보다는 현상 유지의 방법을 주로 사용한다.

둘째, 화살형이다. 화살처럼 과업 성취를 위해 짧은 거리를 이르려 한다. 미래를 위해 시작을 중요시하며, 목표를 위해 수행하는 방법이다.

셋째, 계단형이다. 행정은 회중이 어떤 단계로 오를 수 있게 도움을 준다. 계획된 연속의 단계를 중요시하기에 보다 논리적이며 체계적 성장 방법을 사용한다.

넷째, 폭죽형이다. 새로운 착상들을 다양하게 시행하는 활동을 중요시한다. 목표가 분명하지 않으나 시행함으로 어떤 것을 얻으려 한다. 직관적이며 창의적인 방법을 사용한다.

다섯째, 나선형이다. 과거의 좋은 점을 고수하며(수레바퀴형), 항상 새로운 목표를 향해(화살형), 한 단계 한 단계 점진적 성장을 위해(계단형), 창의적으로(폭죽형) 나아가는 형태다. 한 번이 아니라 되풀이하되 확장되는 가능성을 제시한다. 과거의 내용을 간직하고 개선하며 창의적으로 과업을 향해 나아가는 방법이라고 할 수 있다.

4. '어린이/청소년 교회'를 위한 행정의 방향

큰 공동체 안에 있는 작은 공동체로서의 '어린이/청소년 교회'의 행정은 나선형이어야 한다. 그런데 이제까지 어린이/청소년 교회는 교회학교라는 이름 아래 행정이 의존적이고, 과업 수행적이며, 부분적이고, 또한 통제의 기능이었다. 하나의 교회를 위한 중앙 중심적 형태였던 것이다. 그러나 이제 '어린이/청소년 교회'에도 어린이와 청소년 회중을 위한 행정이 있어야 한다.

첫째, 독립적 행정으로 변화되어야 한다.[10] 어린이와 청소년들은 어른들에게 기대어 있다. 교육, 프로그램, 예산, 교육 시설도 의존적이다. 실제로 교회학교의 예산을 교회 재무부가 편성하고 통제하기에 의존적일 수밖에 없다. 물론 어린이와 청소년들이 생산적이 아니기에 도움을 받는다. 그러나 어린이/청소년 교회도 공동체가 되기 위해서는 독립적 행정이 필요하다. 스스로 예산을 편성하고, 수입예산에 의한 지출결의를 연습해야 한다.

신앙 훈련도 독립적으로 행할 때 주체성 있는 행정이 이루어진다. 행정 독립은 성인교회와의 상호 의존의 부분들을 연결하는 교육목회가 되게 한다.

둘째, 과업 수행에서 경험을 위한 과정으로 변화되어야 한다. 그 동안 교회학교는 교회의 한 부분으로서 교육적 과업을 담당하였다. 성장 프로그램, 출석, 전도 등의 과업은 늘 통계 처리되는 행정이다. '얼마나 많이'가 교회학교의 과업이었다. 그러나 어린이와 청소년은 늘 변화하고 발전한다. 교회학교는 어른을 위한 행정이 아니라 어린이와 청소년을 위한 과정의 경험이 되어야 한다. 그 경험이 '크고 많고' 이전에 연속된 경험으로의 과정이기 때문이다. 이와 같은 행정 이론은 존 듀이(John Dewey)의 진보종교교육과 존 웨스터호프(John H. Westerhoff)의 종교사회화로서의 신앙공동체 교육에서 잘 나타난다.[11] 어린이와 청소년을 위한 교회행정은 과정과 경험을 위한 교육적 행정으로 변화되어야 한다.

셋째, 부분에서 전체로 변화되어야 한다. 이제까지 교회학교는 교회의 한 부분으로 인식되었다. 어린이와 청소년도 전체 회중의 일부분으로 이해되었다. 그러나 어린이/청소년 교회도 교회와 목회 차원에서 전체적인 기능이 수행되어야 한다. 처음 교회가 교회로서 존재하기 위해 케리그마, 디다케, 코이노니아, 디아코니아를 수행하였다.[12] 그런데 오늘날의 교회학교는 디다케의 기능으로 전락하였다. 교육이 목회를 동반한 교육목회가 될 때, 어린이와 청소년이 교회의 부분이 아니라 '어린이/청소년 교회'를 이룰 때, 교회 존재 양식은 전체적이어야 한다. 교육목회(educational ministry), 즉 교육을 목회처럼 하기 위해서는 교회학교도, '어린이/청소년 교회'도 부분에 고착되지 않고 전체의 행정이 필요하다.[13] 전체로서 어린이와 청소년이 교회 행정에 참여할 때 회중을 이루게 된다.

넷째, 통제에서 책임으로 변화되어야 한다.[14] 그 동안 교회학교의 행정은 중앙에서 통제하는 조직과 관리였다. 중앙에서 지시하고, 정책을 결정하고, 평가하였다. 따라서 부분적인 책임 내지 책임이 회피되었다. 이제 어린이/청소년 교회의 행정은 자율적이며 책임적으로 이루어져야 한다. 예배, 교실교육, 공동체 활동, 선교, 지도력 개발 등이 책임성을 수반해야 한다. 결론적으로 '어린이/청소년 교회' 행정은 독립, 과정, 전체, 책임의 행정으로 변화해야 한다.

Ⅱ. 계획

1. 방향 제시

올바른 방법(How)은 없다. 방법 이전에 무엇(What)을 하여야 하는지를 알아야 한다. 그러나 더욱 중요한 것은 먼저 그것을 왜(Why) 하여야 하는지를 묻는 것이다. '왜' 라는 물음은 존재론적이고 목적론적이기에 계획을 하는 나 자신(혹은 회중)에 대한 물음이요, 방향을 설정하는 시도다. 이러한 첫 물음 없이는 '무엇' 이라는 내용과 '어떻게' 라는 방법을 올바르게 수립할 수 없다. 이와 반대로 '왜' (목적)라는 물음이 설정되면 내용과 방법은 올바르게 된다.[15] 이러한 면에서 계획(planning)은 다음 몇 가지 의미를 알려 준다.

첫째, 올바른 계획은 '왜 – 무엇 – 어떻게' 의 연속성이 있다. 둘째, 계획은 우리가 어디로(where) 갈 것인지, 어떻게(how) 그 곳에 갈 수 있는지, 언제(when) 도달할 수 있는지를 알려 준다. 셋째, 계획은 미래를 생각하는 일이기에 미래를 오늘로 앞당겨 준비하는 종말론적 삶을 요청한다. 넷째, 계획하는 일은 그 자체가 훈련(Discipline)이다. 문제를 진단하고 목표를 세우고 실행하는 능력을 배운다. 다섯째, 계획은 목표 달성보다 과정(Process)을 중요시한다. 여섯째, 계획은 단계(Steps)를 요구한다.

2. 기획의 과정

기획의 과정은 다섯 단계로, 진단 – 목표 설정 – 계획 – 지도력 개발 – 평가의 순서로 순환하는 구조다. 각 단계의 내용을 알아보자.[16]

1) 진단(Diagnosis)

진단은 교육 계획에 관한 결정을 내리기 위하여 필요한 정보를 찾고 원인을 분석하고 확인하는 과정이다. 진단은 네 단계를 거쳐 이루어진다.

① 질문 제시 : 회중의 관심도, 만족도를 질문하는 일이다.

② 정보 수집과 정리 : 도구를 사용하여 질문을 모으고 분류하는 일이다.

③ 정보 해석 : 수집된 정보의 의미를 분석하고, 관심사항을 연결하는 일이다.

④ 원인 확인 : 관심사항의 원인을 확인하는 일이다.

관심사항을 세 가지로 분류할 수 있다. 첫째는 이슈(issue)다. 이슈는 상황에서 나오는 문제들이다. 둘째는 문제(problem)다. 문제는 해결을 위한 조건들이다. 여러 가지 조건들이 풀리면 문제는 해결된다. 셋째는 요구사항(needs)이다. 이것은 그룹 회원들의 내면적인 바람이다. 무엇보다도 진단을 위해서는 문제를 품고(problem - posing) 정직하게 분석(critical analysis)하여 문제의 원인을 이해하고 해석(interpretation)하는 것이 중요하다.

2) 목표 설정(Goal Setting)

목표 설정은 교육목회를 책임지는 위원(task force)에 의해 의도되는 가능한 조건이다. 목표는 교육목회에서 ① 방향감각, ② 주제의식, ③ 계획의 근거, ④ 평가의 기준이 된다. 목표 설정에는 다음 세 가지 과정이 필요하다.[17]

첫째, 목적(purpose)이다. 목적은 일반적이고, 방향을 제시하는 장기 계획이며, 왜 그것을 하여야 하는지 그 이유를 제시한다. 목적은 사람들에게 성서적 혹은 신학적으로 생각하게 하는데, 간단명료한 문장(purpose statement)을 요구한다. 또한 '표어'는 목적을 함축하여 학습자에게 내면화시키는 도구가 된다.

둘째, 목표(goals)다. 목표는 목적을 이루기 위해 결과를 측정할 수 있어야 한다. 회중에 대한 진단에 기초하여 관심사에 접근하는 분명성이 필요하다.

셋째, 세부목표(objectives)다. 목표를 이루기 위해 구체적으로 설정된 사항(target)이다. 세부목표는 측정 가능한 계획의 질문(누가, 무엇을, 얼마나, 어디서, 언제 등)을 수반한다.

3) 계획 세우기(Planning)

계획은 교육 목표에 도달하기 위하여 그 가능성을 인식하고, 선택하고, 준비하는 과정이다. 우리는 이것을 프로그램 혹은 사업 계획이라고도 한다. 사업 계획을 세울 때는 몇 가지 고려할 점이 있다.

첫째, 프로그램(사업 계획)의 성격을 파악하는 일이다. 프로그램은 교회 존재 양식에 따라 혹은 프로그램 형태에 따라 분류한다. 교회의 존재 양식에 의한 분류는 말씀 선포(케리그마), 가르침과 훈련(디다케), 영적인 교제(코이노니아), 세상을 섬기는 봉사(디아코니아)로 표현된다. 목회적 관점에서 교육 프로그램은 이 네 양식들이 어린이의 삶과 만남을 이루어야 한다. 프로그램은 단순히 디다케만이 아니라 그 안에 설교, 교육, 교제, 봉사라는 네 양식이 어우러지는 디다케로서의 프로그램이어야 한다. 그러므로 프로그램을 계획할 때에는 어느 양식에 초점을 두는지, 또 전체 프로그램은 네 양식이 골고루 분포되어 있는지를 살펴야 한다.

다른 하나는 프로그램 형태에 따른 분류다. 아래 표로 설명할 수 있다.

분류	기초적	선택적
지속적	① 중추적인 사업	③ 몇몇의 선택이지만 체계적인 체제
단속적	② 기초적이며 단기간 설정 사업	④ 몇몇 사람이 얼마동안 횟수로 제한

① 기초적 지속적인 프로그램은 교회가 반드시 시행해야 하는 정기적인 프로그램을 말한다. 한 예로, 주일 예배가 이에 속한다.

② 기초적 단속적 프로그램은 어린이교회를 이끌기 위한 기초로서, 단기간에 시행되는 사업을 말한다. 부흥회, 심방, 단기간 성경 공부와 기도 모임, 양로원 방문 등이다.

③ 선택적 지속적 프로그램은 몇몇 혹은 연령층 그룹이 체계적으로 하는 프로그램이다. 성가대 활동, 소그룹 모임, 임원 성경 공부, 속회지도자 준비 공부 등이다.

④ 선택적 단속적 프로그램은 몇몇 제한된 사람들이 단속적으로 행하는 일들이다. 즉 성가대 수련회, 임원 훈련, 단기 선교 여행 등이 이에 속한다.[18]

둘째, 프로그램(사업 계획)을 설정하는 일이다.[19] 사업의 성격이 구분되면 구체적으로 시행사항을 점검하며 계획을 세운다. 이것은 다음 열 가지 사항으로 설정할 수 있다.

① 교육 활동의 이름

② 활동의 세부목표(objective) : 단위 프로그램의 목표

③ 학습자들 : 참가대상, 집단의 성격(기초/선택, 개방/폐쇄), 집단의 크기

④ 지도자들 : 필요한 지도자의 종류, 봉사자, 지도자 모집, 훈련 계획, 감독 계획

⑤ 기능 : 프로그램이 목표에 도달할 수 있게 학습자들을 어떻게 도울까?(학습기능)

⑥ 시간 : 날짜, 시각, 소요시간, 시간의 성격(지속, 단속)

⑦ 장소 : 적절하고 활동적인 분위기

⑧ 자원들 : 커리큘럼, 자료들, 준비도구

⑨ 예산 : 개인회비, 교육보조비

⑩ 예측되는 일 : 만일 비가 오면, 정전이 되면, 환자가 생기면 등

4) 지도력 개발(Leadership Development)

지도력 개발은 교육목회를 위하여 지도자를 발굴하고, 모집하고, 훈련하고, 감독하는 과정이다.[20] 지도력 개발위원회(leadership committee)는 교육 지도자를 모집한다. 교육 지도자 모집은 다음 5단계를 거치는 것이 이상적이다.

① 교육 지도자의 중요성을 설교, 전시, 발표회 등을 통해 알리고 분위기를 조성한다.

② 지도력 개발위원회를 통하여 교사 모집 계획을 세우고, 필요한 교사 수와 역할 기준을 설정하며, 후보 교사 명단을 작성한다.

③ 교사 모집으로 교사의 할 일, 교사가 되는 과정을 알리고, 교사 신청서를 배부하고 접수한다. 교역자와 평신도 지도자들이 권면한다.

④ 후보 교사를 위한 예비교육(교사대학)을 실시하고, 교사 자격증을 부여한다.

⑤ 후보 교사를 면담하고, 부서 배치, 봉사 기간 계약, 임명식을 한다.

교육 지도자 훈련에는 영성과 전문성 훈련이 있다. 지도자 훈련은 지도자의 자질에 따라 3단계가 필요하다.

① 예비교육(Pre – Service training) : 후보 교사들을 위한 기초교육이다.

② 계속교육(In – Service training) : 현 교사들을 대상으로 한 계속적 교육 및 워크숍, 세미나 등이다.

③ 전문교육(Professional training) : 교회교육 중간 지도자, 특별 영역을 위한 전문가 훈련을 말한다.

5) 평가(Evaluation)

평가는 마지막 단계로 진단(첫째 단계)과 달리 '지금 하고 있는 일, 그 방법, 진행한 결과'

에 가치를 반영하는 과정이다. 이 부분에 대하여는 'VI. 평가' 부분을 참고하기 바란다.

III. 조직

1. 조직의 원리

조직(Organizing)은 회중이 공동목적을 달성하기 위하여 함께 일하며 나아가는 형태를 말한다. 함께 일하기 위해서는 각각의 역할과 관계의 구조가 필요하다. '어린이/청소년 교회' 의 조직은 다음 몇 가지 사항을 충족시켜야 한다.

첫째, 변화될 수 있어야 한다. 조직은 목적, 방법, 상황에 따라 형태가 달라질 수 있다. 즉 조직 형태는 유동적이어야 한다. 계통조직, 참모조직, 위원회조직, 과제수행조직, 협의회조직으로 나눌 수 있다.

둘째, 조직은 프로그램을 위한 것이지만 조직 자체 또한 프로그램이다. 조직과 프로그램 사이의 우선순위는 프로그램의 성격에 따라 달라질 수 있다.

셋째, 간단하여야 한다. 조직은 운영의 효율성을 위해 역할분담이 간단하고 체계적이어야 한다.

넷째, 조직은 다양하되 그 안에 일치성이 있어야 한다. 어린이/청소년 교회는 독립적이고 교회 안에 다양한 조직이나 한 교회의 작은 공동체로서 일치된 조직의 하나다.[21]

2. 어린이/청소년 교회의 조직

교회는 어린이교회 교회학교, 청소년교회 교회학교, 어른교회 교회학교로 나눌 수 있다. 또 각 교회는 목회자 - 교육위원회(부장회의) - 교사와 학습자의 구조다. 첫째, 어린이/청소년 교회는 교회 존재 양식에 따른 운영을 위해 분담적 위원회를 구성할 수 있다.[22]

① 예배 운영위원회 : 예배를 준비하고 진행하는 위원, 성가대, 찬양팀 등이다.

② 교실교육 운영위원회 : 담임교사, 교재 준비위원이다.

③ 소그룹 운영위원회 : 소그룹 활동과 특별 활동을 위한 위원이다.

④ 선교와 섬김 운영위원회 : 선교와 봉사를 위한 위원이다.

⑤ 교사 양육 운영위원회 : 교사를 모집하고 훈련하는 위원이다.

둘째, 교육위원회의 과제와 역할은 다섯 가지다.

① 목회적 과제 : 어린이와 청소년들을 목회적 관점에서 돌본다.

② 교육적 과제 : 어린이와 청소년들을 가르치고 돕는다.

③ 보급의 과제 : 필요한 환경, 설비, 비품, 소모품을 공급한다.

④ 재정적 과제 : 재정을 정비하고 회계하고 관리한다.

⑤ 행정적 과제 : 행정을 돕고 교회와 교회를 연결하고 조정한다.

Ⅳ. 관리

어린이/청소년 교회의 행정에서 관리(Managing)는 교사의 자기 관리, 학습자 관리, 분반학습 관리, 교육 프로그램 관리, 그리고 교육행정 관리로 구분할 수 있다. 교사 관리는 교사의 영성과 전문성에 관한 교육 지도력과 연관된다. 학습자 관리는 연령층 이해, 상담과 관계한다. 분반학습 관리는 교실교육으로 교수－학습 방법의 관리다. 교육 프로그램 관리는 커리큘럼과 프로그램 관리다. 교육행정 관리는 교과 진행, 예산 집행, 문서 행정, 비품, 회의를 통한 관리로 나눌 수 있다.[23]

1. 교과 진행

커리큘럼에 의한 교육이 잘 이루어지고 있는지에 관심한다. 각 부서의 특성에 맞는 교수－학습 방법론을 채택하고 있는지, 교육 내용에 맞는 방법을 채택하고 있는지, 기타 일반적인 교육을 통해 신앙적인 분위기를 조성하는지 등을 관리한다.

2. 예산 집행

교육 목표에 맞는 예산 집행이 이루어지고 있는지, 계획 편성된 예산안대로 집행되는지, 교회의 교육비 지출 항목별로 집행되는지, 예산 집행에 대한 서류나 기록들이 잘 정리, 보관되고 있는지, 자체 헌금 및 회비의 수입과 지출 상황은 어떠한지 등을 관리한다.

3. 문서 행정

문서 기재 및 취급이 철저하게 이루어지는지, 기록된 문서가 잘 보존되는지 등을 관리한다. 문서는 예배일지, 학생기록카드와 같은 영구 보존 문서와 회의록, 출석부, 회계장부, 상담일지, 심방일지, 새신자 등록철, 주보철(공문철, 기안철, 공문 접수부 및 발송부 등)과 같은 임시 보존 문서로 분류한다. 각 부서는 분기마다(1년 4회) 새신자 관리, 결석자 관리, 상담 등 전반에 걸쳐 점검을 한다. 요즘은 컴퓨터를 이용해 쉽게 데이터를 수집하고 파일을 분류, 정리할 수 있다.

4. 비품

비품을 철저히 관리하는지, 비품대장 사용으로 계획적인 관리를 하는지 등을 점검한다. 특히 교회학교 비품은 교육 기자재 관리로 통합하여 유용하게 사용할 수 있다. 장비는 그 특성에 따라 전문적 관리가 필요하기도 한데, 무엇보다 중요한 것은 모두의 주인의식이다.

5. 회의

회의(meeting)는 영성과 전문성을 위한 회의로 나눌 수 있다. 교회학교 부장회의(key-staff meeting)는 매월 셋째 주 주일에 정기적으로 모이는 것이 바람직하다. 교회학교를 위한 기도회, 전월 행사 보고와 다음달 교육 계획 조정, 전월 교육 행사비(지출 결의서) 보고와 다음달 교육비 예산 청구, 각 부장들의 영적인 면 체크와 교육 관리, 애로사항 토의와 건의사항을 심의 등을 내용으로 한다.

V. 지휘 조정 감독

계획이 마련되고 계획을 위한 조직과 사람이 정해지면 실행에 옮겨야 한다. 이렇게 조직화된 책임 아래 계획을 전달하고 실천에 옮기게 동원하는 일이 지휘(Directing)다. 계획 전달을 위해서는 의사소통이 원활히 이루어져야 하며, 의사소통은 상호 관계적 대화여야 한다. 의사소통은 구두, 문서, 통신, 인터넷 이용 등의 방법이 있고, 전달 태도에 따라 명령적, 지시적, 암시적 전달로 구분할 수 있다.

조정(Co-ordinating)은 조직의 공동목적을 달성하려는 노력의 과정에서 대화와 일치를 이루게 하는 일이다. 어린이/청소년 교회로서의 교회학교는 교회와 교회, 자율성과 공동의 일치, 부분과 전체의 사이성에 의사소통이 요청된다. 조정은 각 교회 혹은 그룹의 집단 이기주의를 배제하여야 한다.

감독(Supervising)은 계획이 조직과 인사의 통로를 통하여 효율적으로 실행되는지를 살피는 과정이다.[24] 감독의 할 일은 다음과 같다.

① 교육 지도자 – 학생 – 부모가 만날 수 있는 기회를 제공하는 일

② 교육 훈련 프로그램을 관리하는 일

③ 당면한 과제들을 풀어가게 돕는 일

④ 학습자 개인의 성장과 친교, 이를 위한 훈련의 기회를 제공하는 일

⑤ 계획 – 진행 – 평가 모임을 관리하는 일

⑥ 협력 봉사기관의 훈련 기회에 참가하게 돕는 일

⑦ 목사와 교육 책임자들이 교사 훈련과 지도에 참여하는 방법을 제시하는 일

⑧ 교육 지도자들과 함께 회중의 감사와 인정을 표현하는 일

Ⅵ. 평 가

평가는 교육목회에 관한 결정을 위해 필요한 정보를 찾고 이용하는 과정이다. 이 과정은 진단(diagnosis)과 달리 지금 하고 있는 일, 그 방법, 결과만을 다룬다. 이것은 마치 거울과 같아서 교육목회에 제공되는 일들의 가치를 반영하여 다시 올바른 방향을 잡게 돕는다. 평가는 또 하나의 학습 과정이다.

1. 평가의 종류

평가에는 여러 종류가 있는데, 크게 사고와 느낌의 평가, 외적 관심과 내적 관심의 평가, 성취와 진행의 평가로 나눈다.

① 목적 평가(사고) : 프로그램이 목적한 바에 도달하였는지를 묻는 것이다. 문제 분석, 원인과 전략에 대한 사고적인 과정이다.

② 느낌 평가(느낌) : 프로그램에 참여한 자신과 다른 사람들의 생각이 긍정적인지, 혹은 부정적인지를 느낌으로 평가하는 일이다.

③ 프로그램 평가(외적 관심) : 프로그램에서 무엇이 일어났는가? 프로그램의 장점과 단점, 가치를 평가하는 일이다.

④ 개인 평가(내적 관심) : 프로그램에 참여하면서 개인에게 무엇이 경험되었는가? 개인의 변화를 측정하며 평가하는 일이다.

⑤ 결과 평가(성취도) : 어떻게 그와 같은 결과가 나왔는가? 성취된 결과를 평가하는 일이다.

⑥ 과정 평가(진행도) : 프로그램이 효율적으로 수행되었는가? 성취된 결과의 과정에 관심하는 평가다.

평가를 할 때, 일반적으로 외적 관심과 느낌 평가를 많이 한다. 그러나 교회 프로그램을 지도하는 러즈벌트(Richard Rusbuldt) 박사는 올바른 평가를 위해 다음과 같은 순서를 제시한다.[25]

순서	평가내용
1	무엇이 일어났는가? (결과와 성취)
2	원했던 것들이 일어났는가? (목적)
3	개인과 공동체/프로그램에 유익한 가치가 일어났는가? (개인과 프로그램)
4	무엇이 일어났는가? (느낌)
5	더 나은 효과를 위해 변화되어야 할 점은 무엇인가? (진행과 과정)

2. 평가의 방법

평가의 방법은 다양하다. 프로그램의 성격에 따라 평가의 방법을 다양하게 이용할 수 있다.

① 토론 : 특별한 평가 도구 없이 자유롭게 대화를 나눔으로 평가하는 방법이다. 대부분 느낌과 외적 성취도를 중심으로 진행되기 쉽다. 가장 중요한 것은 평가에 참여하는 사람들의 신뢰성과 수용성이다.

② 개인 면담 : 개인의 느낌과 가치에 따라 직접적으로 부딪친 문제와 방법이 표출될 수 있다.

③ 기록된 반응 : 설문지를 이용한 방법이다. 설문지는 순서 매기기, 등급 정하기, 선다형, OX형, 간단한 주관식 등이 이용된다.

④ 관찰 : 감정 개입으로 평가가 어려울 때 객관적인 제3의 관찰자에 의해 진행되는 평가로, 관찰자의 기록과 녹음 등이 이에 속한다.

결론적으로 교회학교에도 행정은 필요하다. 어른 중심, 중앙 집권적, 지시 기능의 행정이 아닌 다리의 역할이 필요하다. 행정은 그 자체만의 행정이 아니라 교육목회 구조를 연결하는 다리의 행정이다. 특히 교회학교가 교회의 한 부분이 아니라 '어린이/청소년 교회'로서 올바로 세워지려면 행정의 정신과 기능과 역할이 새로워져야 한다. 오늘날 사회와 문화는 쉴 새 없이 움직이고 빠르게 변화하고 있다. 그러므로 교회학교의 행정과 경영도 융통성을 가지고 전통을 살리며 진보적으로 가능성을 향해 나아갈 때, 진정으로 어린이와 청소년을 위한 행정과 경영이 된다. 왜냐하면 어린이/청소년 교회는 전통을 전수하고 이를 새로운 세계에 재창조하는 교육목회의 과정이기 때문이다.

주

1) Robert K. Bower, *Administering Christian Education* (Grand Rapids: Wm. B. Eerdmans Publishing Co., 1964), 20-22.

2) Dorothy Jean Furnish, "Rethinking Children's Ministry," in *Rethinking Christian Education,* David S. Schuller, ed. (St. Louis: Chalice Press, 1993), 73-84. '어린이/ 청소년 교회'는 큰 교회 안의 작은 교회 공동체 개념으로 필자는 어린이교회, 청소년교회, 어른교회로 구분하기를 원한다. 어린이교회는 영아부, 유치부, 유년부, 소년부, 초등부로 나누고, 청소년교회는 중등부와 고등부로 나눌 수 있다. 교회학교를 교회의 개념으로 이해할 때 행정은 올바르게 제 기능을 발휘한다고 본다.

3) Lee Gable, *Christian Nurture Through Church* (New York: National Council of Churches, 1955), 34.

4) Harriet Miller, "Local Church Structure and Christian Education," in *An introduction to Christian Education,* ed. Marvin J. Taylor (Nashville: Abingdon Press, 1966), 106.

5) 은준관, 「신학적 교회론」(서울: 연세대학교 출판부, 1995), 113-137.

6) 김영호, 「교회교육행정」(서울: 종로서적, 1985), 19-24.

7) 임영택, "21세기의 감리교 교육의 방향,"「교육목회지침서」(서울: 기독교대한감리회 교육국, 2001), 24.

8) Paulo Freire, *Pedagogy of the Oppressed* (New York: Continuum, 1970), 58. 프레이리는 길들이기 교육을 은행 저축식 교육이라고 표현하고, 그 반대로 문제 제기식 해방교육을 제시하였다.

9) General Board of Education of The United Methodist Church,「교육목회 지침서」, 오인탁 역(서울: 장로회신학대학출판부, 1980), 95-97.

10) *Ibid.,* 88.

11) John Dewey, *Experience and Education* (New York: The Macmillian Co., 1972); John H. Westerhoff III, *Will Our Children Have Faith?* (New York: The Seabury Press, 1976).

12) 은준관, 「기독교교육 현장론」(서울: 대한기독교출판사, 1988), 196.

13) 임영택, 「교육목회지침서」, 30; 미 연합감리교교육국, 「교육목회지침서」, 50.

14) *Ibid.,* 89.

15) Parker Palmer, 「가르칠 수 있는 용기」(서울: 한문화, 2000), 20.

16) 미 연합감리교회교육국, 「교육목회지침서」, 98.

17) *Ibid.,* 118.

18) *Ibid.,* 62-64.

19) *Ibid.,* 142.

20) 임영택, 「당신의 지도력을 개발하라」(서울: 도서출판 대림디자인, 1997), 101.

21) Lee Gable, *Christian Nurture Through Church,* 31-34.

22) 이 다섯 가지 위원회는 은준관 박사의 「주일교회학교 새로 세우기 운동」에서 설정한 구조다.

23) 교사, 학습자, 분반학습, 교육 프로그램의 관리는 이미 앞부분에서 서술하였으므로 여기서는 행정에 관계된 관리를 다룬다.

24) 이정근, "교회의 교육구조와 행정," 「기독교교육론」, 오인탁 외 4인(편) (서울: 대한기독교교육협의회, 1985), 447-448.

25) Richard Rusbuldt, *Key Steps in Local Planning,* 89.

미래세대와 교육목회

14

I. 1885-2005-2125년의 한국교회

미국 시카고 북서쪽에 비전 한인연합감리교회(Vision Korean United Methodist Church)가 있다. 이 교회는 롱 글로브(Long Grove)에 넓은 땅을 매입하고 교회 건축을 준비 중이다. 감리교 형제 교회라는 정신으로 비전교회는 먼델레인 감리교회(Mundelein Unted Methodist Church)에서 임시로 예배를 드리고 있었다. 1년쯤 지난 어느 날 미국인 교회 교인이 교회 열쇠를 한인 교회에 넘겨주면서 하는 말이 눈물겹다. "목사님, 나는 이 교회에서 어린이 주일학교 때부터 신앙생활을 하였습니다. 하지만 이제는 교인이 너무 적어 이 교회를 유지할 수가 없습니다." 한때는 부흥하였던 교회를 떠날 수밖에 없는 제직회장의 말이다.

교회를 두고 떠날 수밖에 없는 외부적인 상황과 요인이 있다. 그러나 내부적인 요인과 그에 따른 신앙적 책임도 있다. 1세대에 의해 교회가 부흥할 때 2세대, 3세대의 신앙적 미래에 대해 생각하지 않은 결과가 오늘에 나타난 것이기 때문이다. 이 현상은 미국에 있는 한인 교회에도 나타나고 있다. EM 프로그램(english ministry program, 영어권 2세대를 위한 목회 형태)이 없는 교회에서는 젊은이들을 찾아보기가 힘들다. 게다가 이민 1세대들도 점점 줄어들고, 이민 문호도 좁아지고 있다. 지금은 괜찮은 것 같지만 오늘 1세대들이 미래를 생각하지 않으면 누구에게 교회 열쇠가 전달될지 모른다.[1] 미 연합감리교회의 뷜케 감독은 미국 감리교회의 감소 현상을 직시하며 목회자의 소명감과 교인들의 제자의식과 훈련을 문제 삼았다.[2] 여기에 한 가지를 덧붙인다면 오늘의 세대가 미래세대를 교회와 함께 생각하느냐 하는 것이다. 미래 교육에 대한 신앙적 대안이 없으면 교회의 앞날은 불투명하다는 말이 과한 것일까?

한국교회는 선교 120년(1885~2005년)의 유산으로 이만큼 성장하였다. 1885년 을유년, 닭소리와 함께 이 땅에 선교가 시작되었다. 2005년은 선교가 시작된 지 120주년, 민족적으로는 광복 60주년을 맞은 해다. 을유년을 축으로 보았을 때, 1885년은 이 땅의 잠든 영혼들이 잠을 깨고 영혼이 해방된 해다. 그리고 1945년은 일제 제국주의의 압박에서 정치적으로 해방된 해다. 그 후 다시 돌아온 을유년, 2005년은 해방과 영성, 과거와 미래, 그리고 민족과 교회를 통합적으로 반성하고 다시 출발하는 해다. 오늘의 신앙 세대들은 신앙과 미래를 내다본 선조들의 교육이 있었음을 자랑하고 그에 감사하여야 한다. 그리고 다가올 120년(2005~2125년)을 바라보며 교육에 임해야 한다. 우리가 지금 1885년에 이 땅에 발을 디뎠던 선교사들의 선교와 목회를 생각하듯이 2125년에는 미래의 세대가 오늘 우리의 신앙과 유산을 역사화할 것이다. 그러므로 오늘의 교회는 지난 과거도 중요하지만 오늘의 현실에서 미래를 다짐하는 신앙교육이 필요하다. 이 땅에서의 그리스도인의 영성, 교회의 사명, 그리고 미래 교육에 대하여 새로운 다짐을 하여야 한다.[3]

II. 미래 교육의 전망

미래 교육은 어떠하여야 하는가? 생명과 미래 교육은 어떠한 관계인가? 오늘날 한국 교회는 어느 방향으로 나아가고 교육하여야 하는가? 1786년 존 웨슬리는 감리교의 미래를 염려하며 "나는 감리교가 유럽이나 미국에서 사라지는 것을 두려워하는 것이 아니라, 오히려 능력 없는 죽은 분파로서 존재하는 것을 두려워한다."고 말하였다. 이는 교리와 영성, 그리고 그것을 하나로 묶는 교육과 훈련의 미래로 감리교의 정신을 바라본 것이다. 웨슬리가 강조한 미래의 교육은 구원의 교육과 성화의 교육이다. 즉 미래를 바라보는 교육이 교리와 영성을 이루어 그리스도인의 올바른 구원의 과정을 이룬다.[4]

1. 탈 업적주의 교육

오늘 우리 교육이 안고 있는 심각한 문제는 업적주의(Meritocracy) 현상이다. 업적주의는 엘리트 중심의 실력주의를 자랑한다. 얼마나 많이 가졌는가에 따른 줄 세우기 교육이다. 이것은 '필요한 것을 많이'라는 가치관을 내세운다. 비뚤어진 입시문화, 가정교육의 부재 등이 업적주의의 소산이다. 업적주의는 오늘의 현상이지만 그 뿌리는 역사적으로 유교문화, 식민지문화, 군사문화의 영향을 받았다. 유교문화는 전통과 권위로 교육과 제도를 지배하였으며, 식민지문화는 군사문화와 맞물려 관료적인 경제 정책을 내세움으로 성장과 과업 중심의 사회를 이루었다.[5] 이런 사회현상의 영향을 받아 교육문화도 업적 중심으로 인간을 비인간화하고, 성공과 결과를 강조하며, 은행 저축식 교육과 대학 입시 위주의 교육 형태가 팽배하는 등 심각한 문제들에 직면하게 되었다. 한편 한국 기독교교육은 교회를 확장하는 양적인 구조 중심, 종교 지식을 전달하는 내용 중심, 그리고 역사의식과 비판의식을 개발하지 못하는 침묵문화의 구조를 이루어 왔다.

이러한 교육문화에 문제를 제기하며, 한국 기독교교육 현장에 세 가지 접근 방법이 대안적으로 제시되었다. 첫째는 1970년대의 의식화 교육 모델이다. 의식화 교육 방법은 인간 실존의 사회 경제적 조건의 깊은 면을 다룸으로, 민중교육의 관심인 억눌리고 가난한 사람들의 고통과 한국의 민주화를 위한 투쟁 속에서 기독교 신앙의 의미를 발견하는 데 도움을 주었다. 일반적으로 의식화 모델은 비판적 역사의식을 형성하는 데는 공헌하였으나, 한국교회 교육자들의 이해와 교육 현실에의 적용이 충분치 못하였음을 지적할 수 있다.6)

둘째는 1980년대의 신앙공동체 교육이다. 이는 학교 형태의 교육과 내용 중심의 교육에 대항한 실로 혁명적인 모델이다. 신앙공동체는 기독교적 삶의 스타일을 양육하는 과정을 강조한다. 신앙공동체 교육은 교회교육 현장을 신앙공동체화하려 한다. 예를 들어 교회를 3세대(기억세대, 오늘의 세대, 미래세대)가 신앙과 삶의 경험을 나누는 장으로 만드는 것이다. 이것은 회중의 삶에서 의미 있는 상호작용을 찾는 일이다. 신앙양육은 신앙공동체 안에서만 가능하다고 전제하기 때문이다. 그 방법으로 종교의식, 경험, 사회적 행동을 강조한다.7) 그러나 한국의 기독교교육은 신앙공동체 모델을 쉽게 받아들이지 못하고 있다. 그 이유는 입시 중심의 교육 형태가 신앙교육의 과정과 방법에 큰 영향을 주기 때문이다. 학교 형태의 신앙교육은 학생들에게 종교 지식의 습득을 강요함으로써 자기 자신의 신앙세계를 찾으려는 노력을 허락하지 않는다. 한편 신앙공동체 교육은 사회화 과정(socialization process)을 강조함으로써 현실과 전통을 잇는 과정은 강조하지만 사회 변혁에 대한 구체적인 방법을 제시하지 못하는 약점이 있다.

셋째는 1990년대의 생명교육이다. 생명교육은 여성신학, 지구신학, 창조신학의 뒷받침으로 오늘의 업적문화를 극복하려는 대안적 모델이다. 1988년 한국에서 열린 '정의, 평화, 창조질서의 보전'(JPIC) 세계대회를 기점으로 1991년 스위스에서 '기후 변화에 대한 교회의 입장'을 발표하였다. 그리고 1994년 세계교회협의회(WCC)의 각 분과위원회는 '생명과 공동체'를 핵심주제로 다루었다. 그 이후 기독교교육 분야에서도 생명에 대한 교육적 실천을 강조하고 있다.8) 생명교육은 환경과 생태계의 문제로 하나님의 창조질서와 인간의 책무를 다룬다. 생명은 존중되어야 한다. 존중될 수 없는 사회적 경제적 환경에 있는 생명까지도 평등하여야 한다. 이것은 생명이 생태계 안에서 균형을 이루기 때문이다. 생태계 안에서 하나님의 창조질서와 인간의 존엄성을 찾을 수 있다. 이런 의미에서 최근 논란이 되고 있는 생명 복제는 복제 결과의 가치 유무보다도 생명 조작이라는 면에서 문제가 된다. 생명을 돌보아야 하는 인간이 생명을 조작함으로 하나님 없는 인간 중심 공학의 한계점을 드러내고 있다.9) 그러므로 생명교육은 인간 업적주의의 확대를 경계하여야 한다.

2. 생명교육의 관심

21세기의 물결은 교육의 환경과 문화를 구조적으로 변화하게 한다. 세계화는 폐쇄가 아니라 개방과 국제 경쟁을 요구하고, 경제 구조도 세계 경제의 흐름에 영향을 받는다. 지식기반도 세계화하기에 이런 환경에서 살아가는 학습자들의 사고와 의식 배경을 인식하지 않으면 안 되게 되었다. 교육목회도 닫힌 구조가 아니라 열린 구조에서 함께 살아가는 경험과 연습이 필요하다. 컴퓨터와 각종 통신 장비들이 엄청난 속도로 변화하고 있다. 교육 연령에 있는 모든 학습자가 컴퓨터를 이용하고, 인터넷을 통해 다양한 자료를 검색 활용한다. '이렇게 '정보화'에 길들여진 세대에게 어떻게 정보를 바르게 사용하게 할까?' '정보의 기능을 선교와 교육에 어떻게 연결시킬 수 있을까?' 이러한 물음은 기독교의 환경을 다시 생각하게 한다.

21세기 유전공학의 발달은 인간에게 절대적인 금단의 영역인 창조를 유전학적으로 파괴하고 있다. 인간 복제가 현실적으로 가능해짐으로 창조주와 피조물의 질서, 인간의 생명과 가치, 신학적 인간학 그 자체가 도전을 받게 되었다. 이것은 종교 상실이라는 맥락과도 연결될 수 있다. 기독교의 절대 신의 의미가 인간의 개념 안에 존재하게 됨으로써 가치 혼돈의 문제, 생명 경시의 문제, 차별의 문제 등을 야기한다. 이러한 상황에서 어떻게 생명 존중의 개념과 윤리 문제에 접근할 수 있는가? 생태계 돌봄을 위해 피조물이 위임받은 사명은 무엇인가? 교육목회 학습자들에게 어떻게 신학적인 조명과 신앙생활을 가능하게 할 것인지를 생각하고 고려해야 한다. 보다 다양화된 사회 환경은 어느 하나만의 중심 구조에서 분산과 선택을 요구한다. 개인주의, 독재주의, 중앙 집권체재가 무너지는 상황이 도래한다.

생명과 자연, 인간 존재의 근원은 하나님이다. 하나님에 의해 인간은 피조된 인간으로서 자유를 누린다. 이 자유는 인간에게 고유성과 존엄성을 부여하는 것으로, 하나님과 자연과의 관계 속에서만 바르게 사용될 수 있다. 그러나 계획되고 조작된 복제 인간의 출현은 인간의 자유가 그 한계를 넘은 것으로, 자유와 생명의 파괴다. 인간의 생명은 하나님의 피조물일 때에만 신학적 숙고의 대상이 된다. 과학 발달에 힘입은 인위적인 생명 조작과 환경 창출은 생명윤리를 넘어 죄의 문제다.[10] 그러므로 미래의 교육은 생명교육과 그에 따르는 실천이 필요하다. 한 예로, 기독교대한감리회 중부연회는 선교 120주년을 맞이하여 미래교회의 영성과 교육을 위해 '환경과 생명 구원을 향한 감리교 신앙 실천 선언'을 기도문으로 채택하였다. 이 선언은 환경과 생명 문제에 대한 감리교인의 믿음과 사명, 그리고 여덟 가지 실천사항을 제시한다. 첫째, 환경과 생명에 대한 녹색신앙의 정립이다. 둘째, 생명을 조작하는 인간 중심주의에서의 교회 회복이다. 셋째, 청빈과 절제의 녹색생활이다. 넷째, 에너지와 자원의 소비를 10분의 1 줄이는 환경십일조운동이다. 다섯째, 생명윤리와 장기 기증을 통한 생명나눔운동이다. 여섯째, 생명이 탄생되고 가정이 해체되지 않는 건전가정 육성이다. 일곱째, 성의 상품화와 향락 사업을 반대하는 생명문화다. 여덟째, 환경과 생명을 회복하는 세계교회와의 연대와 교회와 사회의 협력이다.[11]

생명교육이 교육목회가 되기 위해 세 가지 신학적 반성이 필요하다. 첫째, 십자가 정신이다. "한 알의 밀이 땅에 떨어져 썩어 죽으면 많은 열매를 맺는다(요 12:24)." 생명의 원리는 한 생명이 죽고 희생할 때에만 가능하다. 죽지 않으면 열매가 없다. 생명은 눈에 보이는 생명 보존과 자기 존속으로 끝나서는 안 된다. 기독교의 생명은 타인과 나누고 줌으로써 그 가치를 얻는다. 이러한 원리가 십자가다. 십자가의 생명은 헬라어 '조에'다. 이는 내연적인(intensive) 생명을 말하는 것으로, 외연적인(extensive) '비오스(생활)'와 구분된다. 조에는 생명의 궁극적인 모습으로 영생(조에 아오니스)으로 연결된다. 그것은 자기 비움 혹은 내어줌의 십자가에서 완성된다.[12] 십자가는 수직적으로 하나님의 대한 사랑과 복종이며, 수평적으로는 인류에 대한 관계와 사랑이다. 자기를 비우고 죽임으로써 관계가 회복되고 영생에 이른다. 이것이 생명을 보는 신비다. 그러나 오늘의 문화는 충성논리에 집착한다. 충성에도 생명을 다하는 귀중한 정신이 있으나 '몇 배를 더 남겼는가?'에 관심을 두면 확장이다. 더 많이(more and more)의 논리는 자기희생이 아니라 타인의 생명과 관계를 파괴한다. 충성을 한 배 두 배 불려 가는 논리가 되면 생명을 등한시하고 업적주의가 된다. 이러한 충성에는 자기부정과 희생이 없고, 소유욕의 자랑이다. 주님은 천하보다도 한 생명을 더 소중히 여기신다(눅 9:25). 이렇게 생명의 원리에는 십자가의 정신이 요구된다. 부활은 생명이다. 십자가 없이 부활이 없듯이 생명과 십자가 정신은 불가분의 관계다.

둘째, 영혼 사랑이다. 물질만능주의, 소비문화, 경제와 생산력 증대라는 현실에서 영혼은 자연스럽게 과소평가된다. 신앙 안에서 영혼이 중요하지만 현실감 없는 저 세상의 문제라고 치부되지는 않는가? 그 동안의 교육은 영혼보다도 영혼 구원을 내세워 교회 성장을 강조하였다. 여기에는 영혼에 대한 사랑보다 교회주의가 자리하고 있다. 대형화는 교회의 존재 이유와 근거와 사명을 망각하게 한다. 함께 일하고 살아가는 하늘의 삶을 외면하고 오히려 대형 교회를 앞세워 작은 교회를 위기로 몰고, 교회 역할의 혼돈을 가져온다. 영혼 구원이 아니라 교인을 '유치' 하는 교회 경쟁주의가 나타난다. 외부조건과 외형의 성장은 또다시 외적 성장에 따른 위기를 불러온다. 얼마나 모이느냐가 아니라 무엇을 어떻게 사랑하느냐가 과제다.[13] 주님이 처음 제자들을 부르실 때 주셨던 과제도 생명(영혼)을 낚는 어부로의 전환이었다. 로마의 백부장은 자기가 거느리는 하인의 영혼과 생명을 사랑하였기에 예수께 치유를 부탁하였다(눅 7:1~10). 영혼 사랑은 곧 믿음의 칭찬이 되었다. 오늘날 교회교육이 생명교육이라면 성장을 위한 전도보다는 영혼 구원을 위한 전도와 증거의 훈련을 수행해야 한다.

셋째, 더불어 살아가는 마음이다. 생명문화에서 생태계와 환경의 문제는 개인의 문제가 아니라 함께 살아가는 데 관련한 문제다. 생명 아닌 죽임의 문화는 대 멸종을 초래한다. 즉 생태계와 지구환경의 파괴다. 그 예가 열대우림의 파괴, 이산화탄소 등 온실가스 배출로 인한 지구온실화, 난 개발로 인한 생태 서식지 파괴 등이다. 생태계 파괴와 기후변화는 해일 발생으로 이어져 수많은 사람과 생명이 죽임을 당한다.[14] 또한 개인주의와 개교회 중심의 확대는 생명문화에 어긋난다. 특히 오늘의 집단 이기주의는 '더불어' 가 아니라 '우리끼리만' 이라는 생명 파괴다. 생태계의 연대성은 자기 이익을 위한 집합이 아니라 더불어 살아가는 생명운동이다.

더불어 살아간다는 말은 연대성을 의미한다. 연대성(solidarity)은 같은 배경을 가진 사람들의 자연스러운 유대감을 말한다. 서양과는 달리 동양에서는 이 말이 만물의 상호 연결을 의미하는 생태학적 인식이다. 생태계적 연대성은 제3세계 여성운동에서 정의, 인권, 자유, 피조물의 보전운동으로 전개되었다. 제1세계 여성들은 평화운동으로 참여하고 있다. 생태계의 연대성은 서로 책임을 지며 더불어 살아가는 언약이다.[15] 특히 피조물인 인간이 창조주 안에서 자연과 맺은 언약을 새롭게 할 때, 더불어 살아가는 마음의 지평이 열린다.

3. 희망의 교육

희망의 장애물은 절망이 아니라 희망이 꺾이는 것이다. 희망이 없는 것은 절망보다도 무섭다. 절망은 몸부림치고 고민하게 하지만 '희망 없음'은 생명 포기, 하나님 존재에 대한 부정, 더 나아가서는 폭동과 파괴를 가져온다. 믿고 바라던 희망이 거절될 때 거절된 희망은 비극의 원인이 된다. 1968년 봄, 꿈과 희망을 노래한 마틴 루터 킹 목사가 살해되었을 때 폭동은 전국에서 일어났다. 그 때 킹 목사의 후계자가 TV 연설을 하였다. "흑인들의 폭동은 백인처럼 좋은 집, 좋은 학교, 좋은 직장을 가지지 못해서 일어난 것이 아닙니다. 흑인들의 폭동은 백인처럼 좋은 집, 좋은 학교, 좋은 직장을 가질 수 있다는 희망이 없기 때문에 일어난 것입니다."[16] 1992년 4월 29일 미국 LA 폭동도 한 흑인의 정당한 권리와 희망이 짓밟힌 사건이 발단이 되었고, 이 폭동은 한국인의 꿈과 희망을 빼앗아 갔다. 그러나 예수께서는 제자들에게 희망을 거절당한 어린이들을 부르시고 그들에게 복을 주셨다.

오늘날 한국의 교육 현실에서 희망은 어디에 있는가? 서울시 교육청이 집계한 바에 따르면 2004년도(2004년 3월~2005년 2월)에 유학을 떠난 초, 중, 고교생은 모두 12,317명으로, 2003년 11,546명보다 6.7% 증가하였다. 이들 중 부모의 해외 근무에 따른 유학과 이민을 제외한 순수 해외 유학은 5,928명으로 전년도에 비해 33.9%가 늘었다. 초등학생이 전체의 38.6%, 중학생이 25.8%, 고등학생은 25.8%였다. 유학 대상 국가로는 미국이 39.1%로 가장 큰 비중을 차지했다.[17] 이유는 학교교육에 대한 불만족과 사교육비 부담 때문이라고 하지만 본질적으로는 이 땅의 학교교육에 희망이 보이지 않기 때문이다.

이에 대하여 비전과 희망을 이야기하는 미래 기독교교육학자 존 웨스터호프(John H. Westerhoff)는 "오늘 우리 어린이들에게 신앙을 전달할 수 있을까?"(Will Our Children Have Faith?)를 물으면서 세 가지 대안적 교육을 제시하였다. 첫째, 희망의 교육을 위해 예배를 강조하였다. 예배는 종교의식과 상징을 전달하는 것으로, 분반공부보다도 희망적이다.

그는 예배를 통해 신앙교육이 가능하다고 주장한다. 예배를 인생 주기에 따른 통과의례로 보았다. 둘째, 희망의 교육을 위해 간 세대 경험(Inter-Generational Experience)을 제시하였다. 교회에서 3세대(기억세대, 오늘의 세대, 미래세대)가 신앙과 삶을 나누고 경험할 수 있는 목회 프로그램을 강화하는 일이다. 오늘의 세대는 미래세대에게 기억세대를 연결시킨다. 어느 한 세대만을 위한 단층화되고 전문화된 교육보다는 통합의 교육을 제시한다. 함께 나누는 공동체교육이 될 때 미래세대에게 신앙이 전달될 수 있다. 셋째, 역사에 참여하는 행동교육이다. 특히 가정별, 속회별로 함께 사회적 책임을 감당할 때 오늘의 교육이 미래의 교육이 된다. 한 공동체가 이웃에게 필요한 것이 무엇인지 파악하고 도와줄 때 역사에 참여하는 훈련이 된다. 가족의 이름으로 세계의 빈민 어린이들을 후원하고 그들을 위해 기도할 때 역사에 참여하는 행동이 된다.[18] 그러므로 희망은 기대하고 바라는 것을 오늘 참여함으로 미래의 교육을 이룬다.

Ⅲ. 미래세대의 교육 모델

기독교대한감리회 중부연회 일산동지방 '아름다운교회'의 이야기다. 1999년 12월 첫 주일에 개척한 이 교회가 창립 5주년(2005년)을 맞이하였다. 생명과 미래를 지향하는 교회가 되기를 원하는 공동체는 5년을 한 마디로 네 마디, 즉 2020년까지의 미래교육을 생각하였다. 대나무를 곧게 자라게 하는 중간 마디처럼 5년을 한 마디로 엮어 20년을 곧게 세우려는 것이다. 2005년은 그 둘째 마디(2005~2009년)의 첫 해로, 2005~2009년의 교육목회의 비전은 세 가지다.

첫째, 꿈을 꾸는 교회다. 꿈은 미래를 바라보는 것으로, 현실을 직시하는 가운데 공동체에 속한 모두가 꿈과 희망을 나누는 것이다. 교회의 큰 꿈(교회의 주제)은 '섬기며 배우는 공동체'다. 하나님과 이웃을 섬기고(예배와 돌봄공동체), 말씀과 기도를 배우며(변화와 성령공동체), 예수를 전하는(선교공동체) 꿈이다. 어른들이 꿈을 꿀 때 자녀들 세대에서 그것이 이루어진다. 어린이는 내일의 세대가 아니라 오늘의 세대다. 야곱이 꿈을 꾸었을 때 요셉은 꿈의 사람으로 살아갔다.

둘째, 민족에 쓰임 받는 교회다. 교회가 역사공동체가 되는 일이다. 앞으로 5년 안에 교회 건축이 이루어지기를 희망하고 기도한다. 특히 경의선이 지나가는 곳에 교회가 세워지기에 민족의 평화와 통일 이후를 생각하는 교회가 되기를 꿈꾼다. 공간과 지역만이 아닌 민족 지도자를 훈련하고 배출하는 교육목회의 터전이 되기를 희망한다.

셋째, 제2세대를 위해 세우는 교회다. 이는 2020년을 향한 미래의 교육이다. 교회가 개척되어 처음 예배를 드릴 때 어린이가 2명이었다. 그 당시 일곱 살이었던 어린이가 지금은 열두 살(초등학교 6년)이다. 그리고 15년 후인 2020년에는 27세가 된다. 성인으로서 국가의 장래를 가름하는 나이가 된다. 나이 자체가 중요한 것이 아니라 15~20년 동안 이 공동체에서 어떻게 양육되었느냐가 중요하다. 어린이와 자라나는 청소년을 생명으로 보아야 한다. 부모와 어른들의 부속물이 아니다. 오늘의 교회가 제2, 3세대의 미래를 생각하지 않고 1세대만을 위한 교회가 된다면 미래세대가 어른이 되어 돌아올 자리가 없다. 어린이들도 같은 생명이기에 주일날 어른들과 함께 예배드리고, 헌금하고, 성찬을 받는다. 주일 예배 중에 목사가 어린이를 위한 설교를 한다. 어린이들도 예배실에서 같이 예배드리고 설교를 들을 희망과 권리가 있다. 어린이 설교가 끝나면 어른들에게 축복을 받으며 교육관으로 가서 그들의 경험을 나눈다. 이 때 교사들의 역할이 중요하다. 인원이 문제가 아니라 어린이를 미래의 생명으로 보면 가능하다. 시간과 공간, 그리고 안수 받은 목회자가 가능하다면 교회 안의 작은 교회(Ecclesiole in Ecclesia)를 이루기를 제안한다. 그래서 한 교회 안에 있는 어린이교회, 청소년교회, 젊은이교회, 어른교회에서 예배와 목회가 이루어지기를 희망한다. 생명과 미래의 교육은 분리가 아니라 전인적 통합이다.

교육의 기능은 두 가지다. 전통의 전수(transmission)인 동시에 그 전통을 변형(modification)하여 오늘에 재창조하는 작업이다. 교육은 변화하는 조건과 환경에서 새로운 생활방식을 채택하고 그것에 융화하는 삶의 방식을 도와주는 과정이다. 여기에 공동체는 사람들로 하여금 삶을 나누며 질서를 지키며 가치를 창조하게 하는 일에 참여한다. 그러므로 교육은 그 공동체에 속한 사람이 누구인지를 규정한다. 신학은 교육에서 다루어진 주제들을 논의하고 반성하도록 공적인 대화에 참여하는 방법을 촉구한다.[19] 따라서 교회공동체에서 교육목회를 하는 행위는 미래에 대한 신학적 대화다. 교육목회는 결코 과거 전통의 전수에만 매달리지 않는다. 교육목회는 규범적인 사람으로 길들이는 방법이 아니다. 오히려 과거의 전통을 이어받아 오늘의 현장에서 미래를 바라보는 방법을 택한다. 미래교육의 신학적 반성은 생명의 문제다. 따라서 앞으로 미래세대를 위한 교육목회는 신앙공동체의 반성과 생명에 대한 연대성과 희망을 제시하며 삶의 현장에서 대화하여야 한다.

주

---

1) <기독교타임즈>(서울), 2004년 8월 21일, 19면, "사설: 제2세대들의 교회를 생각하자."

2) 미 연합감리교회는 이 감소 현상에 대응하기 위해 「제자(*Discipleship*)」라는 성서 훈련 교재를 개발하였다.

3) <기독교타임즈>(서울), 2005년 4월 16일, 19면, "사설: 감리교 선교 120주년 연회를 바라보면서"; 필자는 제64회 아펜젤러 선교 120주년 기념대회(2005. 4. 8)에서 "생명과 미래교육"으로 특별강연을 하였다. 기독교대한감리회 중부연회 본부 편, 「자료집: 영적 대 각성운동」(인천: 기독교대한감리회 중부연회, 2005) 참조.

4) Judy Smith, ed. *Foundation: Shaping the Ministry of Christian Education in Your Congregation* (Nashville: Discipleship Resourse, 1993), 15-16.

5) 임영택, "교육문화와 신앙양육," 「기독교교육의 앎과 삶」, 2 강희천 교수 추모기념논문집 간행위원회(서울: 한들출판사, 2004), 620.

6) Paulo Freire, *Pedagogy of the Oppressed* (New York: Continuum, 1970), 61-67.

7) John H. Westerhoff III, *Will Our Children Have Faith?* (New York: The Seabury Press, 1976), 51-54.

8) 김준우, "기후 변화 문제와 세계교회의 대응," 「생태계의 위기와 기독교의 대응」, 한국기독교연구소 편(서울: 한국기독교연구소, 2000), 54-55.

9) 박충구, 「생명복제 생명윤리」(서울: 도서출판 가치창조, 2001), 14.

10) 박충구, 「21세기 생명공학과 기독교 신앙」(서울: 대한기독교서회, 1999), 242-43.

11) 기독교대한감리회 중부연회 본부 편, "환경과 생명 구원을 향한 감리교 신앙 실천 선언" 「자료집: 영적 대 각성운동」, 30-31.

12) 노영상, 「기독교생명윤리개론」(서울: 장로회신학대학교 출판부, 2004), 367.

13) 임영택, 「당신의 지도력을 개발하라」(서울: 도서출판 대림디자인, 1997), 186.

14) 김준우, "대 멸종시대의 목회윤리," 「생태계의 위기와 기독교의 대응」, 95.

15) Pui-lan Kwok, "생태학과 기독교의 재성," 「생태계의 위기와 기독교의 대응」, 204; Owen R. Jackson, *Dignity and Solidarity* (Chicago: Loyola University, 1985), 112.

16) <기독교타임즈>(서울), 2005년 1월 15일.

17) <조선일보>(서울), 2005년 3월 29일.

18) John H. Westerhoff III, *Will Our Children Have Faith?* (New York: The Seabury Press, 1976), 56-59.

19) Jack L. Seymour & Donald E. Miller, ed. 「기독교교육과 신학의 대화」, 김재은, 임영택 역(서울: 성광문화사, 1998), 16-17.

참·고·문·헌

고진하. 「그대 영혼에 그물을 드리울 때」. 서울: 현대문학, 1997.

교회교육연구협의회 편. 「커리큘럼 디자인」. 서울: 감리교신학대학 한국선교·교육연구원, 1994.

기독교대한감리회 교육국 편. 「감리교 교육의 신학과 과정」. 서울: 기독교대한감리회 본부 교육국, 1997.

기독교대한감리회 중부연회 본부 편. 「자료집: 영적 대각성운동」. 인천: 기독교대한감리회 중부연회, 2005.

<기독교타임즈>(서울), 2004년 8월 21일.

김성찬. 「그리스도의 편지」. 서울: 규장문화사, 1987.

김재만. 「교육사상사」. 서울: 교육과학사, 1981.

김영호. 「교회교육행정」. 서울: 종로서적, 1985.

김재은. 「어린이: 그의 이름은 오늘」. 서울: 태양문화사, 1977.

김재은. 「성인 교육론」. 서울: 성광문화사, 1990.

김재은. 「성인 교육론」, 「신학과 세계」, 제8호(1982년 10월).

김홍기. 「존 웨슬리의 신학과 재발견」. 서울: 대한기독교서회, 1993.

김홍기. "웨슬리의 가정과 신앙교육," 「신앙과 교육」(1996년 5월).

노영상. 「기독교생명윤리개론」. 서울: 장로회신학대학교 출판부, 2004.

다니엘 레빈슨 외. 「남자가 겪는 인생의 사계절」. 김애순 역. 서울: 이화여자대학교출판부, 1998.

다니엘 레빈슨 외. 「여자가 겪는 인생의 사계절」, 김애순 역. 서울: 세종연구원, 2000.

류시화. 「하늘 호수로 떠난 여행」. 서울: 열림원, 1997.

박은규. 「예배의 재구성」. 서울: 대한기독교출판사, 1993.

박충구. 「생명복제 생명윤리」. 서울: 도서출판 가치창조, 2001.

박충구. 「21세기 생명공학과 기독교 신앙」. 서울: 대한기독교서회, 1999.

손원영. 「기독교교육과 프락시스」. 서울: 한국장로교출판사, 2001.

손원영. 「영성과 교육」. 서울: 한들출판사, 2004.

생텍쥐베리. 「인간의 대지 어린왕자」. 안응렬 역. 서울: 동서문화사, 1975.

아브라함 요수아 헤셀. 「어둠 속에 갇힌 불꽃」. 이현주 역. 서울: 종로서적, 1980.

오인탁, 은준관, 정웅섭 외. 「기독교교육론」. 서울: 대한기독교교육협회, 1999.

유해룡. 「하나님의 체험과 영성수련」. 서울: 장로회신학대학, 1999.

은준관. 「왜? - 기독교교육의 목적을 중심하여」. 서울: 신망애출판사, 1971.

은준관. "교사모집," 「교회학교 교사」. 서울: 한국기독교교육연구원, 1980.

은준관. 「교회 · 선교 · 교육」. 서울: 전망사, 1982.

은준관. 「기독교교육 현장론」. 서울: 대한기독교출판사, 1988.

은준관. 「신학적 교회론」. 서울: 연세대학교 출판부, 1995.

은준관. 「실천적 교회론」. 서울: 대한기독교서회, 1999.

이성삼. 「한국감리교회사」. 서울: 기독교대한감리회 총리원 교육국. 1995.

이원규. "21세기 한국교회의 변화와 수평이동 현상," 「신학과 세계」. 제52호(2005년 봄).

이정배. 「토착화와 생명문화」. 서울: 종로서적, 1991.

임영택 외. 「교회학교 교사교육 교본: 기본교육과정」. 서울: 기독교대한감리회 홍보출판국, 1996.

임영택. 「당신의 지도력을 개발하라」. 서울: 도서출판 대림디자인, 1997.

임영택. "여름목회 갱신의 필요성," 「목회와 신학」. 97. (1997년 7월호).

임영택 외. 「웨슬리신학과 오늘의 교회」. 서울: 기독교대한감리회 홍보출판국, 1997.

임영택, 나형석. 「예배와 교육」. 서울: 종로서적 성서출판, 2000.

임영택. 「교회교육 교수-학습론」. 서울: 종로서적 성서출판, 2000.

임영택. 「교육목회 지침서」. 서울: 기독교대한감리회 교육국, 2001.

임영택. "교육문화와 신앙양육." 「기독교교육의 앎과 삶」. 2 강희천 교수 추모기념논문집 간행위원회. 서울: 한들출판사, 2004.

정경옥. 「기독교의 원리」. 서울: 기독교대한감리회 교육국, 1983.

정장복. 「예배의 신학」. 서울: 장로회신학대학교 출판부, 1999.

정장복. 「예배학 개론」. 서울: 예배와 설교 아카데미, 1999.

<조선일보>(서울), 2001년 7월 17일, 2003년 10월 13일, 11월 17일, 11월 23일, 12월 1-2일, 2005년 9월 9일자.

홍정수. 「감리교 교리와 현대신학」. 서울: 조명문화사, 1990.

Abba, Raymond. 「기독교 예배의 원리와 실제」. 허경삼 역. 서울: 대한기독교서회, 1974.

Ackoff, Russell L. *Redesigning the Future: A Systems Approaches to Societal Problems.* New York: Wiley, 1974.
Adams, A. M. *Effective Leadership for Today's Church.* Philadelphia: The Westminster Press, 1978.

Archambault, ed., Reginald D. *John Dewey on Education: Selected Writings.* Chicago and London: The University of Chicago Press, 1974.

Aronowitz, Stanley and Giroux, Henry A. *Education Still Under Siege.* 2d eds. Westport: Bergin & Garvey, 1993.

Baum, Gregory. 「종교와 소외」. 이원규 역. 서울: 대한기독교서회, 1983.

Berger, Peter L. and Luckmann, Thomas. *The Social Construction of Reality.* New York: Anchor Books, 1967.

Bower, Robert K. *Administering Christian Education.* Grand Rapids: Wm. B. Eerdmans Publishing Co., 1964.

Bowman, Jr., *Straight Talk about Teaching Today's Church.* Philadelphia: National Teacher Education Project, 1974.

Boys, Mary C. ed. *Education for Citizenship and Discipleship.* New York: The Pilgrim Press, 1989.

Browning, Don S. "Practical Theology and Religious Education." *in Formation and Reflection.* ed. Lewis S. Mudge and James N. Poling(Philadelphia: Fortress Press, 1987.

Browning, Don S. *A Fundamental Practical Theology: Descriptive and Strategic Proposals.* Minneapolis: Fortress Press, 1991. Brussat, Fredric A. "50 Ways to Keep Your Soul Alive," *Values & Visions.* Vol. 24, No. 1, 1993.

Burtner, Robert W. and Chiles, Robert E. 「웨슬리 신학개요」. 김운기 역. 서울: 전망사, 1988.

Bushnell, Horace. *Christian Nurture.* New Heaven: Yale University Press, 1967.

Carnegie Forum on Education and Economy. *A Nation Prepared: Teachers for the 21st Century.* Hyattsville, Md.: Author, 1986.

Claude Welch, "Reinhold Niebuhr," *Twelve Makers of Modern Protestant Thoughts.* New York: Association Press, 1971.

Cobb. Jr, John B. *Grace and Responsibility: A Wesleyan Theology for Today.* Nashville: Abingdon Press, 1995.

Coe, George A. *A Social Theory of Religious Education.* New York: Charles Scribner's Sons, 1917.

Crain, William C. 「발달의 이론」. 서울: 중앙적성출판사, 1988.

Cully, Iris V. 「영적 성장을 위한 교육」. 오성춘, 이기문, 류영모 역. 서울: 대한예수교장로회 총회교육부, 1986.

Erikson, Erik H. *Childhood and Society.* New York: Norton, 1950.

Erikson, Erik H. ed. *The Challenge of Youth.* New York: Doubleday & Company, 1965.

Dewey, John. *Democracy and Education.* New York: Free Press, 1966.

Dewey, John. *Experience and Education.* New York: Macmillan, 1970.

Foster, Charles R. *Educating Congregation.* Nashville: Abingdon Press, 1984.

Foster, Charles R. *The Ministry of the Volunteer Teacher.* Nashville: Abingdon Press, 1986.

Fowler, James W. *Stages of Faith.* San Francisco: Harper & Row, 1981.

Fowler, James W. *Weaving the New Creation: Stages of Faith and the Public Church.* New York: Harper Collins Publishers, 1991.

Freire, Paulo. *Pedagogy of the Oppressed.* New York: Continuum, 1970.

Freire, Paulo. *The Politics of Education: Culture, Power, and Liberation.* New York: Bergin & Garvey, 1985.

Freire, Paulo. and Shor, Ira. *A Pedagogy for Liberation.* South Hadley: Bergin & Garvey, 1987.

Foster, Richard. 「영적 성장을 위한 제자 훈련」. 서울: 보이스사, 1987.

Foster, Richard. 「신앙공동체를 위한 교육」. 고용수, 문전섭 역. 서울: 한국장로교출판사, 1995.

Furnish, Dorothy Jean. "Rethinking Children's Ministry," in *Rethinking Christian Education,* David S. Schuller, ed. St. Louis: Chalice Press, 1993.

Gable, Lee. *Christian Nurture Through Church.* New York: National Council of Churches, 1955.

Gibbs, ed. Eugene S. 「한 권으로 읽는 교육학 명저」. 도서출판 디모데, 1994.

Giroux, Henry A. *Border Crossing: Cultural Works and the Politics of Education.* New York: Routledge, 1992.

Giroux, Henry A. *Living Dangerously: Multiculturalism and Politics of Difference.* New York: Peter Lang, 1993.

Glasse, James D. *Profession: Minister.* Nashville: Abingdon Press, 1968.

Goldman, R. *Religious Thinking from Childhood to Adolescence.* London: Roultedge and Kegan Paul, 1964.

Groome, Thomas H. *Christian Religious Education.* San Francisco: Harper & Row Publishers, 1980.

Gwynn, Jr., Price. H. *Leadership Education in the Local Church.* Philadelphia: The Westerminster Press. 1986.

Holmes III, Urban T. *History of Spirituality.* New York: Seabury Press, 1980.

Illich, Ivan. *Deschooling Society.* New York: Harper & Row, 1970.

Jackson, Owen R. *Dignity and Solidarity.* Chicago: Loyola University, 1985.

Jackson, Thomas. ed. *The Works of John Wesley.* VI. ed. Peabody, MA: Hendrickson Publishers, 1986.

Jennings, Jr., Theodore W. *Good News to the Poor: John Wesley's Evangelical Economics.* Nashville: Abingdon Press, 1990.

Kelsey, Morton T. *Companions on the Inner Way: The Art of Spiritual Guidance.* New York: Crossroad, 1986.

Kirkpatrick, Dow. ed. *Faith Born in the Struggle for Life: A Rereading of Protestant Faith in Latin America Today.* Grand Rapids: William B. Eerdmans Publishing Co., 1988.

Kohlberg, Lawrence. *The Philosophy of Moral Development.* San Francisco: Haper & Row, 1981.

Lagree, Kevin. "웨슬리 전통에서 본 지도력과 영성,"「존 웨슬리 회심 256주년 기념」. 서울: 기독교대한감리회 선교국, 1994.

Lee, James Michael. ed. *The Religious Education We Need.* Birmingham, Alabama: Religious Education Press, 1977.

Levinson, Daniel J. et al. *The Seasons of Man's Life.* New York: Ballantine Books, 1978.

Leypolt, Martha M. 「그룹 활동을 통한 40가지 교수-학습방법」. 서울: 대한예수교장로회 총회교육부, 1979.

Lines, Timothy Arthur. *Functional Images of the Religious Educator.* Birmingham: Religious Education Press, 1992.

Little, Sara. 「신앙 · 친교 · 교육」. 김대균 역. 서울: 한국기독교교육학회, 1972.

Little, Sara. *To Set One's Heart: Belief and Teaching in the Church.* Atlanta: John Knox Press, 1983.

Loke E. Bowman, Jr. *Essential Skills for Good Teaching.* Scottsdale: National Teacher Education Project, 1974.

McAdams, Dan P. *The Stories We Live By: Personal Myth and Making the Self.* New York: William Morrow and Company, Inc., 1993.

Martha M. Leypolt. *Learning is Change.* Valley Forge: Judson Press, 1982.

Marty, Martin. *The Public Church.* New York: Crossroad, 1981.

Mezirow, Jack and associates. *Fostering Critical Reflection in Adulthood: A Guide to Transformative and Emancipatory Learning.* San Francisco: Jossey-Bass Publishers, 1990.

Mezirow, Jack and associates. *Transformative Dimension of adult Learning.* San Francisco: Jossey-Bass Publishers, 1991.

Miller, Donald E. *Story and Context: An Introduction to Christian Education.* Nashville: Abingdon Press, 1988.

Miller, Randolf Crump. *Biblical Theology and Christian Education.* New York: Charles Scribner's Sons, 1956.

McCarthy, Carmeron and Apple, Michael. *Class, Race, and Gender in American Education.* Albany: State University of New York Press, 1988.

Mezirow, Jack. and associates, *Fostering Critical Reflection in Adulthood: A Guide to Transformative and Emancipatory Learning.* San Francisco: Jossey-Bass Publishers, 1990.

Moustakas, Clark. *The Authentic Teacher.* Cambridge, MA: Howard A. Doyle Publishing Co., 1972.

Myers, Barbara Kimes & Myers, William R. *Engaging in Transcendence.* Cleveland: The Pilgrim Press, 1992.

National Commission on Excellence in Education, *A Nation at Risk: The Imperative for Educational Reform.* Washington, D.C.: U.S. Department of Education, 1983.

Nelson, Ellis. "Group Dynamics and Religious Education," in *Religious Education,* Marvin J. Taylor, ed. Nashville: Abingdon Press, 1960.

Nelson, Ellis. *Where Faith Begins.* Atlanta: John Knox Press, 1971.

Nelson, Ellis. "Toward Accountable Selfhood," *in Modern Masters of Religious Education.* Birmingham: Religious Education Press, 1983.

Neville, Gwen Kennedy & Westerhoff III, John H. *Learning through Liturgy.* New York: The Seabury Press, 1978.

Niebuhr, Reinhold. *The Children of Light and the Children of Darkness.* New York: Charles Scribner's Sons, 1972.

Nouwen, Henri J. M. *Creative Ministry.* Garden City, N. Y.: Doubleday, 1971.

Nouwen, Henri J. *Reaching Out: The Three Movements of the Spiritual Life.* Garden City, N.Y: Doubleday, 1986.

Nouwen, Henri J. 「예수님의 이름으로」. 서울: 두란노출판부, 2000.

Perry, David W. ed. *Homegrown Christian Education,* ed. New York: The Seabury Press, 1985.

O'Hare, Padraic. ed. *Foundation of Religious Education.* New York: Paulist Press, 1978.

Palmer, Parker. 「가르칠 수 있는 용기」. 서울: 한문화, 2000.

Park, Andrew Sung. *The Wounded Heart of God: The Asian Concept of Han and the Christian Doctrine of Sin.* Nashville: Abingdon Press, 1993.

Powell, Arthur G., Eleanor Farrar and David K. Cohn, *The Shopping Mall High School: Winners and Losers in the Educational Marketplace.* Boston: Houghton Mifflin Company, 1985.

Reichert, Richard. *A Learning Process for Religious Education.* Ohio: Pflaum Press, 1975.

Rood, Wayne R. *The Art of Teaching Christianity.* Nashville & New York: Abingdon Press, 1968.

Rood, Wayne R. *Understanding Christian Education.* Nashville: Abingdon Press, 1970.

Rood, Wayne R. *On Nurturing.* Nashville: Abingdon Press, 1972.

Runyon, Theodore. ed. *Sanctification and Liberationd.* Nashville: Abingdon Press, 1981.

Rusbuldt, Richard. E. *Basic Teacher Skill.* Valley Forge: Judson Press, 1981.

Rupp, Coe. 「작은 불꽃: 인생길의 어둠과 성숙」. 김준우 역. 서울: 한국기독교연구소, 1977.

Sawin, Margaret M. *Family Enrichment with Family Clusters.* Valley Forge, Pa: Judson Press, 1979.

Sherrill, Lewis J. 「만남의 기독교교육」. 김재은, 장기옥 역. 서울: 대한기독교서회, 1981.

Shor, Ira *Empowering Education: Critical Teaching for Social Change.* Chicago: The University of Chicago Press, 1992.

Seymour, Jack L. and Miller, Donald E. eds. *Contemporary Approaches to Christian Education.* Nashville: Abingdon Press, 1982.

Seymour, Jack L. and Miller, T. O' Gorman and Charles R. Forster. *The Church in the Education of the Public.* Nashville: Abingdon Press, 1984.

Seymour, Jack L. and Miller, and Donald E. Miller, ed. *Theological Approaches to Christian Education,* 김재은, 임영택 역. 「기독교교육과 신학의 대화」. 서울: 성광문화사, 1990.

Seymour, Jack L. and Miller, Crain, Margaret A. and Crockett, Joseph V. *Educating Christians.* Nashville: Abingdon Press, 1993.

Sherrill, Lewis Joseph. *The Gift of Power.* New York: The Macmillan Company, 1968.

Sizer, Theodore R. *Horace's School: Redesigning the American High School.* Boston and New York: Houghton Mifflin Company, 1992.

Slater, Nelle G. ed. *Tensions Between Citizenship and Discipleship: A Case Study.* ed. New York: The Pilgrim Press, 1989.

Smith, Judy ed., *Foundation: Shaping the Ministry of Christian Education in Your Congregation.* Nashville: Discipleship Resources, 1993.

Stokes, M. B. 「감리교인은 무엇을 믿는가」. 홍현설 역. 서울: 기독교대한감리회 총리원 교육국, 1977.

Sugden, ed. Edward H. *Wesley's Standard Sermons I*. London: The Epworth Press, 1955.

Taylor, ed. Mavin J. *Introduction to Christian Education*. Nashville: Abingdon Press, 1980. Telford, John ed. The Letters of the John Wesley. London: The Epworth Press, 1938.

Thistlethwaite, Susan Brooks and Engle, Mary Potter. ed. *Lift Every Voice: Constructing Christian Theologies from the Underside*. New York: Harper Collins Publishers, 1990.

Tillich, Paul. *Dynamics of Faith*. New York: Harper and Row, 1958.

Tobin, Sheldon S., Ellor, James W. and Anderson-Ray, Susan M. Enabling the *Elderly: Religious Institutions within the Community Service System*. Albany: State University of New York Press, 1986.

Thurston, Bonnie. *Spiritual Life in the Early Church*. Minneapolis: Fortress, 1993.

Tuttle, Robert G. 「웨슬리와 신비주의」. 서울: 은성출판사, 1989.

United Methodist Church, General Board of Education. *Work Book: Developing Your   Educational Ministry*. 「교육목회 지침서」. 오인탁 역. 서울: 장로회신학대학출판부, 1980. Vieth, Paul H. 「기독교교육과 예배」. 김소영 역. 서울: 대한예수교장로교총회 교육국, 1983.

Westerhoff III, John H. ed. *A Colloquy on Christian Education*. Philadelphia: A Pilgrim Press Book, 1972.

Westerhoff III, John H. ed. & Nevill, Gwen Kennedy. *Generation to Generation*. Philadelphia: United Church Press, 1974.

Westerhoff III, John H. ed. *Values for Tomorrow's Children*. Philadelphia: Pilgrim Press, 1976.

Westerhoff III, John H. *Will Our Children Have Faith?* New York: The Seabury Press, 1976.

Westerhoff III, John H. *Bringing Up Children in the Christian Faith*. Minneapolis: Winston Press, 1980.

Westerhoff III, John H. *Building God's People in a Materialistic Society*. New York: The Seabury Press, 1983.

Westerhoff III, John H. 「교회의 신앙교육」. 정웅섭 역. 서울: 대한기독교서회, 2002.

Westermann, C. 「신학입문 II」. 이정배 역. 서울: 대한기독교서회, 1989.

White, James F. *Introduction to Christian Worship*. Nashville: Abingdon Press, 1980.

Williams, Colin W. 「존 웨슬리의 신학」. 이계준 역. 서울: 전망사, 1986.

Williams, Melvin G. *Where Faith Seeks Understanding: Planning for Adult Education in the Church*. Nashville: Abingdon Press, 1987.

Willimon, William H. "The Relationship of Litergical Education to Worship Participation," *Religious Education*. Vol. 69. (1974, 9-10).

Wyckoff, D. Campbell. *Theory and Design of Christian Education Curriculum*. Philadelphia: Westminster Press, 1961.

교육목회 시리즈 Ⅰ

교육목회
실천

초 판 1쇄   2006년 3월 3일
      6쇄   2023년 9월 18일

임영택 지음

발 행 인 이 철
편 집 인 김정수
펴 낸 곳 도서출판kmc

  서울특별시 종로구 세종대로 149 감리회관 16층
  (재)기독교대한감리회 도서출판kmc
  전화 02-399-2008 팩스 02-399-2085
  www.kmcpress.co.kr

인   쇄 리더스커뮤니케이션

ISBN 89-8430-301-1 04230
ISBN 89-8430-300-3(전 3권)

값 11,000원